Lehrbuch Fußball

Gerhard Bauer

BLV

Lehrbuch Fußball

Gerhard Bauer

Erfolgreiches Training von Technik, Taktik und Kondition

CIP-Titelaufnahme der Deutschen Bibliothek

Bauer, Gerhard:
Lehrbuch Fußball: erfolgreiches Training von Technik, Taktik
und Kondition/Gerhard Bauer. – München; Wien; Zürich BLV, 1990
ISBN 3-405-14002-1

Demonstration der Techniken
Markus Ebner
Max Eckschlager
Stefan Heigenhauser
Dean Spanring
Ernst Thaler

Bildnachweis

Adidas: S. 148, 149
Bauer: S. 108
Baumann: S. 92
Bongarts: S. 96
Birkner: S. 8, 38, 39, 40, 45, 48, 49, 52, 53, 54, 56, 57, 64,
67, 69, 79, 80, 81, 116, 144, 146, 147
Erhard GmbH: S. 146, 147, 150
Kemmler: S. 42/43, 46/47, 50/51, 52/53, 54/55, 99
Mühlberger: S. 2/3, 7, 10, 18, 26/27, 36, 72, 77, 83, 84, 93,
121, 123, 129, 132
Sinicki: S. 59, 61, 88, 111
Winkler: S. 140

Umschlagfotos: Baumann (Vorderseite)
Birkner (Rückseite)

Computergrafiken: Polytext GmbH München

BLV Verlagsgesellschaft mbH
München Wien Zürich
8000 München 40

Satz: Typodata GmbH, München
Druck: Wenschow/Franzis, München
Bindung: Conzella, Urban Meister, München

Printed in Germany · ISBN 3-405-14002-1

Inhalt

Inhalt

Vorwort

Fußball übt nach wie vor eine Faszination ohnegleichen aus und ist weltweit die absolute Sportart Nummer eins. Das wurde für mich erst kürzlich wieder auch unter statistischen Gesichtspunkten deutlich. Wenn nämlich alle vier Jahre die Weltmeisterschaft stattfindet, werden etwa 15 Milliarden Fernseh-Zuschauern erreicht. 15 Milliarden - eine schier unvorstellbare Zahl!
Als Freund und Repräsentant dieser Sportart könnte man die Zahl zum Anlaß nehmen, um sich zufrieden zurückzulehnen und sich in der Spitzenposition zu sonnen. Doch dies wäre der Anfang vom Ende, denn jeder Stillstand ist auch und gerade im Fußball ein Rückschritt. Schon allein deshalb ist die Initiative des BLV-Verlages, ein neues Fußball-Lehrbuch herauszugeben, nicht nur zu begrüßen, sondern auch berechtigt, weil nämlich immer neue Entwicklungen aufzuzeigen sind.
In diesem Zusammenhang halte ich es für falsch und auch für ungerecht, wenn allzu oft behauptet wird: »Früher wurde besserer Fußball gespielt.« Als Beispiel dafür kann unser Halbfinalspiel bei der Weltmeisterschaft 1970 in Mexiko dienen, das wir mit 3:4 gegen Italien verloren. Da kann ich nur den Rat geben: Kauft dieses Spiel auf Video und seht es Euch an, sehr genau! Dann werdet Ihr nämlich vermutlich sehr enttäuscht sein, weil dieses Spiel im wesentlichen von seiner Spannung und Dramatik lebte.
Eine andere Beobachtung drängt sich geradezu auf: Damals hatten wir Spieler noch alle viel mehr Zeit. Es war zwar nicht gerade die alte Devise »Stoppen - Schauen - Spielen«, mit der agiert wurde, ein wenig schneller ging es schon zu. Aber ich behaupte: Jede Bundesliga-Mannschaft muß heutzutage ein weitaus höheres Tempo einschlagen. Daher sind die Spieler gezwungen, jede einzelne Aktion unter höchstem zeitlichen und räumlichen Druck auszuüben. Daß dabei technische Fehler passieren, ist nicht zu vermeiden.
Falsch jedoch ist das Urteil, und damit bin ich beim Ausgangspunkt meiner Überlegungen, daß in zurückliegenden Jahren die Technik der Spieler viel besser war.
Auch in taktischer Hinsicht werden im modernen Fußball immer höhere Anforderungen gestellt. Dabei fällt mir allerdings gerade in jüngerer Vergangenheit auf, daß zu wenig mit Eckball- oder Freistoßvarianten operiert wird. Woran dies liegt, ich vermag es nicht zu sagen. Diese Beobachtung, von der mir zuletzt auch mein Kollege Hannes Löhr berichtete, ist sicherlich ein weiterer Grund für die Herausgabe eines neuen Lehrbuches, das ja Anregungen für die tägliche Arbeit mit dem Ziel, Technik, Taktik und Kondition des Fußballspieles zu verbessern, vermitteln soll.
Beim Studium des neuen Lehrbuchs von Gerhard Bauer wünsche ich Ihnen allen viel Vergnügen.

Franz Beckenbauer

Vorwort

Fußball ist – nach wie vor – eine attraktive Sportart für die aktiven Spieler und für die Zuschauer in den Stadien und an den Bildschirmen.
In Deutschland wurde 1988 jede Woche in dem vom Deutschen Fußball Bund (DFB) organisierten Spielbetrieb in
– 60 086 Seniorenmannschaften,
– 59 792 Juniorenmannschaften und
– 3958 Damen-/Mädchenmannschaften Fußball gespielt.
Dazu kommt die unüberschaubare Zahl von Mannschaften und Spielern, die sich mehr oder weniger regelmäßig beim Freizeitsport-Fußball vergnügen.
In den Schulen zählt Fußball seit jeher mit zu den beliebtesten Sportarten der Schüler. Dies belegen die Ergebnisse von Schülerbefragungen.
Dennoch: »Auch im Sport schläft die Konkurrenz nicht!«
Als Vorstandsmitglied im Bund Deutscher Fußball-Lehrer erhalte ich im Rahmen der Aus- und Fortbildung von Fußballtrainern aller Leistungsklassen laufend Informationen aus erster Hand.
In diesen Gesprächen werden vor allem die zunehmenden Probleme im Bereich des Fußballnachwuchses deutlich.
Die Konkurrenz durch andere Sportarten, das veränderte Freizeitverhalten der Jugend, der Rückgang des Straßenfußballs und in Verbindung damit der Rückgang an »Naturtalenten« – das alles bereitet den Experten an der Trainingsfront Sorge.
Nach dem Motto: »Probleme sind dazu da, um gelöst zu werden«, sollten sich alle Verantwortlichen und dabei insbesondere die Trainer um neue erfolgreiche Wege bemühen.
Neben der Intensivierung der Talentsuche und der gleichermaßen sachgerechten wie menschlichen Führung der Talente muß vor allem das Training den neuesten Erkenntnissen aus der Sportpraxis und der Sportwissenschaft angepaßt werden.
Nur, wenn der Fußballnachwuchs bis hinunter in die kleinen Vereine nach modernen entwicklungs- und leistungsstufengerechten Methoden und mit wettkampfgerechten Übungen und Spielen trainiert wird, nur dann können die Herausforderungen der Zukunft bewältigt werden.
In diesem Buch finden alle, die für das Training von Spielern und Mannschaften Verantwortung tragen (und damit auch die Spieler selbst), die Kenntnisse und Informationen, die für die Durchführung eines erfolgreichen Trainings mit Jugendlichen und Senioren wichtig sind.
Mit diesem Buch möchte ich die sportpraktischen Erfahrungen, die ich in vielen Jahren als Trainer von Jugend-, Amateur- und Hochschulmannschaften sammeln konnte und meine Kenntnisse, die ich als Hochschullehrer mit dem Schwerpunkt Fußball gewonnen habe, als Hilfe für Trainer und Spieler aller Leistungsklassen weitergeben.
Ich würde mich sehr freuen, wenn es für Sie, lieber Leser, eine Bereicherung für Ihren Sport und soweit Sie Trainer oder Fußball-Lehrer sind für Ihre Arbeit wird.

Gerhard Bauer

Fußball – ein attraktives Spiel

Ein Spiel, das über Jahrtausende hinweg die Menschen in seinen Bann gezogen hat, das sich nach all den Jahren immer noch weiter verbreitet, muß seine Anziehungskraft aus vielerlei Wurzeln nähren. Woran liegt es, daß Fußball heute wie gestern so hoch in der Gunst von Spielern und Zuschauern steht?

Attraktivität für den Spieler

Fußball befriedigt das Bewegungsbedürfnis
Bereits das kleine Kind, das einen Ball kickt und diesem nachläuft, befriedigt das natürliche Bewegungsbedürfnis durch Laufen, Hüpfen, Springen und Kicken.
Die Lust an der Bewegung wird umso größer, je besser der Umgang mit dem Ball beherrscht wird. Den Ball mit dem Kopf, der Fußspitze, der Hacke, dem Innen- und dem Außenspann, mit kunstvollen Dribblings oder gezielten Stößen zu spielen, das befriedigt nicht nur das ursprüngliche Bewegungsbedürfnis, sondern bringt auch Freude an der gelungenen Bewegung mit sich.

Fußball befriedigt den Jagdtrieb
Der Mensch hat über mehrere Hunderttausend Jahre als Jäger gelebt und überlebt. Der Jagd- und Kampftrieb ist zutiefst in ihm verwurzelt. Mit den zivilisatorischen Errungenschaften sind die Möglichkeiten, diese Triebe auszuleben, für den Großteil der Menschheit verbaut. Der Sport, und hier insbesondere der Ballsport, bietet in dieser Situation eine gewisse Ersatzbefriedigung. Die Jagd nach dem Ball, das Stellen und Bekämpfen des Gegenspielers, das Bewältigen von gefährlichen Spielsituationen, der Jubel nach dem geglückten »Schuß«, dies alles befriedigt den Spieler heute so, wie es den Jäger gestern am Leben erhalten hat.

Fußball befriedigt den Spieltrieb
Im Fußballsport der Jugendlichen und der (echten!) Amateure, finden sich alle Wesensmerkmale des Spiels:
Freiwilligkeit, Zweckfreiheit, Begrenzung durch Regeln und Spielraum, die Wiederholbarkeit und die Unsicherheit über den Ausgang des spielerischen Bemühens kennzeichnen das Spiel.
Niemand wird zum Spielen gezwungen. Wer spielt, vergißt die Nöte des Alltags, Punktverlust und Niederlagen können bereits im nächsten Spiel wieder ausgeglichen werden; sie haben nichts Endgültiges und sind deshalb nicht so schmerzhaft wie Niederlagen in Schule und Beruf.
Die Unsicherheit des Spielausgangs (= Ambivalenz) ist die eigentliche Triebfeder für die große Spielleidenschaft der Aktiven und der Zuschauer beim Fußballspiel. Über jeder Ballannahme, jedem Paß, über allen Zweikämpfen und allen Kombinationen, über jedem Torschuß und schließlich über dem Ausgang des Spiels hängt ständig und bis zur letzten Sekunde das emotionsgeladene Damoklesschwert des »gelingt es oder gelingt es nicht«.
Spieler und Zuschauer werden ständig zwischen Lust- und Unlustgefühlen hin und her gerissen. Emotionen werden aufgeladen und im nächsten Moment wieder abreagiert. Mit einem Wort, der Spieltrieb, der den Menschen (homo ludens) offensichtlich mehr als alle anderen Lebewesen prägt, wird durch das Fußballspiel in höchstem Maße gereizt.

Fußball befriedigt das Bedürfnis nach Geselligkeit
Der Mensch ist ein geselliges Wesen. Die Mannschaft ist eine soziale Kleingruppe, in ihr erlebt der Spieler die Eingliederung in eine hierarchische Ordnung (der Star und der »Wasserträger« ergänzen sich dabei bestens) und als Zuschauer im Stadion wird der erbmäßig angelegte Herdentrieb im wahrsten Sinn des Wortes »massenhaft« befriedigt.

Attraktivität für den Zuschauer

Fußball ist ein Schauspiel
Auf der Grundlage eines einfachen Regelwerkes erlebt der Zuschauer technische Leckerbissen, dramatische Höhepunkte, tiefe Niedergeschlagenheit und höchste Glücksgefühle. Dabei ist er nicht nur Zuschauer, sondern er kann an dem Geschehen selbst als Kritiker und geistiger Mitspieler aktiv mit Anteil nehmen.
Vor allem die Zuschauer, die selbst auch aktiv gespielt haben oder noch spielen, können die Entstehung von Spielhandlungen geistig vorausnehmen und ihr Phantasieprodukt unmittelbar mit dem realen Geschehen auf dem grünen Rasen vergleichen. Im Gegensatz zu den Spielern haben sie dabei noch den Vorteil, daß ihre geistigen Produkte nicht durch bösartige Attacken des Gegenspielers oder durch eigene technische oder konditionelle Unzulänglichkeiten behindert werden.
Bei Fußball-Großveranstaltungen gestaltet der Zuschauer sogar die Kulisse ganz wesentlich mit. Er wird zusammen mit den anderen Zuschauern, die sich mit Fahnen, Transparenten, mit rhythmischen Klatschen, frenetischem Beifall, mit Johlen und Pfeifen auch selbst darstellen, zu einem nicht unwesentlichen Bestandteil des Spektakels rund um den Fußballsport.

Fußball ist Nährboden für Starkult
Man mag es mit Verständnis oder mit einem Schmunzeln registrieren, man kann es verurteilen oder auch selbst mit daran teilhaben. Der Fußballsport – und vor allem der Profifußball zeugt sportliche Heroen und in ihrem Gefolge eine Heerschar bedingungsloser Anhänger.
Die Zuschauer lassen sich von den Leistungen der Akteure faszinieren und mitreißen. Sie bewundern die Geschicklichkeit am Ball, die Härte, die Raffinesse und Cleverneß im Zweikampf und jubeln begeistert im

Einführung

Das Fußballspiel als sportliches Spektakulum befriedigt viele Triebe und Sinne

Chor. Der Star wird in einem Atemzug bejubelt, beneidet und vergöttert. Es ist ein Phänomen an sich, daß gerade in den Regionen, in denen die Arbeitslosigkeit besonders groß ist, die Verehrung der Stars besonders üppige Blüten treibt.

Die Merkmale des Spiels

Das Fußballspiel ist wie jedes Spiel gekennzeichnet durch eine spezielle Spielidee; es hat eine nur ihm eigene Struktur, durch die es sich von anderen Sportspielen unterscheidet; das Regelwerk gibt dem Spiel seine besondere Prägung. Die Summe der Eigenschaften macht es einzigartig.

Spielidee

Zwei Mannschaften mit je elf Spielern (einer davon ist der Torwart) spielen gegeneinander. Als Sieger gilt jene Mannschaft, die am Ende einer vereinbarten Spielzeit den Ball öfter im gegnerischen Tor untergebracht hat als der Gegner. Als spezifisches Kennzeichen des Fußballspieles gilt, daß der Ball von den Spielern nicht mit der Hand (Ausnahme Torwart im eigenen Strafraum) gespielt werden darf, er kann also nur mit den Füßen, dem Kopf und dem Rumpf an- oder mitgenommen, zugespielt oder geschossen werden.

Ein entscheidender Grund dafür, daß der Fußballsport so weit verbreitet ist und vor allem auch von Jugendlichen so gerne betrieben wird, ist der einfache Spielgedanke: »Tore ohne Benutzung der Hände schießen und Tore verhindern« das ist die ursprüngliche Idee des Spiels.
Die geradezu simple Spielidee erlaubt es, daß unter vereinfachten Regelbestimmungen nahezu überall Fußball gespielt werden kann.
Als Spielfeld genügt ein Hinterhof, statt Rasen kann auf jedem Beton- oder Sandplatz gespielt werden, und anstelle der üblichen Torstangen reichen auch Zweige, Taschen oder Pullover als seitliche Markierungen aus. Auch an Größe, Gewicht und Beschaffenheit des Balles werden für Freizeitspiele keine besonderen An-

forderungen gestellt, notfalls genügt sogar ein Tennisball.
Selbst für offizielle Punkt-, Pokal- und Freundschaftsspiele kann das Regelwerk vielfältig abgewandelt werden, ohne daß die ursprüngliche Spielidee verlorengeht. So gibt es heute eigene Bestimmungen für das Spiel in der Halle. Jugendliche bis 12 Jahre spielen mit kleineren Mannschaften (sieben Spieler) auf Kleinfeld mit Toren von 5 m x 2 m, und auch die Größe des Spielballes und die Dauer der Spielzeit kann problemlos verändert werden (Jugend- und Damenspiele), ohne daß das Spiel in seinem Wesen verändert wird.

Spielstruktur

Jede Sportart hat charakteristische strukturelle Merkmale. Selbst die Sportspiele, die bezüglich der Spielidee miteinander wesensverwandt sind, unterscheiden sich in ihrer Struktur erheblich. Im Vergleich zu Sportspielen wie Basketball, Handball und Volleyball zeichnet sich Fußball durch folgende Merkmale aus:

- Das Handspiel ist im Fußball als Sonderrecht dem Torhüter in seinem Strafraum vorbehalten.
- Das Spielfeld ist – auch in Relation zur Anzahl der Spieler – größer als in den anderen Sportarten. Das Fußballnormalspielfeld (siehe die Abb. auf S. 13) von 105 m x 68 m ist mit seinen 7140 m² etwa fünfmal so groß wie das Handballfeld (800 m²), etwa neunmal so groß wie das Basketballfeld (364 m²), etwa 24mal so groß wie das Volleyballfeld (162 m²).
- Der für jeden Spieler anteilmäßig verfügbare Aktionsraum ist größer als in den anderen Spielen: Fußball 324 m², Handball 66 m², Basketball 36 m², Volleyball 13,5 m² pro Spieler.
- Die Anzahl der Spieler ist größer als in den vergleichbaren Spielen: Während beim Fußball 22 Spieler auf dem Feld sind, ist die Anzahl der Spieler bei Handball zwölf, Basketball zehn und Volleyball zwölf.
- Die Trefferquote pro Spiel ist geringer als in anderen Sportspielen; bei dem häufig knappen Spielausgang steigt die Spannung für Spieler und Zuschauer deshalb besonders (Ambivalenz des Spiels).
- Die spannenden Zweikämpfe zwischen den Gegenspielern der beiden Mannschaften sind sehr häufig. Spielanalysen haben ergeben, daß im Spitzenfußball pro Spiel zwischen ca. 250 und 300 Zweikämpfe stattfinden. Bei den letzten WM-Spielen zwischen Frankreich und Deutschland wurden 263 (1982) und 309 (1986) Zweikämpfe gezählt.
- Die Vorbereitung des Torschusses erfolgt durch einen systematischen Spielaufbau (Kombinationen), wobei die Mannschaften auch im Mittelfeld intensiv um Ball und Spielanteile kämpfen.
- Die Art der Ballkontakte ist im Fußball einzigartig. So gibt es die An- und Mitnahme des Balles mit dem Fuß, das Kopfballspiel, die Dribblings und Tacklings mit dem Fuß nur im Fußball. Lediglich der Stoß des Balles mit dem Fuß ist auch von anderen Sportspielen wie Rugby und American Football bekannt.
- Die Ballkontaktzeit, d. h. die Zeit, in der die einzelnen Spieler den Ball in Besitz haben, ist – bezogen auf die Spieldauer und auf die Häufigkeit der Ballkontakte – auffallend kurz.

Untersuchungen von JASCHOK/WITT haben 1976 folgende Werte ergeben: Maximale Kontaktzeit 3:50 Min. bei 92 Kontakten, minimale Kontaktzeit 0:20 Min. bei 12 Kontakten, durchschnittliche Kontaktzeit 2:00 Min. bei 50 Kontakten.

Spielregeln

Für die Punktspiele der Vereine gelten die von der FIFA und der obersten Regelbehörde, der »International Board«, verfaßten Regeln.
Sie gelten international für Spiele von Herrenmannschaften. Für Jugend- und Damenspiele oder für Hallenspiele und mit Einschränkungen auch für den Amateurspielbetrieb können die einzelnen Landesverbände in ihren nationalen Spielordnungen eigene Regeln und Bestimmungen erlassen.
Die heute gültigen Regeln haben – so wie das Spiel selbst – eine turbulente Geschichte hinter sich. In der folgenden Aufstellung sind die wichtigsten Entwicklungsschritte dargestellt.

1846: Eine Mannschaft besteht aus 15 bis 20 Spielern.
1863: Trennung von Rugby.
1864: Als Spielkleidung waren kniebedeckende Hosen und Mützen mit Quasten gefordert.
1866: Eckstoß und Freistoß werden eingeführt.
1870: Zahl der Spieler wird auf elf begrenzt.
1871: Ballstoppen mit der Hand wird für alle Spieler verboten.
1872: Einem Spieler wird das Fangen des Balles mit der Hand wieder erlaubt; es ist dies das Geburtsjahr des Torhüters; er darf den Ball in der ganzen eigenen Spielfeldhälfte fangen.
1874: Robert Koch gibt gleichzeitig mit der Gründung der ersten deutschen Schülermannschaft (in Braunschweig) die ersten deutschsprachigen Fußball-Regeln heraus.
1875: Anstelle der bis dahin üblichen Stoffbänder wird eine Querlatte als obere Torbegrenzung eingeführt.
1877: Die bis dahin in England immer noch uneinheitlichen Regeln werden vereinheitlicht und neu gefaßt. Der Feldverweis wird eingeführt.
1878: Ein englischer Schiedsrichter erfindet die Trillerpfeife als Hilfsmittel zur Leitung des Spiels.
1880: Die Dauer des Spiels wird in Deutschland nach englischem Vorbild auf 2 x 30 Minuten festgelegt (heute 2 x 45 Minuten).
1882: Gründung einer internationalen Regelbehörde, des heute noch in Regelfragen verantwortlichen »International Board«.
1885: In England wird die Bezahlung von Fußballspielern offiziell erlaubt; Geburtsstunde des Profifußballs.

Einführung

1889: Der Schiedsrichter erhält nun alleiniges Entscheidungsrecht und zur Unterstützung zwei Linienrichter. Bis dahin gab es zwei Spielleiter und einen Referee zur Oberaufsicht. Dieser griff nur nach Reklamation durch den Spielführer einer Mannschaft ein.
1892: Das Wetten zwischen Spielern und Zuschauern über den Spielausgang wird verboten.
1896: In Deutschland wird durch die Regeln bestimmt, daß die Spielfelder »frei von Bäumen und Sträuchern« sein müssen; bis dahin waren derartige natürliche Hindernisse gelegentlich noch zu finden.
1900: Der Deutsche Fußball-Verband wird in Leipzig gegründet; gleichzeitig gründen sich z. B. der FC Bayern München, der 1. FC Kaiserslautern, Borussia Mönchengladbach u. a. Vereine.
1902: In England wird Frauenfußball verboten.
1903: Erfindung des 16-m-Raumes; der Torhüter darf den Ball nur noch im 16-m-Raum fangen.
1904: Gründung des Fußball-Weltverbandes (FIFA) in Paris; Präzisierung des Begriffes »gefährliches Spiel«; Einführung des direkten Freistoßes; die Regel, wonach die Hosen der Spieler die Knie bedecken müssen, wird erst jetzt aufgehoben.
1906: Mit dem Beitritt Englands in die FIFA werden die englischen Fußballregeln international verbindlich.
1907: Die Abseitsposition in der eigenen Spielhälfte wird nicht mehr geahndet.
1913: Die 9,15-m-Abstands-Regel bei Freistößen wird eingeführt.
1921: Torhüter müssen bei internationalen Spielen gelbe Pullover tragen.
1924: Die Ausführung des Eckstoßes wird neu geregelt; Eckstöße können danach auch direkt verwandelt werden.
1925: Einführung einer neuen Abseitsregel zur Förderung einer offensiveren Spieltaktik. Im Moment der Ballabgabe müssen sich jetzt nur noch zwei (bisher drei) Gegenspieler zwischen dem Angreifer und der Torlinie befinden.
1929: Neue Strafstoß-Bestimmung: Der Torwart darf sich bis zum Schuß nicht mehr bewegen.
1933: Einführung der Rückennummern im englischen Cup-Finale; offizieller Beschluß im Jahre 1939.
1951: Mit der Genehmigung weißer Spielbälle für Nachtspiele wurde das Fußball-Fernsehzeitalter eingeleitet.
1955: Aufhebung des Verbots von Flutlichtspielen.
1965: In England wird das Auswechseln eines verletzten Spielers erlaubt.
1966: In England dürfen – unabhängig vom Grund – zwei Spieler ausgewechselt werden.
1982: Einführung der 4-Schritt-Regel für den Torhüter.
1985: Weitere Verschärfung der Ballkontrolle durch den Torwart mit der Hand.

Das Original-Regelwerk der FIFA besteht aus 17 Regeln, die man in folgende Gruppen zusammenfassen kann:

Bedingungen des Spiels
Regel 1: Das Spielfeld
Regel 2: Der Ball
Regel 3: Die Zahl der Spieler
Regel 4: Die Ausrüstung der Spieler

Leitung und Kontrolle des Spiels
Regel 5: Der Schiedsrichter
Regel 6: Die Linienrichter
Regel 7: Die Dauer des Spiels
Regel 8: Der Spielbeginn

Kritische Spielsituationen
Regel 9: Ball in und aus dem Spiel
Regel 10: Wie ein Tor erzielt wird
Regel 11: Abseits
Regel 12: Verbotenes Spiel und unsportliches Betragen

Standardsituationen
Regel 13: Freistoß
Regel 14: Strafstoß
Regel 15: Einwurf
Regel 16: Abstoß
Regel 17: Eckstoß

Ausführlich und verständlich werden diese Regelbestimmungen erläutert in: BAUER, Fußballregeln leicht verständlich.

Spielzeiten nach Geschlecht und Alter, im Freien und in der Halle

	Einzelspiele auf Freiplätzen		Turnierspiele in der Halle			
Geschlecht	Alter	Spielzeit max.	Alter	Spielzeit max.	Verlängerung	Höchstspielzeit pro Tag
Männlich	bis 10 Jahre 10 – 12 Jahre 12 – 14 Jahre 14 – 16 Jahre 16 – 18 Jahre ab 18 Jahre	2 x 20 Min. 2 x 25 Min. 2 x 30 Min. 2 x 35 Min. 2 x 40 Min. 2 x 45 Min.	bis 12 Jahre bis 18 Jahre ab 18 Jahre	2 x 5 Min. 2 x 10 Min. 2 x 15 Min.	2 x 3 Min. 2 x 3 Min. 2 x 5 Min.	60 Min. 80 Min 120 Min.
Weiblich	bis 10 Jahre 10 – 13 Jahre 13 – 16 Jahre	2 x 25 Min. 2 x 30 Min. 2 x 35 Min.	bis 16 Jahre ab 16 Jahre	2 x 5 Min. 1 x10 Min.	2 x 3 Min. 2 x 3 Min.	60 Min 80 Min.

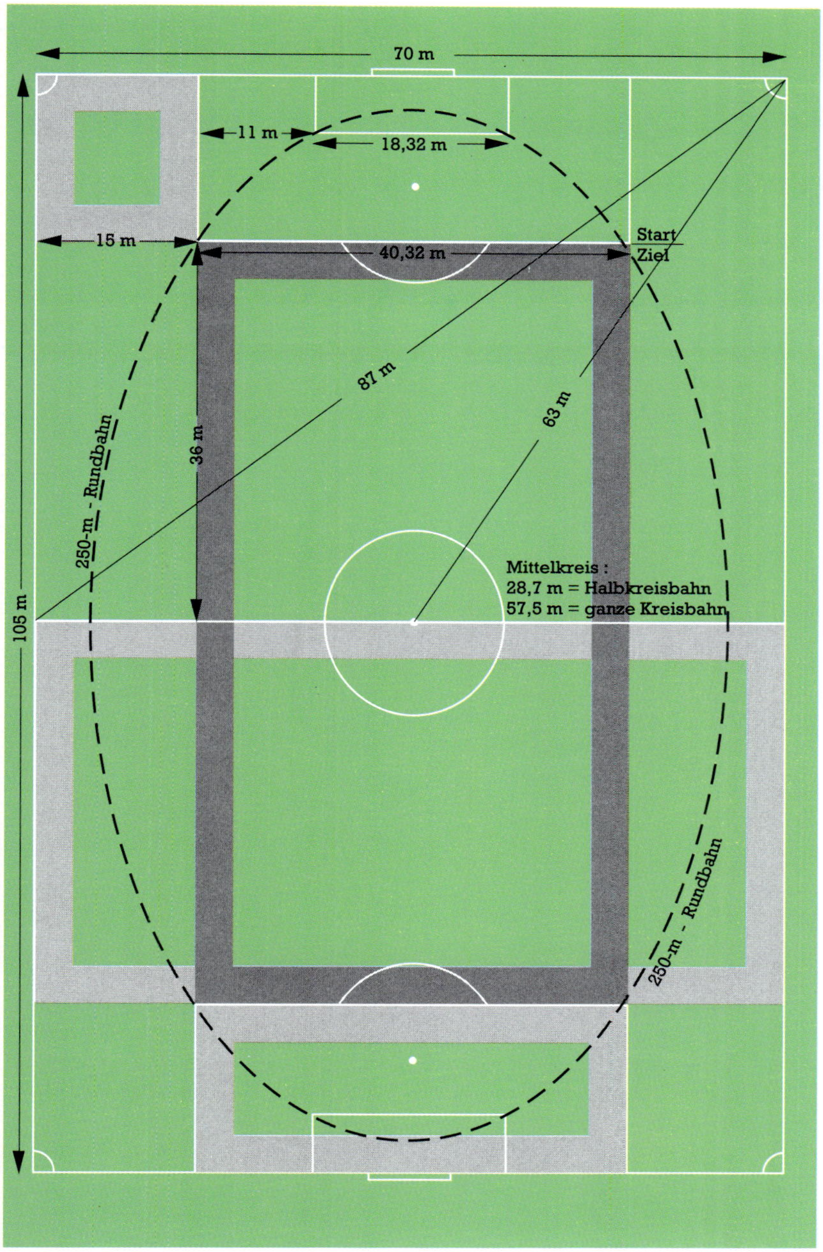

Auf dem Normalspielfeld mit der Größe von 105 m x 68 m sind durch die Linierung Spielräume und Laufstrecken mit unterschiedlichen Größen und Längen vorgegeben. Zusammen mit den festen Sportplatzanbauten (Treppen, Barrieren) hat der Trainer dadurch vielfältige Möglichkeiten zur abwechslungsreichen Organisation des Trainings. Als geschickter Organisator nutzt der Trainer die vorgegebenen Spielfelder für die vielfältigen »kleinen Parteispiele«.

Die Spielzeiten für Damen und Herren und für die verschiedenen Altersstufen differieren erheblich. Weil dies Auswirkungen auf die Höhe der Belastung im Training hat, werden die Zeiten in der Tabelle S. 12 zusammengestellt.

Die Mannschaft

Für viele Sportler und Zuschauer ist Fußball nicht zuletzt so attraktiv, weil es ein Mannschaftssport ist. Durch die Vielzahl der Spieler und durch die unendlich vielfältigen Möglichkeiten des Zusammenspiels in Angriff und Abwehr sind der Kreativität der Spieler kaum Grenzen gesetzt, und der Zuschauer erlebt immer wieder neue überraschende Kombinationsformen und Spielvarianten.

Mannschaftsleistung

Die komplexe Mannschaftsleistung setzt sich zusammen aus individuellen Handlungen, Aktionen, an denen zwei und mehr Spieler beteiligt sind und Aktionen, an denen die gesamte Mannschaft in ganzheitlicher Weise mitwirkt.

Wegen der Vielzahl an kollektiven Handlungen ist die Leistung einer Mannschaft immer mehr als die Summe der Einzelleistungen der elf Spieler. Allerdings entscheidet über Erfolg und Mißerfolg der ganzen Mannschaft sehr häufig die Leistung eines einzigen Spielers.

Das Spiel von gut geführten Mannschaften hat häufig einen ganz speziellen Charakter. Dieser wird z. T. durch die Tradition des Vereins überliefert; die spezifische Spielweise »vererbt« sich geradezu von einer Spielergeneration auf die folgende. Aber auch große Trainerpersönlichkeiten prägen das Spiel ihrer Mannschaft; sie drücken ihrer Mannschaft gewissermaßen den Stempel ihrer Vorstellung vom attraktiven und erfolgreichen Spiel auf.

Einführung

Der Charakter des Spiels einer Mannschaft wird geprägt von

- dem Spielsystem, mit dem sie spielt (siehe S. 137)
- dem spezifischen Stil ihres Spiels in Angriff und Abwehr (siehe S. 143)
- der Gruppen- und Mannschaftstaktik, mit der die Mannschaft üblicherweise agiert (siehe S. 91 und 97)
- den Spielerpersönlichkeiten in der Mannschaft und deren Spielideen.

Mannschaft als soziale Gruppe

Die Sportwissenschaft ordnet die Spielmannschaften den sogenannten sozialen Kleingruppen zu.
Kleingruppen sind gekennzeichnet durch eine spezifische Struktur und durch bestimmte Prozesse, die zum Teil zwischen den Mitgliedern der Mannschaft und zum Teil zwischen der Mannschaft und externen Personen ablaufen. Der Trainer nimmt dabei eine Art Zwitterstellung ein.
Die Struktur der Mannschaft prägt u. a. die hierarchische Ordnung, das ist die Rangstufe, die die einzelnen Spieler innerhalb der Mannschaft einnehmen. Diese wird mit beeinflußt von den Sympathiebeziehungen der Spieler untereinander und von der Bewertung der Leistungsfähigkeit der Spieler durch ihre Mitspieler.
Eine ausgeprägte und von den Spielern anerkannte Hierarchie ist für das Erreichen hoher sportlicher Leistungen unverzichtbar. Sie vermeidet überzogene Rangkämpfe und Eifersüchteleien, der Leistungs- und/oder Sympathieführer kann der Mannschaft in entscheidenden Situationen in und außerhalb des Spiels wichtige Impulse geben und die anderen Mitglieder der Mannschaft begeistern und mitreißen.
Damit eine Fußballmannschaft zu einer gut funktionierenden dynamischen Kleingruppe wird, sollte sie folgende Voraussetzungen erfüllen:

- Die Zahl der Spieler sollte innerhalb eines Spieljahres möglichst konstant bei etwa 18 bis maximal 25 Spielern liegen.
- Die Spieler sollten alle eine einheitliche Zielsetzung haben (z. B. den Abstieg vermeiden, den Aufstieg erringen).
- Die Spieler sollten für ihr Verhalten auf dem Spielfeld und untereinander einheitliche Normen anerkennen (z. B. pünktlich zum Training und Wettspiel erscheinen).
- Die Spieler sollten ein ausgeprägtes Zusammengehörigkeitsgefühl (Wir!) entwickeln.
- Die Spieler sollten neben den formellen Kontakten (z. B. taktische Marschrouten im Spiel) auch informelle Kontakte (z. B. gesellige Veranstaltungen) pflegen.
- Die Spieler sollten die Aufgaben und Rollenverteilung im Sinne einer hierarchischen Ordnung anerkennen.
- Die Spieler sollten sich mit einer gemeinsamen Bezugsperson (Trainer, Vorstand) oder einer Institution (Verein, Land) identifizieren oder diese zumindest anerkennen.

Mannschaftsbildung

Wenn das Funktionieren einer Mannschaft von so vielen Faktoren mit abhängt, wie sie vorstehend geschildert wurden, und wenn Sieg und Niederlage neben den Leistungen der einzelnen Spieler wesentlich mit von der Funktionstüchtigkeit der ganzen Mannschaft abhängen, dann ist klar, daß es eine besondere Kunst sein muß, aus elf oder mehr Einzelspielern eine schlagkräftige Mannschaft zu formen.
Eine der wesentlichsten Fähigkeiten von Fußballtrainern ist es, aus dem vorhandenen Spielerkader die jeweils erfolgversprechendste Aufstellung zu formieren. Dies geschieht bei der Mannschaftsaufstellung. Noch mehr Sachverstand seitens des Trainers erfordert die langfristige Mannschaftsbildung. Dabei geht es darum, zu Saisonbeginn oder im Verlauf mehrerer Jahre Spielertypen zu finden, die eine schlagkräftige Mannschaft bilden können.
Sowohl bei der (kurzfristigen) Mannschaftsaufstellung wie bei der (langfristigen) Mannschaftsbildung sind nicht nur technische, konditionelle und taktische Fähigkeiten der Spieler zu berücksichtigen; vor allem sind auch motivationale Merkmale, Wesens- und Temperamentsmerkmale und zunehmend mehr auch geistige Qualitäten wie Kreativität und Wahrnehmungsvermögen ausschlaggebend für die Entscheidungen des Trainers.
Im Fußball ist es ähnlich wie in der Musik. Die große Vielfalt der musikalischen Ideen kann nicht allein durch Streicher oder Bläser oder Rhythmiker verwirklicht werden. Ein Orchester benötigt unterschiedliche Instrumente für sein Spiel.
Genauso braucht eine Fußballmannschaft Spieler, die sich mit ihren besonderen Stärken ergänzen. Der Techniker braucht neben sich den Kämpfer, der Spielmacher vor sich den aggressiven Stürmer, der mehr offensive Mittelfeldspieler den konsequent deckenden Nebenmann, der kopfballschwächere Libero den großen kopfballstarken Vorstopper, der eher langsame Mittelfeldspieler braucht hinter sich den pfeilschnellen Verteidiger.
Der Trainer muß die Mannschaft unter diesen Aspekten lang- und kurzfristig mit sehr viel Sachverstand zusammenstellen. Der fachkundige Blick für die besonderen Stärken und Schwächen der Spieler zeichnet den erfolgreichen Trainer unter anderem aus. Nicht selten fehlt in einer sonst guten Mannschaft oft nur ein ganz bestimmter Spielertyp. Wird er gefunden, kann die Mannschaft Ziele, die vorher lange vergeblich anvisiert wurden, plötzlich ohne Probleme erreichen. Bei der langfristigen Mannschaftsbildung sind u. a. folgende Gesichtspunkte zu beachten:

- Grundsätzlich sollten so viele Spieler wie nötig und so wenige wie möglich in den Stamm der Mannschaft aufgenommen werden. Eine

zu dünne Spielerdecke bringt häufig Probleme, wenn sich zu viele Spieler verletzen oder aus anderen Gründen (Bundeswehr, Berufs-/Wohnortwechsel) ausfallen. Ein zu großer Spielerkader führt meist zu Unzufriedenheit bei den Reservisten, zu Mißgunst unter den Spielern und zu Streit zwischen einzelnen Spielern und dem Trainer.
Der Spielerkader sollte sicherstellen, daß jede Spielposition wenigstens zweimal gut besetzt werden kann. Da Spieler meist auf mehreren Positionen eingesetzt werden können, genügen in der Regel 18 bis max. 22 Spieler.

- Die Spieler sollten ein ausgewogenes Durchschnittsalter haben. Das Leistungsalter im Fußball reicht heute von 20 bis 32 Jahre. Ein Altersdurchschnitt von 24 bis 26 Jahre ist deshalb als ideal zu bezeichnen. Eine zu junge Mannschaft verfügt in entscheidenden Spielen oft nicht über ausreichende Erfahrung, sie ist meist auch psychisch nicht stabil genug. Ist die Mannschaft dagegen überaltet, dann fehlt oft das jugendliche Feuer und die Risikobereitschaft. In Turnieren oder bei »englischen Wochen« erholen sich ältere Spieler langsamer. Speziell im professionellen Bereich sind sie psychisch und nicht selten auch finanziell bereits »satt«.
- Die Spieler sollten sich – wie bereits eingangs erwähnt – vor allem in ihren technischen, konditionellen und taktischen Qualitäten ergänzen. Bei der Anwerbung neuer Spieler ist auch zu bedenken, daß jede Mannschaft ihren eigenen Spielstil hat. In einer Mannschaft, die bevorzugt mit Forechecking und Frontalangriff operiert, können im Mittelfeld und Angriff nur hochklassige Techniker erfolgreich agieren. Sie benötigt umgekehrt sehr schnelle Abwehrspieler, die im freigemachten Rückraum schneller sind als die gegnerischen Stürmer. Umgekehrt müssen die Sturmspitzen in einer Kontermannschaft über herausragende Sprinterqualitäten verfügen.
- Die Spieler sollten sich gegenseitig vor allem auch menschlich akzeptieren. Das hat primär nichts mit landsmannschaftlicher Zugehörigkeit zu tun. Der Sport beweist immer wieder, daß Unterschiede in Sprache, Religion u. ä. durch das gemeinsame Ziel erst gar nicht zum Tragen kommen. Eine gewisse Toleranz und Lebenserfahrung ist allerdings bei allen Akteuren nötig.
- Schließlich sollten die Spieler auch die gewachsene Hierarchie der Mannschaft anerkennen. Eine gesunde Rivalität kann die Mannschaftsleistung zwar durchaus stimulieren, überzogene Rangkämpfe schaden aber in den meisten Fällen.

Mannschaftsaufstellung

Während bei der langfristigen Mannschaftsbildung vor allem die vorstehend genannten übergeordneten Aspekte zu beachten sind, müssen bei der aktuellen Aufstellung der Mannschaft für den bevorstehenden Wettkampf zahlreiche weitere Aspekte beachtet werden.
Unter anderem:

- Eine im vorausgehenden Spiel siegreiche Mannschaft sollte im allgemeinen nicht verändert werden (»never change a winning team!«).
- Spielern, die schon länger eine Formkrise haben, wird der Trainer eine schöpferische Pause gönnen. Umgekehrt sollte der Spieler nicht sofort ausgewechselt werden, wenn er einmal nicht in Form war. Das verunsichert ihn langfristig und er erhält keine Chance, die schwache Leistung auszumerzen.
- Die Taktik des Spieltages (siehe S. 134), die u. a. vom Gegner, den äußeren Bedingungen des Spiels (Heim-, Auswärtsspiel/Freundschafts-, Pokalspiel) mit abhängt, erfordert häufig bestimmte Spielertypen.
- Die Teilnahme und die Leistung im Training kann die Aufstellung ebenfalls mit beeinflussen. Denn ein trainingsfauler Spieler, der vom Trainer nicht »gelegentlich einen Schuß vor den Bug« erhält, kann die Trainingsmoral der ganzen Mannschaft negativ beeinflussen.
- Letztlich lassen sich Änderungen der Aufstellung oft nicht vermeiden, weil Verletzungen, Krankheiten oder berufsbedingte Abwesenheit der Amateur- oder Jugendspieler ihren Einsatz unmöglich machen.

Alle anderen Argumente, die zum Teil von Vorständen, Sponsoren oder auch von den Medien in die oft hitzigen Diskussionen um die beste Aufstellung eingebracht werden, sollten nur eine untergeordnete Rolle spielen. Im Grunde kennt nur der Trainer alle Argumente, die für die Aufstellung einer Mannschaft entscheidend sind. Er sollte deshalb auch das absolute Entscheidungsrecht dafür haben.

Der Spieler

Die Mannschaft ist zwar mehr als die Gesamtheit aller Spieler; dennoch entscheiden die Leistungen der einzelnen Spieler über Erfolg und Mißerfolg der Mannschaft. Nicht nur der aktuelle Sieg oder die Niederlage hängen von Einzelleistungen ab, auch langfristig werden Mannschaften von Spielerpersönlichkeiten geprägt.

Bedeutung für die Mannschaft

Inwieweit die Leistung des einzelnen Spielers für Erfolg und Mißerfolg einer Mannschaft verantwortlich ist, kann nicht immer eindeutig festgelegt werden.
Dennoch lassen sich einige Kriterien dafür nennen:
Am wirkungsvollsten sind Handlungen von Spielern, die direkt zum Torerfolg führen oder einen solchen des Gegners unmittelbar verhindern. So hat beispielsweise bei der auf S. 11 dargestellten Untersuchung von JASCHOK/WITT über die Häufigkeit und

Einführung

Dauer von Ballkontakten einzelner Spieler derjenige Spieler, der mit 0,20 Sekunden Kontaktzeit am schlechtesten abgeschnitten hat, bei seinen zwölf Ballkontakten das entscheidende Tor zum 1:0 seiner Mannschaft geschossen. Wer könnte diesem Spieler absprechen, daß seine Leistung für den Erfolg seiner Mannschaft nicht besonders wertvoll gewesen wäre.
Aus dieser Tatsache läßt sich auch erkennen, daß die Quantität (z. B. die im Spiel zurückgelegten Laufstrecken) und die Qualität von Spielhandlungen nicht zwangsläufig miteinander übereinstimmen. Aktionen eines Spielers sind umso wertvoller, je mehr sie zur Verbesserung des Spielstandes und um so schlechter, je mehr sie zur Verschlechterung des Spielstandes beitragen. So ist beispielsweise ein Zuspiel zu dem Spieler, der im Anschluß daran ein Tor erzielt, in der Bewertungshierarchie hoch anzusiedeln, ebenso wenn ein Abwehrspieler einen frei durchbrechenden gegnerischen Stürmer im letzten Moment am Torschuß hindern kann.
Die Wertigkeit einer positiven Aktion (z. B. Zuspiel kommt an) oder seiner negativen Aktion (Zuspiel kommt nicht an) hängt ferner vom Spielraum ab, in dem die Aktion stattgefunden hat. So sind Fehlpässe vor dem eigenen Tor besonders schwerwiegend, während der Ballverlust bei einem Dribbling im gegnerischen Strafraum kaum negativ zu Buche schlägt.
Letztlich ist für die Bewertung eines Spielers auch das Verhältnis seiner positiven und negativen Aktionen ausschlaggebend.
Angesichts der großen Bedeutung, die die individuelle Leistung jedes einzelnen Spielers für den Mannschaftserfolg hat, gilt es für den Trainer, die Leistungsfähigkeit und die Leistungsbereitschaft jedes einzelnen Spielers kontinuierlich und langfristig zu verbessern. Nur auf diese Weise kann langfristig auch die Mannschaftsleistung stabilisiert und gesteigert werden.

Leistungssteuernde Faktoren

Zahlreiche Faktoren beeinflussen die Tagesform eines Spielers. Unter anderem sind folgende Faktoren leistungs- und spielbestimmend:
- Allgemeine Persönlichkeitsmerkmale
- Spezielle Veranlagung bzw. Talent
- aktueller Stand von Technik, Kondition, Taktik
- Erziehung bzw. Vorbilder
- Lebensweise und Ernährung
- Einstellung von Familie/Freunden
- Belastung in Beruf und Schule
- Umfang und Qualität des Trainings.

Die einzelnen Faktoren beeinflussen sich zum Teil gegenseitig sehr stark, verstärken sich in ihrer Wirkung auf die Spielleistung oder heben sich gegenseitig auch auf.
So kann z. B. ein durchschnittlich begabter Spieler durch intensives und zielstrebiges Training mehr erreichen als ein anderer, der talentierter aber weniger ehrgeizig ist.

Persönlichkeitsmerkmale

In Diskussionen über die weitere Entwicklung des Fußballsports in Deutschland wird häufig darüber Klage geführt, daß im deutschen Fußball nicht mehr die Spielerpersönlichkeiten vorhanden seien, so wie es einst Beckenbauer, Netzer, Uwe Seeler, Fritz Walter u. a. waren. Bei der Ursachenforschung wird häufig sehr vordergründig lediglich der Mangel an technisch-taktischem Spielgeschick beklagt. Dabei wird zu wenig beachtet, daß Spielerpersönlichkeiten durch eine Vielzahl von Persönlichkeitseigenschaften geprägt sind, Technik, Kondition und Taktik alleine reichen bei weitem nicht mehr aus, um im internationalen Leistungsfußball wirkungsvoll bestehen und dort als Spielerpersönlichkeit gelten zu können.
Persönlichkeiten, und damit auch Spielerpersönlichkeiten werden u. a. durch folgende Merkmale geprägt:
- Primäre Persönlichkeitsmerkmale wie Geschlecht, Alter, Statur
- physische Eigenschaften
- intellektuelle Eigenschaften
- motivationale Eigenschaften
- soziale Eigenschaften
- Interessen und Einstellungen
- Wesensmerkmale
- Temperamentsmerkmale.

Diese Merkmale sind zum Teil unveränderlich vorgegeben, zum größeren Teil können sie aber durch langfristig wirkende Trainings- und Führungseinflüsse gesteuert und entwickelt werden.

Primäre Persönlichkeitsmerkmale
Als primäre Persönlichkeitsmerkmale gelten:
- Alter
- Geschlecht
- Körperbau.

Diese Faktoren beeinflussen zwar die Spielleistung, sie sind aber nicht veränderbar. Mit ihnen muß der Trainer kalkulieren, er kann sie aber nicht manipulieren.

Physische Eigenschaften
Die physischen Grundeigenschaften des Menschen sind:
- Kraft
- Schnelligkeit
- Ausdauer
- Beweglichkeit bzw. Flexibilität
- Koordinationsfähigkeit.

Sie stehen im Sport in vielfältigen Mischformen und Erscheinungsweisen zur Verfügung. Es bestehen enge Zusammenhänge mit motivationalen und emotionalen Merkmalen. Sie sind durch Trainingsmaßnahmen in unterschiedlicher Weise zu verbessern; sie werden im Kapitel »Kondition und Konditionstraining« ausführlich behandelt.

Intellektuelle Eigenschaften
Unter vielen anderen Eigenschaften sind im Sport vor allem folgende Eigenschaften von Bedeutung:
- Wahrnehmung
- Konzentration
- Gedächtnis

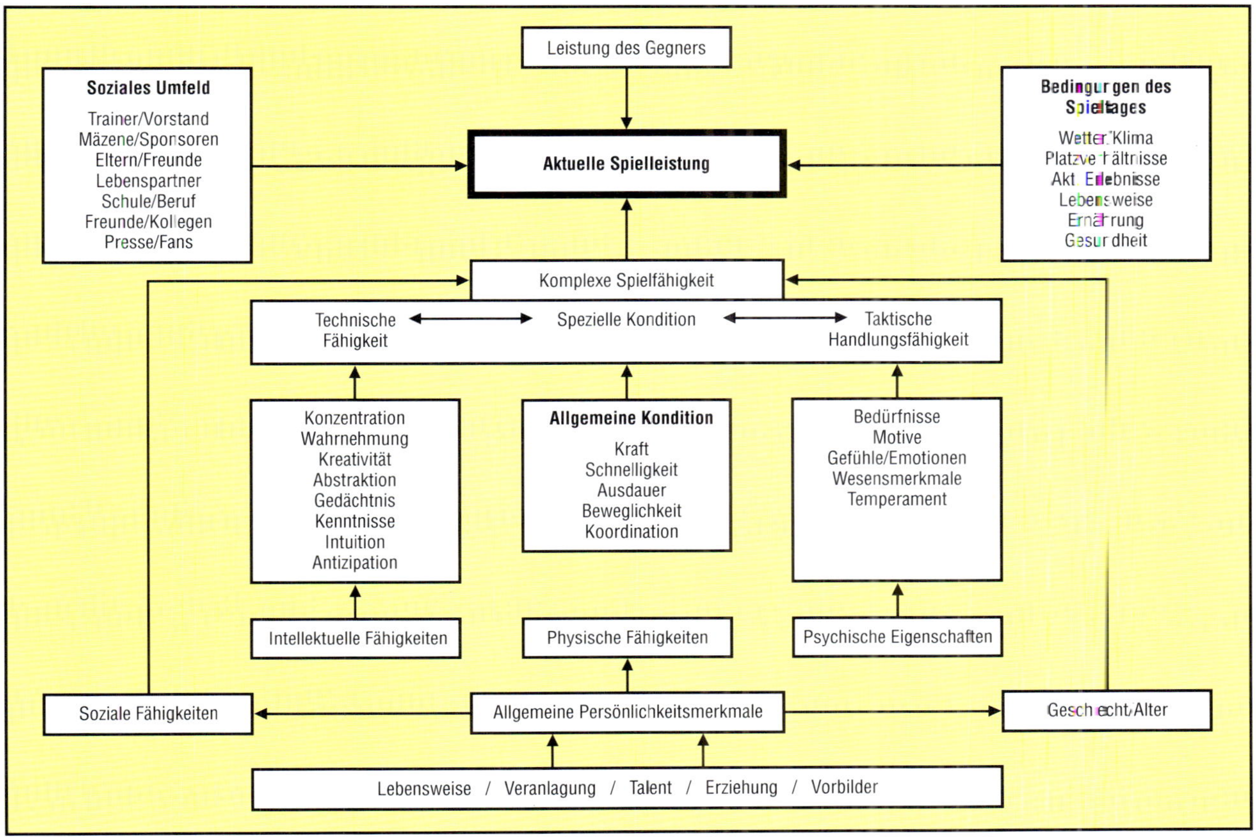

Die aktuelle Spielleistung ist das Produkt zahlreicher Faktoren

- Kreativität
- Vorausdenken/Antizipation
- Intuition
- Abstraktion
- Wissen und Kenntnisse.

Diese Fähigkeiten und Eigenschaften beeinflussen vor allem das taktische Handlungsvermögen. Ihre Bedeutung und die Möglichkeiten zu ihrer Verbesserung werden im Kapitel »Taktik« näher beschrieben.

Motivationale Eigenschaften

Dazu zählen:

- Bedürfnisse wie Spieltrieb, Bewegungstrieb
- Motive wie Anerkennungsstreben, Leistungsehrgeiz, Macht u. a.
- Gefühle bzw. Emotionen wie Angst, Wut, Schmerz.

Diese Eigenschaften haben ganz wesentliche Bedeutung für die Aktualisierung der physischen Eigenschaften und damit für die Tagesform des Spielers.

Sie werden vor allem durch konkrete Führungsmaßnahmen im Rahmen der Spieler- und Mannschaftsführung gesteuert.

Diese Thematik wird ausführlich behandelt in BAUER/UEBERLE, Fußball – Faktoren der Leistung, Spieler- und Mannschaftsführung.

Soziale Eigenschaften

Dazu zählen u. a.:

- Anerkennung von Normen und Werten
- Mannschaftsdienlichkeit
- Einordnung in Mannschaftsstruktur
- Kameradschaftlichkeit.

Sie werden langfristig durch die Erziehung in Schule und Elternhaus beeinflußt; aber auch die pädagogisch orientierte Führung durch den Trainer kann noch Impulse setzen.

Wesens- und Temperamentmerkmale

Zahlreiche z. T. konträre Merkmale kennzeichnen den Charakter eines Spielers, z. B.:

- Mutig/ängstlich
- entschlossen/zaudernd
- impulsiv/bedachtsam
- tatkräftig/träge
- optimistisch/pessimistisch
- selbstsicher/unsicher
- gesellig/verschlossen.

Auch diese Eigenschaften beeinflussen die Spielweise eines Spielers, seine potentielle Leistungsfähigkeit und die Stellung, die er innerhalb der Mannschaft einnimmt.

Deshalb sollte der Trainer auch bemüht sein, diese Faktoren im Sinne der Leistungsfähigkeit zu fördern. Die Möglichkeiten zur positiven Beeinflussung durch den Trainer siehe S. 89.

Commodore

Die Faktoren, die über den Stand der Leistung des Spielers und der Mannschaft entscheiden, wurden bereits im Abschnitt »Leistungssteuernde Faktoren« (siehe S. 16) genannt.
Sie können im Sinne der Leistungsentwicklung durch Führungs- und Trainingsmaßnahmen gesteuert werden.
Durch Training können viele der genannten leistungsbestimmenden Faktoren verbessert werden. Voraussetzung dafür ist, daß das Training systematisch und nach den Erkenntnissen der allgemeinen und speziellen Trainingslehre durchgeführt wird.
Damit das Training die erhoffte positive Wirkung zeigt, müssen Vereinsführung, Trainer und Spieler in kooperativer Weise zusammenwirken und dabei unterschiedliche Aufgaben erfüllen.

Exkurs

Aufgaben der Vereinsführung

- Beschaffung und Wartung aller materiellen Voraussetzungen für das Training; z. B. Umkleideanlagen, Platz, Halle, Konditionsräume, Kraftmaschinen, Trainingsgeräte (Bälle usw.) medizinisch-physiotherapeutische Ausstattung, Verpflegung und Getränke für die Spieler
- Sicherstellung der personellen Voraussetzungen durch Verpflichtung von Spielern, Trainern, Arzt, Masseur, Platz-/Gerätewart
- finanzielle Absicherung.

Aufgaben des bzw. der Trainer

Der Trainer hat für die Vorbereitung und den Ablauf des Trainings die alleinige Verantwortung. Er ist für die Zielsetzung, die Planung, die Durchführung und Leitung sowie die Auswertung des Trainings verantwortlich.

Aufgaben der Spieler

Die Spieler bestimmen durch die Art ihrer Mitarbeit den Erfolg des Trainings. Ihr Beitrag für einen erfolgreichen Trainingsverlauf besteht in:

- der Vorbereitung auf das Training durch sportliche Lebensweise
- einer hohen Leistungsbereitschaft
- der Mitarbeit im Training
- der Nachbereitung des Trainings durch Auslaufen (siehe S. 156), physiotherapeutische Maßnahmen wie Sauna und Massage, richtiger Ernährung, Erholung durch ausreichenden Schlaf.

Begriff und Prinzipien

Unter Training werden im allgemeinen Sprachgebrauch alle Maßnahmen zur Leistungsverbesserung verstanden. Im Sport wird Training häufig knapp und bündig definiert als »Vorbereitung auf den Wettkampf«. Diese umgangssprachlichen Begriffsfassungen sind nur Absichtserklärungen, sie sagen wenig aus über die konkreten Ziele und Aufgaben und über die Wirkung des Trainings.

Präziser kann das Training für Fußball definiert werden

- als pädagogisch-didaktischer Prozeß
- als biologischer Reiz-Reaktionsprozeß.

Im pädagogisch-didaktischem Sinne ist Training ein planmäßig gesteuerter Prozeß der sportlichen Vervollkommnung, der unter Berücksichtigung theoretischer Kenntnisse (allgemeine und spezielle Trainingslehre, Biomechanik, Sportmedizin, Sportpsychologie, Sportsoziologie), unter Einbeziehung praktischer Erfahrungen und aller personellen, materiellen und gesellschaftlichen Voraussetzungen darauf abzielt, die Spiel- und Leistungsfähigkeit, sowie die Spiel- und Leistungsbereitschaft von Spieler und Mannschaft in optimaler Weise zu entwickeln.
Im Sinne eines biologischen Reiz-Reaktionsprozesses ist Training ein Prozeß, bei dem durch systematisch wiederholte, überschwellige Bewegungsreize morphologische und funktionelle Anpassungserscheinungen erzielt werden.

Dieses Buch weist dem Leser den Weg zum erfolgreichen Training der leistungsrelevanten Faktoren. Dabei liegt der Schwerpunkt auf dem Training von Technik, Kondition, Taktik und komplexer Spielfähigkeit.

In den folgenden Abschnitten werden die dazu nötigen Wissensgrundlagen aus der allgemeinen und speziellen Trainingslehre vermittelt. Das Kapitel »Training« hat gewissermaßen Leitfunktion für die weitere Bearbeitung des Buches. Es beinhaltet zahlreiche Seitenverweise zur weiteren Vertiefung der hier angesprochenen Grundlagen.
Für die Trainingspraxis sind beide Betrachtungsweisen wichtig, denn das komplexe Wirkungsgeschehen im Training kann nur richtig erfaßt, gedeutet und gelenkt werden, wenn sowohl die physischen als auch die psychischen Wirkungen beim Spieler berücksichtigt werden.
Die Grundsätze, die dem Training entsprechend den beiden Definitionen zugrunde liegen, werden in Trainings-Prinzipien zusammengefaßt.
Es ist zu unterscheiden in:

- Unterrichtsprinzipien (s. unten)
- Belastungsprinzipien (S. 30)
- Zyklisierungsprinzipien (S. 34, 35)

Unterrichtsprinzipien

Folgende didaktisch orientierte Unterrichtsprinzipien sind relevant:
Prinzip der Planmäßigkeit und Systematik: Das Training hat langfristig nur dann die erhofften Wirkungen, wenn die Maßnahmen, die der Trainer trifft, in einem inneren Zusammenhang zueinander stehen und über einen längerfristigen Zeitraum in systematischer Weise aneinandergereiht werden (z. B. methodische Steigerung der Schwierigkeiten). Eine Grundvoraussetzung dafür ist die Trainingsplanung (siehe S. 24).
Prinzip der Individualität und Altersstufengemäßheit: Die individuellen Voraussetzungen für das Training sind von Spieler zu Spieler und von einer Entwicklungsstufe zur anderen unterschiedlich. Optimale Trainingswirkungen werden nur erzielt, wenn die Trainingsziele, die Trainingsinhalte und die Trainingsmaßnahmen individuell angepaßt werden.

Dabei ist vor allem darauf zu achten, daß der Schwierigkeitsgrad des Trainings nicht zu hoch gewählt wird, sondern dem Auffassungs- und Leistungsvermögen der Spieler angepaßt wird.

Prinzip der Anschaulichkeit: Vor allem neue technisch-taktische Elemente werden vom Spieler um so schneller erlernt und um so sicherer beherrscht, je anschaulicher das Trainingsziel dargestellt wird. Neben der Demonstration können dafür auch Medien wie Einzel- und Reihenbilder, Videoaufzeichnungen und Tafelskizzen sinnvolle Verwendung finden.

Prinzip der Bewußtheit: Motivation, Konzentration und Leistungsfortschritt sind um so größer, je mehr die Spieler über den Zweck der Trainingsmaßnahmen, die methodischen Zusammenhänge und die Wirkung der Trainingsmaßnahmen wissen. Der Spieler möchte informiert sein darüber, warum er was zu welchem Zeitpunkt im Training leisten soll.

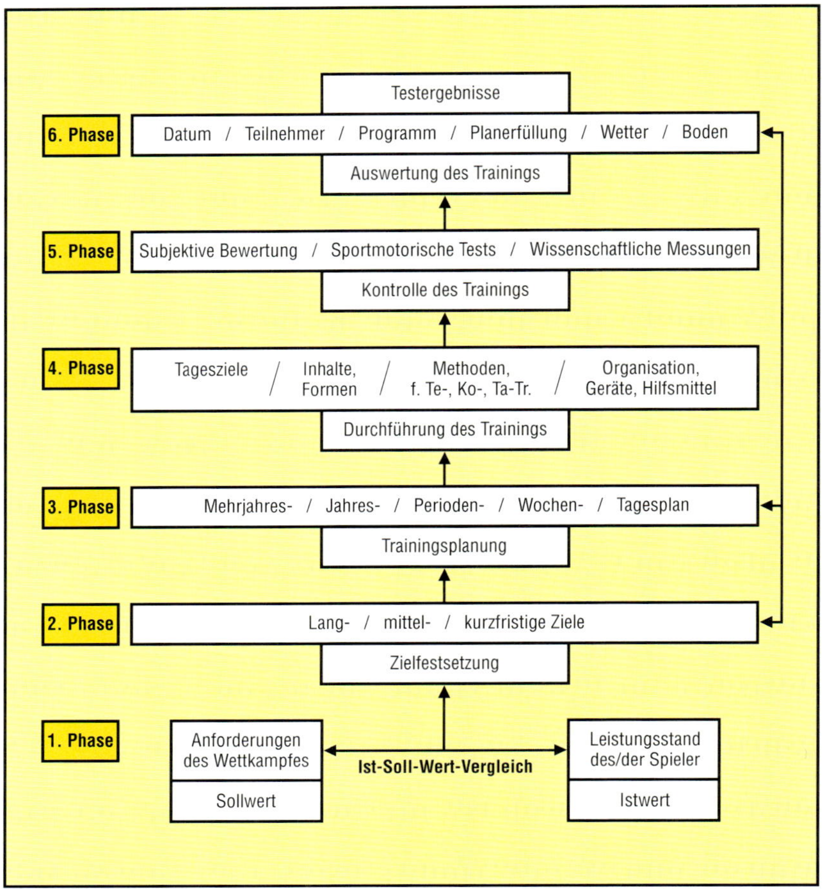

Struktur des Trainingsprozesses

Arten des Trainings

Wenn von Fußballtraining gesprochen und geschrieben wird, dann steht meist das leistungsorientierte Training im Mittelpunkt der Betrachtungen. Auch die Ausführungen in diesem Buch orientieren sich überwiegend daran.

Tatsächlich gibt es aber je nach den Absichten, mit denen trainiert wird und in Abhängigkeit von den jeweiligen Rahmenbedingungen völlig unterschiedliche Arten des Fußballtrainings.

Fußballtraining in der Schule: Es wird nicht nur vom Leistungsprinzip, sondern durch zahlreiche andere übergeordnete Aufgaben des Sportunterrichtes an den Schulen bestimmt.

Fußballtraining im Fitneß-Sport: Dort steht das freud- und lustbetonte Spielen selbst im Mittelpunkt. Das Spiel mit seiner therapeutischen psychophysischen Wirkung ist Zweck und nicht Ziel des Trainings.

Fußballtraining im Verein: Im Verein dient das Spiel zum Anlaß, um sportliche Leistungen zu erbringen. Dementsprechend zielt das Training besonders deutlich auf Leistungssteigerung ab.

Leider wird das Training im Jugend- und Amateurbereich noch viel zu sehr am professionellen Leistungssport ausgerichtet. Dabei wird übersehen, daß die Leistung bei den Profis ein Mittel zum Zweck der Existenzsicherung ist und deshalb eine völlig andere Bedeutung hat als für die Jugend- und Amateurspieler, also für 99,972 Prozent aller Spieler.

Für diesen Spielerkreis müssen die Trainer – bei allem lobenswerten sportlichen Ehrgeiz – wieder mehr Freude in den Trainingsalltag bringen und den sturen und verbissenen Leistungsdruck (nicht den gesunden Ehrgeiz) daraus verbannen. Wenn die Spieler im Training wieder mehr lachen dürfen und zu lachen haben, dann kann – vielleicht – der derzeit negative Trend bei den Mitgliederzahlen im B- und A-Jugendbereich gestoppt werden.

Im leistungsorientierten Vereinstraining sind je nach Alter- und Leistungsstand drei Stufen des Trainings zu unterscheiden:

- Grundlagentraining für Jugendliche von 6–10 Jahre
- Aufbautraining für Jugendliche von 12 bis 14 Jahre
- Leistungstraining für Jugendliche von 14 bis 18 Jahre und für Seniorenspieler.

Die vielleicht wichtigsten Sätze in diesem Buch lauten:

»Jede Art und jede Stufe des Trainings hat ihre spezifischen Voraussetzungen. Dementsprechend müssen die Trainingsziele, die Trainingmethoden, die Übungs- und Spielformen jeweils unterschiedlich gewählt werden. Alle verantwortlichen Jugendtrainer des Deutschen Fußball-Bundes und der Fußball-Landesverbände sind seit Jahren – leider mit noch zu wenig Erfolg – darum bemüht, den Jugendtrainern der Vereine deutlich zu machen, daß das Kindertraining kein Abklatsch des Jugendtrainings und das Jugendtraining keine Kopie des Erwachsenentrainings sein darf.«

Die alters- und entwicklungstypischen Unterschiede zeigen sich u. a. in folgenden Punkten:
● Leistungsstand im technischen, konditionellen und taktischen Bereich
● Einstellung zu konsequentem regelmäßigen Training
● Anstrengungsbereitschaft im Training
● Trainierbarkeit der konditionellen Fähigkeiten (für die einzelnen Fähigkeiten gibt es unterschiedliche »sensitive Phasen«)
● Fähigkeit zur Koordination allgemeiner und spezieller Bewegungshandlungen.
● Tempo, mit dem technische Fertigkeiten erlernt werden
● geistige/intellektuelle Fähigkeiten und damit
● Vermögen, Anweisungen des Trainers zu erfassen
● Vermögen die Informationen zur Taktik in praktische Spielhandlungen umzusetzen.

Konkreten Trainingsziele für Kinder und Jugendliche der unterschiedlichen Entwicklungsstufen sind in Tabelle auf Seite 23 zusammengefaßt.

Phasen des Trainingsprozesses

Zum Training im weiteren Wortsinn zählt nicht nur die unmittelbare Trainingsarbeit auf dem Platz. Training ist immer ein Prozeß, in dem mehrere Phasen nacheinander, aber mit ständiger Wechselwirkung untereinander, ablaufen:
● Orientierungsphase
● Phase der Zielfestsetzung
● Planungsphase
● Durchführungsphase
● Kontrollphase
● Auswertungsphase.

Orientierungsphase

Wie inzwischen mehrfach deutlich gemacht wurde, sind die Voraussetzungen im Wettkampf und die Voraussetzungen der Spieler in den verschiedenen Leistungs- und Entwicklungsstufen äußerst unterschiedlich.

Bevor konkrete Trainingsziele festgelegt und diese im Rahmen der Trainingsplanung in ein gedankliches Trainingskonzept übergeführt werden können, muß der Trainer zuerst analysieren, welche Anforderungen der Wettkampf an die Spieler und die Mannschaft stellt (= Sollwert), und überprüfen, wie es um die Leistungsvoraussetzungen seiner Spieler steht (= Istwert).

Das Spiel von Kindern und Jugendlichen unterscheidet sich erheblich vom Wettkampf im professionellen Leistungsfußball. Ebenso differieren die Fähigkeiten im technisch-konditionell-taktischen Bereich. So muß jeder Trainer für sich, für seine Mannschaft und seinen Verein diesen notwendigen Ist-Soll-Wert-Vergleich vornehmen, um zu einer stimmigen Zielfestsetzung und Trainingsplanung zu kommen.

Die Ergebnisse von Spielbeobachtungen, die mit Hilfe von Video- und Computertechnik durchgeführt werden, geben dem Trainer für die Sollwertfeststellung wertvolle Hinweise.

Festsetzung der Trainingsziele

Die sachgerechte Auswahl der Trainingsziele ist für den Erfolg des Trainings außerordentlich wichtig. Ohne Zielorientierung wird das Training zur bloßen Beschäftigungstherapie. Es kann weder sinnvoll geplant, noch im Sinne des Leistungssports ***systematisch*** durchgeführt werden.

Welche Trainingsziele lang-, mittel- und kurzfristig festgelegt werden, das hängt u. a. von folgenden Faktoren ab:
● Alter- und Entwicklungsstand der Spieler
● Leistungsstand der Spieler
● Trainingsalter der Spieler
● Leistungsorientierung von Verein, Trainer, Spieler
● Trainingsperiode im Ablauf des Trainingsjahres
● Trainingstag im Ablauf der Trainingswoche
● aktuelle Erkenntnisse über die Schwächen der Spieler und der Mannschaft aus den vorausgehenden Wettkämpfen
● äußere Bedingungen (Wetter)
● Trainingsanlagen und -geräte.

Ziele im Seniorentraining
Im Seniorentraining differieren die Trainingsziele weniger von einem Spieljahr zum anderen, als vielmehr innerhalb eines Spieljahres (s. S. 24).

Das Spieljahr mit seiner ersten und zweiten Wettkampfperiode wird in folgende jeweils mehrwöchige Perioden unterteilt:
● Vorbereitungsperiode
● 1. Wettkampfperiode (= Vorrunde)
● Zwischenperiode (= Winterpause)
● 2. Wettkampfperiode (= Rückrunde)
● Übergangsperiode (= Trainingspause).

Wissenschaftliche Erkenntnisse und sportpraktische Erfahrungen lehren, daß Spieler und Mannschaften nicht über mehrere Spieljahre hinweg pausenlos in gleichbleibender Hochform sein können.

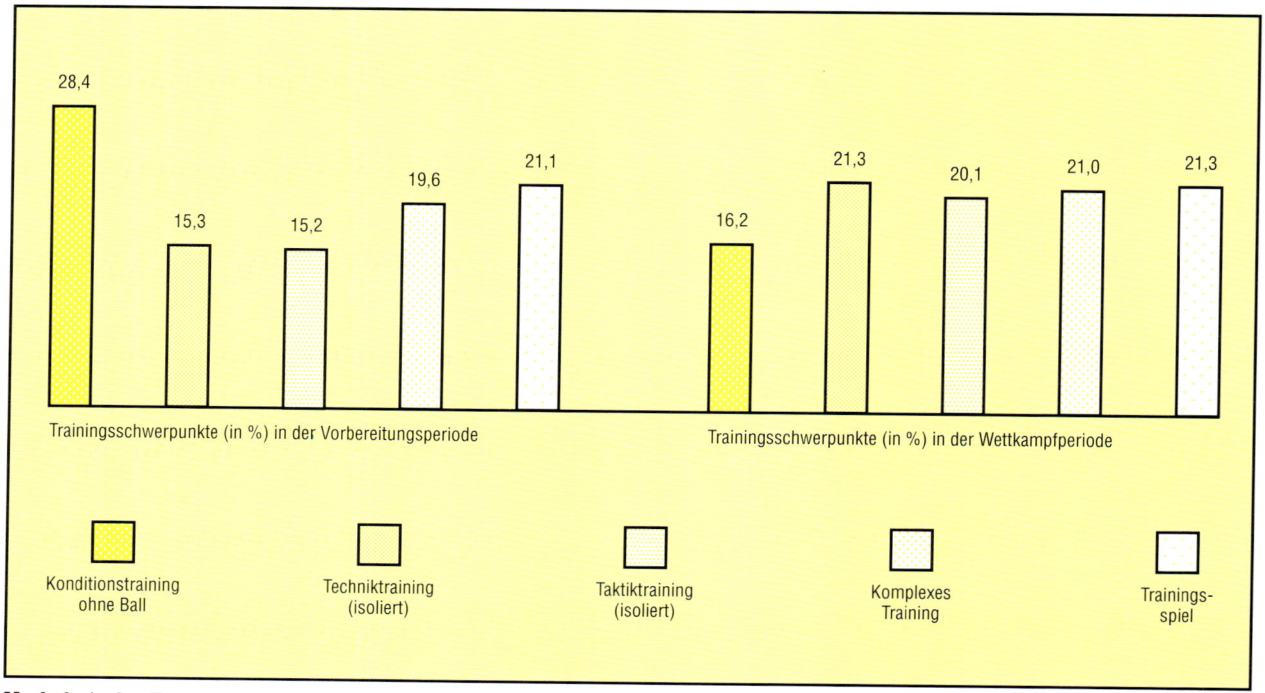

Verhältnis der Trainingsschwerpunkte laut einer Umfrage unter 59 Trainern aller Leistungsklassen

Die Leistungsfähigkeit eines Spielers hat als Folge biologischer Reaktionen und Funktionen einen sinusförmigen Verlauf mit den Abstufungen:

- Leistungsaufbau
- Leistungshoch
- Leistungsabfall.

Als erstes wesentliches Ziel ist deshalb die ***Höhe der Trainingsbelastung*** festzulegen.
Durch die Beachtung der Belastungsprinzipien (siehe S. 30) im Training kann dieses Ziel realisiert werden.
Als zweites Ziel gilt es das ***Verhältnis des Umfanges von Technik-, Konditionon-, Taktik- und komplexem Spieltraining*** festzulegen.
Vergleiche dazu die Grafik: die Säulendiagramme spiegeln das Ergebnis einer Befragung von 59 Trainern aller Leistungsklassen zu diesem Thema wider.
Drittens müssen die ***Ziele für das Technik-, Konditions-, Taktiktraining und für das komplexe Training*** im Detail festgelegt werden.
In den verschiedenen Perioden verändert sich nicht nur das Verhältnis von Technik-, Konditions- und Taktiktraining vom Umfang her, auch die Trainingsziele innerhalb der einzelnen leistungsbestimmenden Bereiche verändern sich von einer Periode zur anderen.

Ziele im Juniorentraining

Im Juniorenfußball differieren die Trainingsziele in Abhängigkeit von der Alters-, Leistungs- und Entwicklungsstufe.
Durch die Entwicklungsschübe verändert sich die Trainierbarkeit der einzelnen leistungsbestimmenden Faktoren geradezu sprunghaft. In der Trainingslehre spricht man von den »sensiblen Phasen«. Das sind Zeitabschnitte, die sich für die Entwicklung jeweils ganz bestimmter konditioneller Fähigkeiten besonders eignen.
Wenn in diesen Entwicklungsphasen die adäquaten Trainingsreize nicht gesetzt werden, kann dies – nach vorherrschender Meinung – später nur noch mit größtem Trainingsaufwand ausgeglichen werden.
Auch aus diesem Grund muß vor einer zu frühen Spezialisierung und Einengung des Trainings auf einseitige fußballspezifische Trainingsinhalte gewarnt werden. Im Grundlagentraining sollte der jugendliche Spieler die Gelegenheit erhalten, möglichst vielfältige Bewegungserfahrung zu sammeln (vgl. auch Kapitel »Koordination und Koordinationstraining« S. 82).
Zusätzlich werden die langfristigen Trainingsziele im B- und A-Jugend-Bereich wie beim Seniorentraining durch die Periodisierung mit beeinflußt.
In der Tabelle werden für die einzelnen Altersstufen praxiserprobte Trainingsziele zusammengestellt. Auch sie haben für den einzelnen Trainer mehr beispielhaften als verbindlichen Charakter.
Die speziellen Ziele des Technik-, Konditions- und Taktiktrainings werden im Zusammenhang mit den Kapiteln Technik, Kondition und Taktik im Verlaufe des Buches näher behandelt.

Trainingsziele im mehrjährigen Perspektivplan für Jugendliche der unterschiedlichen Altersstufen

Hinführung zum Spiel	**6–10 Jahre**	**10–12 Jahre**	**12–14 Jahre**	**14–16 Jahre**	**16–18 Jahre**
Dauerhafte Freude am Spielen und Trainieren	Angstfreie Freude am Umgang mit dem springenden, rollenden Ball und am »Kicken« des Balles	Freude am »Zusammenspielen und am Spielen-Lernen«; Freude am Training	Freude am Zweikampf und am gemeinsamen Kampf um den Sieg	Freude an der Entwicklung der eigenen Leistungsfähigkeit und deren Nutzung im Dienst der Mannschaft	Freude am leistungsorientierten Taktieren mit den eigenen technischen, konditionellen und taktischen Mitteln; Fußball ein Leben lang!
Allgemeine Koordinationsfähigkeit	Berechnung der Eigenbewegung des Balles; Allgemeinmotorik schulen	Verbesserung der Koordinierung von Ball- und Körperbewegung; Ballgefühl schulen	Stabilisierung der Alltagsmotorik und der allgemeinen Gewandtheit trotz gesteigerten Längenwachstums	Vielfältige Körperbeherrschung in Zweikampfsituationen; Härte gegenüber gegnerischen Attacken	Verbesserung der Bewegungsgeschicklichkeit unter Zeit- und Raumdruck und trotz gegnerischer Attacken
Spezielle technische Fertigkeiten	Ballführen; einfache Formen der An- und Mitnahme; Zuspiel und Torschuß mit Spann und Innenseite	Alle Techniken und Grundformen in der Bewegung ohne Gegner und in einfachen Parteispielen	Feinformung der bekannten Grundformen; bewußtes Anwenden in Wettkampfübungen, in Parteispielen und im Wettspiel	Positionsspezifische Techniken automatisieren; Dribbling und Tackling in Zweikampfübungen verbessern	Techniken zur Lösung taktischer Ziele bewußt anwenden (Eckstoß, Freistoß); alle Techniken in hohem Tempo und im Zweikampf beherrschen lernen
Allgemeine und spezielle Kondition	Laufen, Hüpfen, Springen, Rollen; Langzeitausdauer und Gewandtheit durch Spielformen	Schnellkoordinierte Alltagsmotorik durch Lauf-/Rauf-/ und Tummelspiele und durch Staffeln	Allgemeine Ausdauer und Beweglichkeit durch umfangreiche Lauf- und Körperschule (Gymnastik)	Beginn eines allgemeinen und speziellen Krafttrainings; Schnelligkeitstraining und gemischt aerobe Ausdauer	Training der Sprung- und Schußkraft; Kräftigung der Rumpfmuskulatur; anaerobe Ausdauer; spezielle Schnelligkeit mit und ohne Ball
Taktische Kenntnisse, taktische Handlungsfähigkeit	Erfassung des Spielgedankens »Tore erzielen und Tore verhindern« durch gemeinsames Angreifen und Abwehren	Einhalten vorgegebener Spielräume und Lösen der damit gegebenen Aufgaben; individuelle taktische Handlungen (Freilaufen, Decken)	Verbesserung des Zusammenspiels (Gruppentaktik); taktisch richtiges Verhalten bei Standardsituationen	Kenntnis der Taktik des Spieltages und Verbesserung des Handelns im mannschaftstaktischen Rahmen (Offensivspiel, Defensivspiel, Raumdeckung usw.)	Selbständiges und selbstverantwortliches taktisches Handeln durch Spielanalyse und durch Einsatz aller Persönlichkeitsqualitäten
Regelsicherheit	Kenntnis der Mindestregeln: Tor, Einwurf, Foulspiel, Abseits	Beachtung aller Regeln, spez.: Regel 4, 8–17	Anerkennung der Entscheidungen des Schiedsrichters	Bereitschaft, Spiele selbst zu pfeifen	Spiele selbst organisieren und leiten
Erziehung, Selbstverwirklichung durch Spielen					
Leistungsbereitschaft im Training und Spiel steigern	In Lauf- und Tummelspielen lernen, verschiedene Spielideen durch persönlichen Einsatz zu realisieren; gestellte Aufgaben im Training erfüllen	Spielfreude und Kraftüberschuß in Spielleistung ummünzen; Spielen und Üben im Training auch selbständig nach Anweisung	Entwicklungsbedingte Unlustgefühle und Leistungseinbrüche bewältigen lernen; den gemeinsamen Erfolg der Mannschaft als Hauptmotiv erleben und nützen	Streben nach persönlicher Leistung durch Verbesserung der leistungsbestimmenden Faktoren Technik und Kondition; Meidung von Alkohol und Nikotin	Beruf/Schule und neue Interessen mit den sportlichen Zielen koordinieren; Entwicklung zusätzlicher (extrinsischer) Motive; Streben nach Einsatz in der 1. Seniorenmannschaft
Affekte und Aggressionen beherrschen	Lernen, daß Niederlagen zum Spiel gehören und reparierbar sind	Freude, Ärger, Wut erleben und beherrschen lernen	Die Härte des Zweikampfs erleben; auch Schmerzen ertragen lernen	Rivalität und spielspezifische Aggressionen ertragen lernen	Psychische Stabilität entwickeln; Wettkampfängste und Nervosität beherrschen
		Lernen, die Entscheidungen des Schiedsrichters zu akzeptieren			
Kameradschaftliches, sozialintegratives Verhalten entwickeln	Erleben, daß Fußballspielen ein Miteinanderspielen und Miteinandertrainieren ist	Lernen, die Aufgaben im Gruppen- und Mannschaftsrahmen zu teilen; Freunde gewinnen	Die Mannschaft als Gruppe mit gleichen Zielen, Interessen, Normen erleben; den Gegner als Sportkamerad achten	Sich in die Mannschaftshierarchie einfügen. Mannschaft und Trainer als Leistungsgemeinschaft erleben	Die Mannschaft und sich selbst als Teil einer übergeordneten Instanz (Verein, Schule) erfassen; sich dafür einsetzen
Spiel und Training organisieren lernen	Lernen, den Traineranweisungen zu folgen; Aufgaben und Organisation erfüllen	Mithelfen bei der Organisation des Trainings; Gruppeneinteilung; Geräte, Fähnchen stecken	Lernen, daß Organisation und Spielregeln den Trainingszielen und der Leistungsstruktur angepaßt werden können	Das gemeinsame Training mit organisieren helfen (z. B. bei Komplexübungen Parteispielen); selbständig trainieren; selbst Lernzielkontrollen/Tests durchführen	Auf Reisen, im Trainingslager, bei Festen selbst aktiv zum Gelingen mit beitragen; zur Trainingsplanungssteuerung selbst mit beitragen

Trainingsplanung

Angesichts der Vielfalt möglicher Trainingsziele, vor allem aber wegen der schwierigen Belastungssteuerung, kann der Trainer heute kaum mehr auf eine schriftliche Trainingsplanung verzichten.

> Ein Trainingsplan ist ein gedankliches Konzept, das vorausschauend und systematisch die beabsichtigte Trainingspraxis modellhaft strukturiert.

Das Konzept kann schriftlich oder graphisch erstellt werden und für unterschiedlich lange Zeiträume gelten.
In der Fußballpraxis sind folgende Trainingspläne gebräuchlich:

- Mehrjährige Perspektivpläne für das Jugendtraining
- Jahrespläne für das Jugend- und Seniorentraining
- Periodenpläne für die mehrwöchigen Vorbereitungs-, Wettkampf-, Zwischen- und Übergangsperioden
- Wochentrainingspläne
- Tagestrainingspläne

Je kürzer der Zeitraum, für den ein Trainingsplan konzipiert ist, um so differenzierter müssen die Angaben zur anvisierten Trainingspraxis sein. Es genügt nicht, lediglich die Trainingsziele und die Höhe der Belastung zu planen.
In einem Trainingsjahresplan müssen beispielsweise folgende Angaben enthalten sein:

- Angestrebtes Jahresziel (z. B. Aufstieg in höhere Spielklasse)
- Einteilung des Trainingsjahres in unterschiedliche zeitliche Perioden und Etappen
- Termine der Meisterschaftsspiele
- Termine der Pokalspiele
- Termine der Freundschaftsspiele
- Termine und Arten der Kontrollen Tests und ärztl. Untersuchungen
- Grobziele des Technik-, Taktik- und Konditionstrainings der Saison
- Verhältnis dieser Gruppen in den einzelnen Trainingsperioden

Exemplarischer Trainingsjahresplan für Seniorenmannschaften

Trainingscharakter	a) Intensität b) Umfang	Trainingsziele	Trainingsmaßnahmen
1. Etappe: Mitte Juli bis Mitte August			
Allgemeines Aufbautraining; Aufbau allgemeiner konditioneller Grundeigenschaften; Wiederholung technischer und taktischer Grundelemente	a) von 60% auf ca. 80% steigend b) von 80% auf 100% steigend	**Kondition** aerobe Ausdauer, allgemeines Krafttraining, Beweglichkeit **Technik** Wiederholung aller technischen Fertigkeiten; individuelle Technikschulung **Taktik** allgemeine individuelle Taktik: Freilaufen, Decken, Dribbling; Taktik der Standardsituationen: Freistoß, Eckstoß, Kombinationsformen, Positionswechsel	Wald-, Dauerläufe, Fahrtenspiel, Krafttraining, Gymnastik Trainingsspiele, Übungsformen, Einzelarbeit am Ball, Spezial- und Sondertraining Einzelarbeit im Frontalbetrieb, Gruppenarbeit, Praxis- und Tafelarbeit
2. Etappe: Mitte bis Ende August			
Fußballspezifisches Aufbautraining; Verbesserung spezieller konditioneller Eigenschaften und technisch-taktischer Fertigkeiten	a) auf 95% steigend b) auf 60% sinkend	**Kondition** anaerobe Ausdauer, Schnelligkeitsausdauer, Kraftausdauer, spezielle Gewandtheit **Technik** alle Elemente mit Gegner und in gesteigertem Tempo **Taktik** Schulung der Spielgruppen, Aufgabenverteilung, Erprobung des geplanten (neuen) Spielsystems	Extensive Intervallarbeit, Staffelläufe mit und ohne Ball, kleine Spiele, allgemeine Fußballspiele (Parteispiele) Komplexübungen: Zweikämpfe, kleine Fußballspiele mit speziellen Aufgaben Spiel: Sturm gegen Abwehr, Trainingsspiel mit schwächeren Gegnern, Gespräche, Tafelarbeit
3. Etappe: Ende August bis Mitte September			
Fußballspezifische Stabilisierung und Automatisierung komplexer Fähigkeiten	a) 90% bis 100% b) von 100% auf ca 50% sinkend	**Kondition** höchste Reaktions- und Aktionsschnelligkeit, Sprung-/Schußkraft **Technik** perfekte Koordination der technischen und konditionellen Elemente **Taktik** Te + Ta situationsangepaßt, Tempowechsel, Aufgabenwechsel	In allen fußballspezifischen Übungen höchstes Tempo Spiele mit wechselnden Aufgaben, Spiele gegen Über- und Minderzahl Schulung taktischer Varianten gegen schwächere Gegner

● Höhe der Gesamtbelastung, insbesondere das Verhältnis von Umfang und Intensität in den Perioden.
In den folgenden Tabellen wird exemplarisch ein Jahresplan für Seniorenmannschaften vorgestellt. Daraus lassen sich auch grundsätzliche Prinzipien für die Trainingsbelastung im Verlauf des Trainingsjahres ableiten.
Der Trainingsplan ist für den Trainer ein roter Faden, an dem er sich orientieren kann. Dabei wird nicht erwartet, daß er sich jederzeit an das einmal erstellte Trainingskonzept hält. Es gibt zahlreiche Einflüsse, die es nötig machen, vom erstellten Trainingsplan abzuweichen. Gerade deshalb aber ist es wertvoll für den Trainer, wenn er langfristig eine Orientierungshilfe für seine Arbeit hat. Die Grundsätze der Periodisierung des Trainings, die der Planung mit zugrunde liegen, werden auf S. 34 dargelegt.
Der exemplarische Trainingsjahresplan auf den Seiten 24 bis 27 berücksichtigt die neu eingeführte lange Winterpause. Er geht vom Prinzip der Doppelperiodisierung mit zwei getrennten Vorbereitungsperioden im Sommer und im Winter aus.

4. Etappe: Mitte September bis Mitte Oktober			
Trainingscharakter	a) Intensität b) Umfang	Trainingsziele	Trainingsmaßnahmen
Fußballspezifisches Programm mit zusätzlichem Konträrprogramm	a) 90% bis 100% b) von 80% auf 90% steigend (Konträrprogramm)	**Kondition** durch Umfangsteigerung zusätzlicher, deutlicher Belastungsanstieg **Technik** alle technischen Elemente in höchstem Tempo mit Gegnern in Spielsituationen **Taktik** praxisnah aus den Erfahrungen des zurückliegenden Wettkampfes entwickeln	Erhöhung der Zahl der Trainingseinheiten, Verlängerung der einzelnen Trainingseinheiten, Pausen verringern Basketball, Handball, Waldläufe, allgemeines Krafttraining (wöchentlich 1mal
5. Etappe: Mitte Oktober bis Mitte November			
Durch Intensitätsabbau Regenerierung und Vorbeugung gegen einen zu frühen Formverlust	a) von 100% auf 70% sinkend b) ca. 50%	**Kondition** Lang/Mittelzeitausdauer, Beweglichkeitsschulung, kein Kraft- oder Schnelligkeitsausdauertraining **Technik** Perfektionierung aller technischen Elemente in mäßigem Lauftempo bei hohen Wiederholungszahlen; Direktspiel **Taktik** Verbeserung der Taktik der Standardsituationen	Lockerungsgymnastik, ruhige Ausdauerarbeit zur Regenerierung (Waldläufe, Fußballtennis), Spiele mit größerer Spielerzahl und mit unterschiedlichen Wettkampfideen; keine intensiven Zweikampfformen, dafür hohe Wiederholungszahlen
6. Etappe: November bis Mitte Dezember			
Konträrprogramm mit vielen Ausgleichssportarten zur Erhaltung der psychischen Trainingsbereitschaft	a) auf 80% steigend b) Weiter abfallend (wenige aber intensive Trainingseinheiten)	**Kondition** Arbeit an den motorischen Grundeigenschaften: Verbesserung der Schnellkraft, der Grundschnelligkeit und der Reaktion **Technik** Verbesserung der allgemein sportlichen Geschicklichkeit, Wendigkeit und Gewandtheit **Taktik** Spielverständnis, Spielwitz, Spielfreude	Kleine Lauf- und Tummelspiele, kleine Fußballspiele nach der extensiven Intervallmethode, Tischtennis, Volleyball, Basketball, Handball Komplexübungen: Spiel Sturm gegen Abwehr, Trainingsspiele mit schwächerem Gegner
7. Etappe: Mitte Dezember bis Mitte Januar: Kein Trainingsbetrieb			

Trainingscharakter	a) Intensität b) Umfang	Trainingsziele	Trainingsmaßnahmen
8. Etappe: Mitte Januar bis Ende Januar			
Allgemeines Krafttraining, Formaufbau für Rückrunde (mit Beginn im Januar); wenige, kurze, aber sehr intensive Trainingseinheiten	a) von 80% auf 100% steigend b) gering ca 50% bis 70%	**Kondition** fußballspezifische Kurzzeitausdauer, Aktionsschnelligkeit **Technik** Koordination von Ball- und Körpertechnik, Zweikampfverhalten **Taktik** Direktspiel, Doppelpaß, Wechsel von Dribbling und Kombination	Intensive Intervallarbeit, auch mit der Spielmethode (kleine Spiele), Zweikämpfe Hallentraining mit Unterbrechungsspielen (Taktik!)
9. Etappe: Ende Januar bis Mitte Februar			
Für untere Amateurmannschaften: Vorbereitung auf die Rückrunde Für höhere Amateure und Profis: Formstabilisierung	a) auf 100% steigend b) 70% bis 80% a) auf 80% fallend b) auf 90% steigend	**Kondition** Grundschnelligkeit, Sprung- und Schußkraft, Aktions- und Reaktionsschulung; Training zuerst mit hoher Intensität und großen Pausen, dann etwas die Intensität reduzieren und die Pausen verringern **Technik** lange Pässe, Schüsse aus großer Entfernung (Schneeboden!) Balltreiben in höchstem Tempo **Taktik** weiträumiges Spiel, Flügelwechsel, Tempowechsel, Umschalten von Angriff auf Abwehr und umgekehrt	Gegenüber der 7. Etappe Steigerung der Trainingshäufigkeiten und der Dauer der einzelnen Trainingseinheit; zuerst intensive, dann extensive Intervallarbeit Komplexübungen: Spiel 8 gegen 8 auf ganzem Feld, Spiel auf 4 Tore, Spiel im Wechsel von 3 Mannschaften
10. Etappe: Mitte Februar bis Mitte April			
Starke Periodisierung in den Mikrozyklen, um die Form möglichst lange halten zu können: motivieren auf den Endspurt	a) 80% b) um 40–50%	**Kondition** Schulung der gemischt-aeroben Ausdauer, später Kraftausdauer, noch einmal Verbesserung der motorischen Grundeigenschaften Schnellkraft und allgemeine Kraft **Technik** alle Elemente in komplexer Form, möglichst spielnah **Taktik** schwerpunktmäßig in den Spielen die taktischen Leistungen der Einzelspieler beachten und diese im Training zu verbessern	Zuerst extensive, dann intensive Intervallarbeit; viele kleine Fußballspiele; verstärkt Einzelgespräche mit Spielern führen zum Zwecke der Motivation für den Endspurt

Die Planung des Trainings, seiner Inhalte und der Belastung spricht der Trainer heute auch mit einzelnen Spielerpersönlichkeiten ab

11. Etappe: April bis Mitte Mai			
Trainings-charakter	a) Intensität b) Umfang	Trainingsziele	Trainingsmaßnahmen
Stark abhängig vom Tabellenplatz; bei durchschnittlichem Tabellenplatz zielstrebige Einzelschulung	a) ca 70% b) ca. 50%	**Kondition** möglichst lange Formerhaltung durch Reduzierung der Intensität, submaximaler Trainingsumfang **Technik** Verbesserung der technischen Grundfertigkeiten durch Einzelarbeit und Sondertraining **Taktik** Verbesserung der allgemeinen individuellen Taktik in Verbindung mit der Technikschulung, Schulung taktischer Grundhandlungen (Kombinationsformen, Doppelpaß, usw.)	Regeneration durch aerobe Ausdauerarbeit (Langzeitausdauer); Gymnastik mit Partnerübungen, mit Lauf- und Tummelspielen; Fußballtennis, kleine Spiele im Kreis mit relativ geringer Intensität (3 gegen 1, 4 gegen 2, Kreisspiele) individuelle Technikprogramme erstellen und im Einzeltraining verwirklichen
12. Etappe: Mitte Mai bis Juni			
Aktive Erholung, auf keinen Fall totale Inaktivität!	a) bis 50% sinkend b) bis zu 70%	**Kondition** Regenerierung **Technik** Spielfreude zurückgewinnen **Taktik** taktische Kenntnisse durch Literaturstudium usw. erweitern	Ärztliche Generaluntersuchungen evtl. notwendige Operationen durchführen lassen Ausgleichssport: Wandern, Bergsteigen, Tennis, Tischtennis, in begrenztem Umfang auch Schwimmen, Sauna, Massage, auch: Selbstbeschäftigung mit dem Ball zur Behebung individueller technischer Schwächen

Durchführung des Trainings

Bei der Erstellung des Plans für die einzelne Trainingseinheit und für die Durchführung des Trainings sind folgende didaktischen Komponenten zu beachten:

- Aktuelle Ziele des Trainings
- Trainingsmethoden
- Trainingsinhalte (Parteispiele, Übungen, Komplexübungen, Trainingsspiel)
- Trainingsorganisation (Betriebs- und Einteilungsformen, Geräte, Hilfsmittel).

Trainings-Tagesziele
Die aktuellen Trainingsziele leiten sich zum einen von den lang- und mittelfristig festgelegten Zielen ab. Siehe dazu Abschnitt »Ziele des Trainings«, S. 21.
Auch die in den letzten Wettkämpfen gewonnenen Erkenntnisse über einzelne Spieler oder über die gesamte Mannschaft fließen mit ein.
Kurzfristig werden die Ziele oft noch durch überraschende äußere Bedingungen (z. B. Regen, tiefer, morastiger Boden, Schneeboden) beeinflußt.

Ein Ziel sollte sich der Trainer für jede Trainingseinheit stecken: »Spiel, Spaß, Lachen und Freude!« Dies ist bei einem guten Trainer kein Widerspruch zu ernsthafter leistungsorientierter Trainingsarbeit.

Trainingsmethoden
Im Schul- und Fitneßsport und auch im Kinder- (aufbau-)training werden die drei Leistungsbereiche Technik, Kondition und Taktik heute überwiegend in komplexer, spielnaher Weise durch Parteispiele oder in Form von Trainingsspielen trainiert.

Dadurch soll das Spieldefizit, das die Kinder heute, im Vergleich zu früheren Spielergenerationen durch den Rückgang des Straßenfußballs, haben, ausgeglichen werden.
In Vereinen, die sich dem Leistungssport verschrieben haben, werden die einzelnen Leistungsfaktoren, die letztlich über Erfolg und Mißerfolg im Wettkampf entscheiden, zusätzlich noch durch spezielle Methoden trainiert. Es ist zu unterscheiden zwischen Methoden
- für das Techniktraining (S. 60)
- für das Konditionstraining (S. 68ff)
- für das Taktiktraining (S. 88).

Während die Methoden für das Training der konditionellen Fähigkeiten und auch für das Taktiktraining weitgehend unumstritten sind, ist in Fachkreisen die Meinung darüber, welche Methode für das Techniktraining und für die Entwicklung der komplexen Spielfähigkeit am zweckmäßigsten ist, geteilt. Die Vor- und Nachteile der geläufigen Methoden zum Techniktraining sind einander auf S. 60–62 gegenübergestellt.

Die Bedeutung der unterschiedlichen Trainingsformen für das Techniktraining in Abhängigkeit von der Entwicklungs-/Altersstufe

	Entwicklungs-/ Altersstufen				
	6 – 10 J.	10 – 12 J.	12 – 14 J.	14 – 16 J.	16 – 18 J.
Allgemeine Konditionsübungen ohne Ball	–	○	○	○○	○○
Lauf-/ Tummelspiele	○○	○○	○○	○	○
Selbstbeschäftigung zur Schulung des Ballgefühls	○○○	○○○	○○	○○	○○
Partnerübungen im Stand und in der Bewegung	○○○	○○	○○	○	○
Wettkampfübungen/ Zweikampfübungen	○	○○	○○	○○○	○○○
Spielzüge/ Kombinationsformen	○	○○	○○	○○	○○
Komplexübungen	–	○	○○	○○○	○○○
Kleine Parteispiele	○○○	○○○	○○	○○	○○
Trainingsspiel	○○○	○○○	○○○	○○	○

– nicht wichtig, ○ wichtig, ○○ sehr wichtig, ○○○ äußerst wichtig

Trainingsformen
Die Wahl der Trainingsformen bzw. -inhalte wird beeinflußt von:
- den Trainingszielen
- der geplanten Trainingsbelastung
- der gewählten Trainingsmethode
- dem Entwicklungs- und Leistungsstand der Spieler
- den Interessen und der Motivation der Spieler
- den zur Verfügung stehenden Anlagen und den Geräten für das Training (z. B. Zahl der Bälle).

Folgende Gruppen von Trainingsformen sind für das Fußballtraining von Bedeutung:
- Allgemeine Konditionsübungen ohne Ball
- Lauf- und Tummelspiele
- Selbstbeschäftigungsübungen zur Schulung des Ballgefühls
- Partnerübungen im Stand und in der Bewegung
- Zweikampfübungen
- Spielzüge/Kombinationsformen
- Komplexübungen
- kleine Parteispiele
- Trainingsspiele 11 gegen 11.

Die einzelnen Trainingsformen können zu Gruppen mit unterschiedlicher konditioneller Wirkung zusammengefaßt werden.
Zur Bedeutung der einzelnen Trainingsformen für das leistungsorientierte Jugendtraining siehe Tabelle S. 28.

Organisation des Trainings
Die Auswahl der Methoden und der Formen hat wesentlichen Einfluß auf den organisatorischen Ablauf der Trainingseinheit; dieser entscheidet umgekehrt ganz wesentlich über den Erfolg des Trainings und darüber, ob die angestrebten Ziele tatsächlich erreicht werden.
Vor allem zwischen der konditionellen Belastung, die im Sinne der langfristigen Leistungssteigerung ein bestimmtes Maß haben sollte, und der Trainingsorganisation bestehen enge funktionale Zusammenhänge.
So kann eine hohe Trainingsbelastung nur erreicht werden, wenn durch nahtlose Übergänge von einer Übung zur anderen keine ungewollten Belastungspausen entstehen.
Bei der Organisation sind folgende Aspekte zu berücksichtigen:
- Die Aufteilung der Spieler in bestimmte Spielgruppen (= Einteilungsformen)
- die Zuteilung der Spielgruppen auf bestimmte Spielräume
- der Wechsel der Gruppen von Spielraum bzw. von Trainingsform zu Trainingsform (= Betriebsweisen)
- die Zeitdauer für die einzelnen Übungs- bzw. Spielformen
- die Häufigkeit, die Dauer und die Gestaltung der Pausen
- die benötigten Geräte und Mittel
- die Einplanung von natürlichen Geländeformationen oder festen Stadionbauten (Treppe, Wand, Barriere u. ä.)

Kontrolle der Zielerfüllung

Ob das Training den Zweck erfüllt, inwieweit die Trainingsziele erreicht wurden, läßt sich nicht immer auf Anhieb sicher feststellen. Wegen der komplexen Leistungsstruktur im Fußball ist es sehr wohl möglich, daß der einzelne Spieler im Trainig deutliche Leistungsfortschritte macht, sich der Erfolg aber zu wenig dokumentiert, weil z. B. die Mannschaftsleistung hinter den Erwartungen zurückbleibt.
Auch Trainer übersehen noch zu oft die Leistungsfortschritte einzelner (Reserve-)Spieler. Diesem Problem kann durch regelmäßige gezielte Lernzielkontrollen begegnet werden. Die Kontrolle kann durch folgende Methoden erfolgen:

- Subjektive Bewertung der Leistungsfortschritte in Training und Wettkampf durch den Trainer
- objektive sportmotorische Leistungstests
- wissenschaftliche Leistungsmessungen.

Subjektive Bewertung des Leistungsfortschritts durch den Trainer
Ältere und erfahrene Trainer haben im Laufe ihrer Trainertätigkeit in der Regel ein sehr gutes Auge für den technischen und konditionellen Leistungsstand eines Spielers entwickelt. Sie haben meist auch im Wettkampf genügend Distanz zum Geschehen, um die Leistung des einzelnen Spielers sachlich zu analysieren. Dennoch bleibt ihre Bewertung immer subjektiv geprägt, ein objektiver Wertmaßstab, der auch kritischen anderen Meinungen standhält, ist sie nicht. Dies ist so lange ohne Bedeutung, so lange der Trainer mit seiner Mannschaft Erfolg hat; bei längerfristigem Mißerfolg werden seine Bewertungsmaßstäbe schnell in Zweifel gezogen.

Objektive sportmotorische Tests
Aus der Sportwissenschaft sind zahlreiche Möglichkeiten bekannt, um die sportliche Leistungsfähigkeit durch objektive Verfahren zu erfassen. Es gibt Tests zur Erfassung

- des Niveaus der technischen Fertigkeiten (Beispiele unten)
- der Qualität der konditionellen Fähigkeiten

Die Sportwissenschaft hat auch Mög-

Die Möglichkeiten zum Testen der technischen Fertigkeiten sind zahlreich. Die Übungen sollten standardisiert sein, damit die Ergebnisse miteinander vergleichbar sind

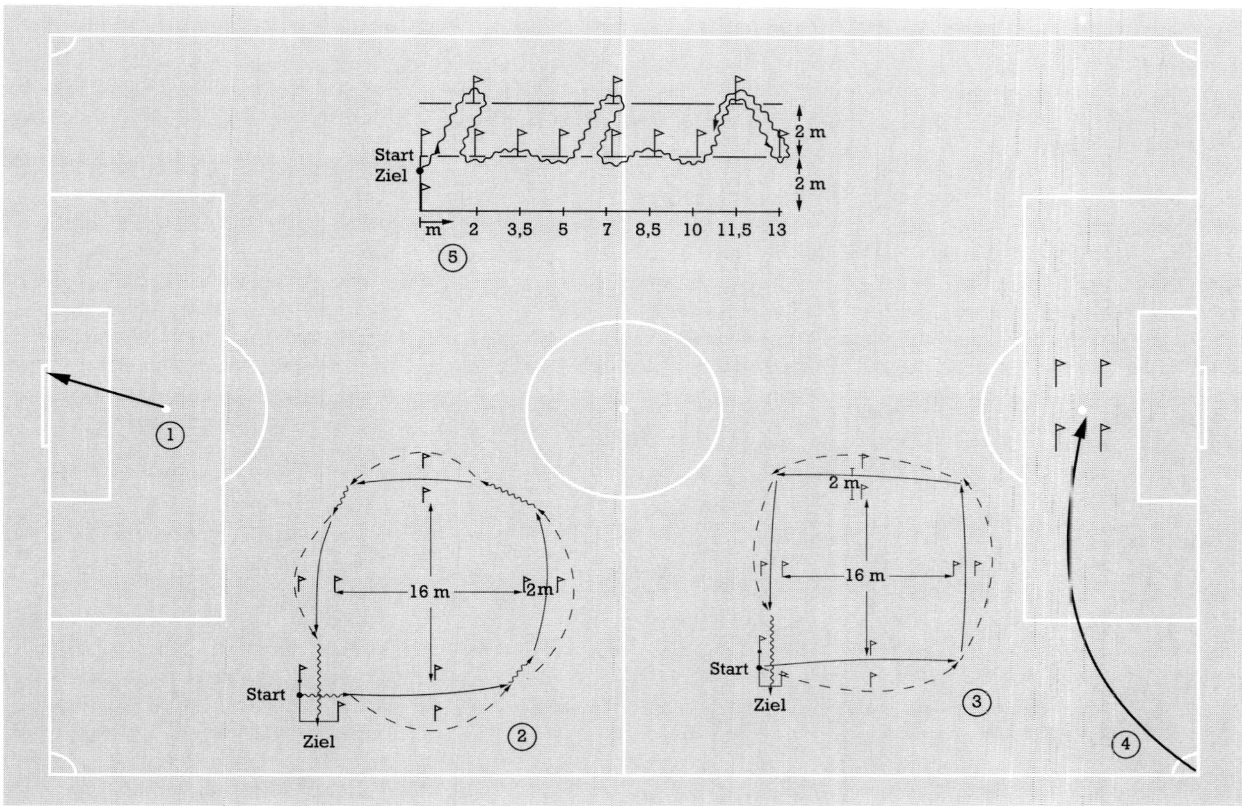

Übungsstationen zum Testen technischer Fertigkeiten(2, 3 und 5 nach BISANZ, GERISCH, REICHE) :
① = Zielschußtest ② = Dribbling - Paß - Test ③ = Paß - Timing Test ④ = Ziel - Flanken - Test ⑤ = Dribbling - Test

lichkeiten zur objektiven Erfassung von Parametern der taktischen Leistung; sie haben derzeit noch keine Bedeutung für die Trainigspraxis.
Damit ein Test aussagekräftig ist, muß er bestimmte Gütekriterien erfüllen:
Er muß ***gültig*** sein, d. h., er muß tatsächlich das messen, was er zu messen vorgibt (z. B. wird durch einen Slalomlauf nicht in gültiger Weise die Fähigkeit zum Dribbling gemessen, weil zum Dribbling viele andere Faktoren mit eine Rolle spielen).
Er muß ***zuverlässig*** sein, d. h., die Meßinstrumente und die Testanordnung müssen sicherstellen, daß das zu messende Merkmal mit hoher Genauigkeit erfaßt wird.
Er muß ***objektiv*** sein, d. h., es müssen für die Durchführung, Auswertung und Interpretation des Tests klare Vorgaben bestehen, so daß die Ergebnisse unabhängig vom Testleiter verwertbar sind.
Nähere Ausführungen dazu siehe bei GROSSER/STARISCHKA, Konditionstests.

Wissenschaftliche Leistungsmessungen
Im professionellen Leistungsfußball werden zunehmend mehr auch sportmedizinische Leistungsmessungen durchgeführt. Am bekanntesten sind:
- spiroergometrische Messungen am Laufband- oder am Fahrradergometer, auch mit Laktatmessungen
- Laktatmessungen im Sprinttest oder Feldumlauftest
- Harnsäuremessungen
- Kraftmessungen an computergesteuerten Kraftmeßmaschinen.

Mit Hilfe der Spiroergometrie kann die Fähigkeit zur Aufnahme und Ausnützung von Sauerstoff ermittelt werden. Durch Laktatmessungen vor, während und nach einer Belastung kann die aerobe und die anaerobe Schwelle (siehe S. 75) festgestellt werden. Durch Harnsäuremessungen kann nach sportlichen Belastungen der Grad der Ermüdung ermittelt werden. Dadurch ist es möglich, die nächsten Trainingseinheiten und die Belastungsgröße in diesen Trainingseinheiten exakt zu steuern.
Mit Hilfe der computergesteuerten Kraftmessungen können z. B. Kraftdefizite nach Verletzungen ermittelt werden. Erfahrenen Analytikern ist es sogar möglich, anhand der Kurvenverläufe verborgene Muskeldefekte zu erkennen.

Auswertung des Trainings

Die sorgfältige Auswertung des Trainings macht sich langfristig aus vielerlei Gründen für den Trainer bezahlt.
Durch die Auswertung und Protokollierung kann er noch in beliebigem zeitlichen Abstand u. a. folgendes überprüfen (und belegen!):
- Wer von den Spielern im Verlauf der Saison wie oft im Training war
- Wann welche Programmpunkte trainiert wurden
- Wie hoch der Umfang und die Intensität der einzelnen Trainingseinheit und damit der ganzen Saison war
- Inwieweit Übereinstimmung mit dem langfristigen Trainigsplan gegeben war
- Welche Witterungsbedingungen an den einzelnen Trainingstagen geherrscht haben
- Testergebnisse.

Für die Protokollierung kann sich der Trainer selbst Formblätter anfertigen oder – einfacher – in sog. Trainingsbücher, die im Spezialbuchhandel erworben werden können, schreiben (siehe Literaturverzeichnis).

Steuerung der Trainingsbelastung

Belastungsprinzipien

In Anlehnung an die Erkenntnisse der allgemeinen Trainingslehre (vgl. GROSSER/BRÜGGEMANN/ZINTL, Leistungssteuerung im Training und Wettkampf, 1986) und aus den Erfahrungen der Trainingspraxis können für den funktionalen Zusammenhang von

Belastung – Erholung – Anpassung

folgende Prinzipien formuliert werden:
- Sportliche Belastungen, die über der individuellen Reizschwelle des Spielers liegen, führen zu einem Abbau von energiereichen Substanzen, Enzymen und Hormonen im Körper und damit zur Ermüdung. (Zur Bedeutung der Energiebereitstellung siehe Seite 74, Exkurs).
- In Abhängigkeit von der Art und der Höhe der Belastung werden diese Substanzen in unterschiedlicher Menge abgebaut; es kommt zu spezifischen und unterschiedlich starken Ermüdungserscheinungen.
- Die Dauer der Ermüdung hängt von der Art und dem Grad der Ermüdung ab, Ermüdungsspuren können selbst bei austrainierten Sportlern bis zu drei Tagen (72 Stunden) nachgewiesen werden.
- Die verbrauchten Substanzen werden im Anschluß an die Ermüdungsphase bei sportgerechter Ernährung in erhöhtem Maße wieder im Körper angelagert. Dieses biologische Phänomen wird als ***Prinzip der Hyperkompensation*** bezeichnet. Erst durch die Hyperkompensation entstehen beim Konditionstraining die erwünschten (muskulären und Stoffwechsel-) Anpassungserscheinungen.
- Die nächste Trainingsbelastung sollte gemäß dem ***Prinzip der optimalen Relation von Belastung und Erholung*** innerhalb von 12 bis 72 Stunden im Höhepunkt der Hyperkompensation erfolgen.

Zeitdauer der Ermüdung/Wiederherstellung je nach Art der Trainingsbelastungen (nach KEUL 1978, KINDERMANN 1978, MARTIN 1980)

Belastung / Wiederherstellung	mit aerober Energiebereitstellung (Tr. mit geringer intens. Belastung)	mit gemischt aerob-anaerober Energiebereitstellung (Tr. mit durchschnittl. Belastung)	mit anaerob-alaktaziter und -laktaziter Energiebereitstellung (Schnelligkeits-, Kraftübungen und Wettkampf)	mit anaboler Wirkung (Maximalkrafttraining)	mit Wirkung auf das neuromuskuläre System (Schnelligkeits-Technik-Tr; Wettkampf)
Laufende Wiederherstellung	bei einer Intensität von 60–70% findet laufende Regeneration statt				bei kurzen Belastungen nach der Wiederholungsmethode mit großen Pausen
Schnell-Wiederherstellung (sehr unvollständig)		nach ca. 1½–2 Std.	nach ca. 2–3 Std.		
90–95%ige Wiederherstellung (unvollständig mit guter Leistungsfähigkeit)	bei einer Intensität von 75–90% nach ca. 12 Std.	nach ca. 12 Std.	nach ca. 12–18 Std.	nach ca. 18 Std.	nach ca. 18 Std.
Vollständige Wiederherstellung des Gleichgewichts der Stoffwechselprozesse (erhöhte Leistungsfähigkeit)	bei einer Intensität von 75–90% nach ca. 24–26 Std.	nach ca. 24–28 Std.	nach ca. 48–72 Std.	nach ca. 72–84 Std.	nach ca. 72 Std.

● Wenn bei belastendem Training die Trainingsfolge kürzer ist (z. B. tägliches Trainig in der Vorbereitungsperiode), dann sollten nach dem ***Prinzip der variierenden Belastung*** unterschiedliche Trainingsziele gesetzt und damit unterschiedliche Ermüdungsprozesse (z. B. Ausdauer-, Kraft-, zentralnervöse Ermüdung) verursacht werden.
● Leistungssteigerungen im Wettkampf können langfristig nur durch Belastungssteigerungen im Training erzielt werden.
Gemäß dem ***Prinzip der ansteigenden Belastung*** kann die Belastung grundsätzlich auf folgende, unterschiedliche Arten gesteigert werden:
● allmählich/linear
im Anfänger- und Aufbautraining
● sprunghaft/stufenförmig
im Leistungstraining oder
● variierend.

Belastungskomponenten

Aus den vorstehenden Ausführungen wird deutlich, daß das Trainig nur dann die erwünschten Wirkungen zeigt, wenn die Belastungen mit System gesetzt und verändert werden. Als Instrument zur Steuerung der Trainingsbelastung dienen die sog. Belastungskomponenten (Belastungsnormative) und die Belastungsmethoden. Letztere unterscheiden sich durch das Verhältnis der Belastungskomponenten, mit dem trainiert wird.
Reizintensität: Die Stärke des einzelnen Trainingsreizes beträgt dann 100 %, wenn die Belastung so hoch ist, daß nur eine Wiederholung (z. B. beim Drücken eines Gewichtes) möglich ist. Bei Läufen entspricht sie dann 100 %, wenn der Spieler mit der ihm möglichen maximalen Geschwindigkeit sprintet.

Für die Entwicklung von Maximalkraft oder maximaler Schnelligkeit muß die Belastung bei maximaler oder submaximaler Intensität liegen. Dies ist nur möglich, wenn zwischen den einzelnen Trainingsreizen ausreichend lange Erholungspausen gesetzt werden.
Reizdichte: Darunter versteht man das Verhältnis von Belastungs- und Erholungsphasen. Sie kann bei geringer Reizintensität maximal sein, d. h., es wird dann praktisch ohne Pause belastet. Dies ist z. B. beim Dauerlauf der Fall.
Reizdauer: Darunter versteht man die Einwirkzeit eines einzelnen Reizes bzw. einer Serie von Reizen (z. B. beim Intervalltraining) auf den Organismus. Beim Schnelligkeitstrainig ist die Reizdauer beispielsweise dann zu lange, wenn der Spieler nicht mehr in der Lage ist, mit maximaler Intensität zu sprinten; es wird

Krafttraining (nach CARL)	Intensität	Ausdauertraining (nach MARTIN)	Puls (Schläge pro Minute)
30 – 50%	gering	30 – 50%	130 – 140
50 – 70%	leicht	50 – 60%	140 – 150
70 – 80%	mittel	60 – 75%	150 – 165
80 – 90%	submaximal	80 – 90%	165 – 180
90 – 100%	maximal	80 – 100%	180 – 210

Rangskala der Intensität der Belastung; mit Angabe der subjektiven Empfindung

dann mehr in Richtung auf Schnelligkeitsausdauer als auf maximale Schnelligkeit hin trainiert.

Reizumfang: Er ist das Produkt aus Dauer und Zahl der Reize pro Trainingseinheit und ist primär unabhängig von der Intensität des einzelnen Reizes. Da die Gesamtbelastung eines Trainings begrenzt ist, können Reizumfang und Reizintensität aber nicht unabhängig voneinander beliebig erhöht werden.

Trainingshäufigkeit: Sowohl aus sportpraktischer Erfahrung, wie auch aus Erkenntnissen der Sportwissenschaft (Zwillingsforschungen von MELLER und MELLEROWICZ) ist bekannt: Die Wirkung des Trainings ist größer, wenn häufiger mit geringerem Umfang trainiert wird, als wenn seltener aber mit größerem Umfang und damit mit gleicher Gesamtbelastung trainiert wird.

Aus diesem Grunde ist es zweckmäßig in der Vorbereitungsperiode die Zahl der Trainingseinheiten zu erhöhen. Auch das dreimalige Training pro Tag im Trainingslager überfordert die Spieler dann nicht, wenn die Intensität in der einzelnen Trainigseinheit nicht zu hoch ist und wenn die Trainingsziele und damit die Trainigsinhalte regelmäßig wechseln.

Die körperliche Fitneß (Form) wird wesentlich mitbestimmt von dem Verhältnis von Umfang und Intensität des Trainings über mehrere Trainingseinheiten. Dieses Verhältnis spielt für die Periodisierung (siehe S. 34) – und damit für die Steuerung des allgemeinen Trainingszustandes eine entscheidende Rolle.

Belastungsmethoden

Zur Steuerung der Trainigsbelastung sind vier prinzipiell unterschiedliche Belastungsmethoden bekannt. Jede dieser Methoden zeichnet sich durch ein spezifisches Verhältnis von Umfang, Intensität, Dichte und Dauer der Belastung aus.

Die Methoden haben unterschiedliche Wirkungen auf den Organismus. Durch ihre gezielte Anwendung können zwei wesentliche Trainingsabsichten realisiert werden:

- Die konditionellen Fähigkeiten Kraft, Schnelligkeit und Ausdauer können unabhängig voneinander systematisch trainiert werden. (Siehe Kapitel »Kondition und Konditionstraining«.)
- Die psycho-physische Leistungsfähigkeit (Form) kann gesteuert werden. Diese Tatsache hat wesentlichen Einfluß auf die Periodisierung des Trainings. (Siehe S. 34.)

Dauermethode (DM)

Mit der Dauermethode und mit ihren Varianten (DM I bis 30 Min./DM II bis 60 Min./DM III über 60 Min.) kann in erster Linie die ***aerobe Ausdauerfähigkeit*** verbessert werden. Diese Wirkung wird nur dann erreicht, wenn die Dichte der Belastung sehr hoch ist, d. h., wenn praktisch ohne Pause trainiert wird. Die Reizdauer sollte mindestens 20 Minuten umfassen. Für trainierte Sportler sollte die Intensität so hoch gewählt werden, daß der Puls einen Wert von 160 bis 170 (DM I), von 150 bis 160 (DM II) und von 140 bis150 (DM III) Schlägen pro Minute erreicht.

Die Dauermethode wird insbesondere in der Vorbereitungsperiode und in der Zwischenperiode (Winterpause) verstärkt zum Einsatz kommen. Da man inzwischen aber zur Überzeugung gelangt ist, daß die aerobe Ausdauerfähigkeit auch in der Wettkampfperiode regelmäßig in bestimmten Abständen trainiert werden muß, sollte einmal pro Woche auch während der Wettkampfperiode ein Training nach der Dauermethode durchgeführt werden.

Sehr wichtig ist, daß das Tempo bei den Dauerläufen nicht zu hoch veranschlagt wird. Erfahrungsgemäß neigen Trainer und Spieler dazu, das Tempo zu sehr zu forcieren. Die gewünschten Anpassungsprozesse (z. B. Verbesserung der ***oxidativen Verbrennung*** von Kohlenhydraten und Fetten) treten dann nicht ein.

Fußballspezifisch wird nach der Dauermethode z. B. dann trainiert, wenn im Techniktraining ohne größere Unterbrechungen pausenlos in der Bewegung gearbeitet wird (z. B. beim Training von Standardkombinationen). Auch Parteispiele vom 5 gegen 5 bis zum 8 gegen 8 eignen sich dann besonders gut, wenn der Ball ständig im Spiel bleibt und wenn Unterbrechungen durch den Trainer kurz gehalten werden, daß Ruhephasen weitgehend vermieden werden.

Intervallmethoden (IM)

Typisch für das Intervalltraining ist der systematische Wechsel von Belastung und Erholung. Je nach Höhe der Belastungsintensität und der davon abhängigen Reizdauer und Reizdichte unterscheidet man

- die extensive Intervallmethode
- die intensive Intervallmethode.

Die Pausen sind vergleichsweise kurz und können mit Gymnastik oder wenig belastenden Ballübungen aktiv genutzt werden (»lohnende Pause«). Organisatorisch eignet sich das Zirkeltraining, bei dem verschiedene Stationen mit unterschiedlichen Trainingsformen hintereinander durch-

Die Belastungsmethoden. Größe und Verhältnis der Belastungskomponenten; die Ziele für das Konditionstraining und für die Leistungssteuerung

Methode	Belastung im Ausdauer-(Lauf-) Training	Belastung im Krafttraining	Trainingsziel	Leistungssteuerung
Dauermethode	U: 70–100% I: 30– 50% P: ohne Pause Pu: 140–160	im Krafttraining nicht gebräuchlich; bei geringer Int. ohne Wirkung	allgemeine aerobe Langzeitausdauer	Leistungsaufbau in Vorb. periode Regenerationstraining
Beispiele:	Balltraining ohne Pause/Spiele 8 gegen 8			
Extensive Intervallmethode	U: 3–5 Serien à 4–10 Läufe über 20–50 m I: 60-70% P: 60–120 sek. Pu: 160–170/140	U: 3-5 Serien à 10–20 Wh I: 40-60% P: 30–90 sek.	gemischte aerobe-anaerobe.Ausdauer Maximalkraft Kraft-ausdauer = Kraftaufbau	Erhaltung der Leistungsfähigkeit in Wettkampfperiode
Beispiele:	Tempowechselläufe/Spiele 3 gegen 3 bis 6 gegen 6/3 + 3 gegen 3			
Intensive Intervallmethode	U: 4–6 Serien à 2–5 Läufe I: 80–90% P: 120–240 sek. Pu: 170–180/120	U: 4–6 Serien à 6–10 Wh. I: 55–75% P: 3–5 Min.	anaerobe.Ausdauer/ Stehvermögen Explosivschnellkraft Schußkraft	schnelle Steigerung der Leistungsfähigkeit
Beispiele:	Starts über 5–30 m/Zweikämpfe/Spiele 1 gegen 1/2 gegen 2			
Wiederholungs-methode	U: 3 Serien à 1–5 Wh I: 90–100% P: 2–5 Min. Pu: 180–200/80–100	U: 3–5 Serien à 1–5 Wh. I: 70–100% P: 3–5 Min. Pu: 180–220/80	Schnelligkeit Maximalkraft	Leistungssteigerung Leistungserhaltung
Beispiele:	Starts über 50–100 m/Zweikämpfe			
Wettkampfmethode	Trainings- und Wettkampfspiele			Annäherung an Höchstleistung
U = Umfang, I = Intensität, P = Pause der Belastung, Pu = Puls während Lauf/nach Pause				

laufen werden, besonders gut für die Intervallmethode. Im allgemeinen Konditionstraining können die verschiedenen Krafteigenschaften durch eine geschickte Anordnung der Übungen in Verbindung mit den Ausdauereigenschaften trainiert werden. Fußballspezifisch wird nach der Intervallmethode trainiert, wenn mit Parteispielen im ständigen Wechsel von Spielen-Pause-Spielen gearbeitet wird. Dabei werden in erster Linie technisch-taktische Ziele in Verbindung mit konditionellen Fähigkeiten trainiert.

Wiederholungsmethode
Auch bei der Wiederholungsmethode werden Phasen der Belastung und der Erholung im systematischen Wechsel aneinandergereiht. Dabei wird aber mit nahezu maximaler Intensität gearbeitet; die Pausen müssen deutlich länger als bei den Intervall-Methoden sein. Die nächsten Belastungen können erst dann wieder gesetzt werden, wenn der Puls auf etwa 80 Schläge pro Minute gesunken ist, z. B. wenn längere Läufe (50–100 m) mit längeren Pausen abwechseln.

Eignung der Trainingsformen
Jede der genannten Trainingsmethoden ist gekennzeichnet durch eine unterschiedlich hohe Belastungsintensität
Auch die einzelnen Trainingsformen (Übungen und Spiele) haben unterschiedlich intensive Wirkungen. Die Belastungsmethoden können deshalb nur dann wirksam sein, wenn der Trainer die dazu passenden Trainingsformen auswählt. In der Tabelle auf S. 34 sind die Trainingsformen in Gruppen mit unterschiedlicher Intensität zusammengestellt.

Gruppen von Trainingsformen mit unterschiedlich intensiv wirkender Belastung

Eignung für	Beispiele für Trainingsformen
Dauerlaufmethode, geringe Intensität, aerobe Ausdauer	Waldlauf, Fahrtspiel, Gymnastik/Stretching Technik und Selbstbeschäftigung, Technik im Lauf Kombinationsformen in 2er-, 3er-Gruppen Spiele 3 gegen 1/4 gegen 2, Spiele 9 gegen 9 bis 11 gegen 11
Extensive Intervallmethode, mittlere Intensität, gemischt aerobe Ausdauer	Tempowechselläufe, Circuittraining, intensive Schwunggymnastik, Zweikampfübungen, Technikschulung in mittlerem Lauftempo, Doppelpaßübungen, Komplexübungen, Spiel 6 gegen 6 bis 8 gegen 8, Spiele auf 4 Tore, auf Linien, Spiel »Über–Minderzahl«, Sturm gegen Abwehr
Intensive Intervallmethode, submaximale Intensität, anaerobe Ausdauer	Staffelläufe mit/ohne Ball, Temposteigerungsläufe, Starts 5–30 m, Spiel 2 gegen 2 bis 7 gegen 7, Spiel 1 plus 1 gegen 1 und 1 plus 2 gegen 2, Spiel 3 gegen 2/2 gegen 2,
Wiederholungsmethode maximale Intensität	Hügelläufe, Sprünge über Hürden/Treppen, Arbeit an Kraftmaschinen, Niedersprung, Spiel 1 gegen 1 bis zur subjektiven Erschöpfung

Periodisierung des Trainings

Das im Abschnitt »Steuerung der Trainingsbelastung« formulierte Prinzip der »optimalen Relation von Belastung und Erholung« gilt für die einzelne Trainingseinheit oder wenige aufeinanderfolgende Einheiten. Ihm verwandt ist das Prinzip der »Periodisierung des Trainings« im Verlauf des Trainingsjahres.
Dieser prinzipiellen Forderung liegt die Erkenntnis zugrunde, daß der menschliche Organismus nicht über längere Zeiträume an der oberen Leistungsgrenze belastet werden kann, ohne daß es zu massiven Einbrüchen seiner physischen Leistungsfähigkeit und der psychischen Leistungsbereitschaft kommt.

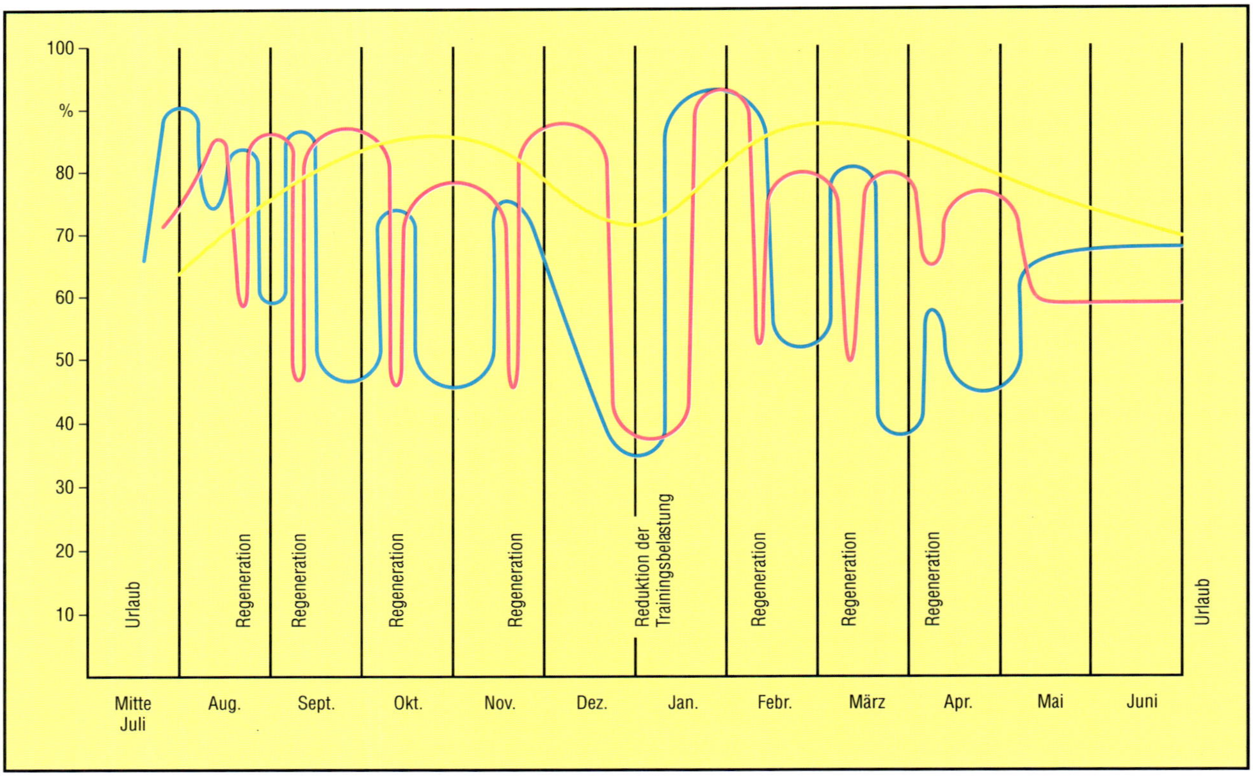

Empfehlung für Umfang und Intensität der Trainingsbelastung im Verlauf des Trainingsjahres bei je 4 Wochen Trainingspause im Juli/August und im Dezember/Januar.
Umfang
Intensität
Erwünschte Formkurve

Auch die Erkenntnis von dem sinusförmigen Verlauf vom Aufbau, der Erhaltung und dem Verlust der Leistungsfähigkeit findet in dem Prinzip seinen Niederschlag.
Die bereits genannte Einteilung des Spieljahres in:
- Vorbereitungsperiode (4–6 Wochen)
- 1. Wettkampfperiode (ca. 4 Monate)
- Zwischenperiode (ca. 2 Monate)
- 2. Wettkampfperiode (ca. 4 Monate)
- Übergangsperiode (ca. 4 Wochen)

drückt sich darin sichtbar aus.
Innerhalb der Perioden ist das Verhältnis von Umfang und Intensität der Belastung und die Gesamtbelastung des Trainings unterschiedlich. In der Abbildung werden Empfehlungen für die Struktur der Belastung im Verlauf des Spiel- und Trainingsjahres gegeben.
Unabhängig vom generellen Trend der Belastung in den einzelnen Perioden sollte die Gesamtbelastung in
der ersten Hälfte des Spieljahres
in jeder 4. Woche und in
der zweiten Hälfte des Spieljahres
in jeder 3. Woche
deutlich reduziert werden.
Dadurch kann sich der biologische Akku wieder aufladen, und die Leistungsfähigkeit kann über einen längeren Zeitpunkt erhalten werden.
Die Gesamtbelastung kann reduziert werden durch:
- Reduktion des Umfangs und vor allem der Intensität der Belastung
- Verkürzung der Trainingszeiten
- Verringerung der Zahl der Trainingseinheiten
- Reduktion der spezifischen Trainingsformen zugunsten allgemeinentwickelnder Übungen
- Einbau von Ausgleichssport
- Verstärkung sonstiger regenerativer Maßnahmen (Sauna, Massagen).

Durch die Unterteilung der langen Trainingsperioden in drei bis vier Wochenabschnitte entstehen die Trainingsetappen, die im Jahresplan der auf S. 24 ausgewiesen wurden. Die Planung in kürzeren Zeiträumen bringt auch für die technisch-taktische Zielsetzung erhebliche Vorteile.

Wechselwirkung von Technik, Kondition und Taktik

Die technischen Fertigkeiten, die konditionellen Fähigkeiten und die taktische Handlungsfähigkeit eines Spielers sind die Grundelemente seiner komplexen Spielfähigkeit.
Die anderen bisher genannten leistungsbestimmenden Faktoren – und hier insbesondere das Training – sind nur insofern von Bedeutung als sie Auswirkung auf diese Elemente haben.
Es ist müßig, danach zu fragen, ob nun die Technik oder die Kondition oder auch das taktische Geschick des Spielers bedeutsamer für seine Leistung im Spiel sind. Es gehört gerade zu den Besonderheiten des Fußballspiels, daß man gewisse Schwächen auf dem einen Gebiet durch besondere Stärken auf einem der anderen Gebiete ausgleichen kann. Dies gilt zumindest im unteren und mittleren Leistungsbereich. Je höher die Spielklasse und je stärker der jeweilige Gegenspieler ist, um so weniger können Schwächen im technischen, konditionellen oder im taktischen Bereich ausgeglichen werden. Das kann nicht verwundern, denn die Technik, die Kondition und die Taktik eines Spielers beeinflussen sich – wie im folgenden gezeigt wird – gegenseitig sehr stark.

Einfluß von Kondition auf die Technik

Die motorischen Grundeigenschaften Kraft, Ausdauer, Schnelligkeit und Beweglichkeit sind unabdingbare Voraussetzungen für jede Art von menschlicher Bewegung. Je nach dem Ausmaß, der Stärke und der Dauer der Bewegung werden sie in unterschiedlichem Ausprägungsgrad benötigt. Für die Qualität sporttechnischer Bewegungsabläufe gilt dies in besonderem Maße.
Sportartspezifische Techniken setzen auch spezielle konditionelle Fähigkeiten beim Spieler voraus. Dafür seien im folgenden einige Beispiele genannt:
- Die Pendelbewegung des Oberkörpers bei einer Finte erfordert eine gute Beweglichkeit des gesamten Rumpfes und eine kräftige Rumpfmuskulatur.
- Flache, scharfe Vollspannstöße kann ein Spieler nur dann schießen, wenn er über eine gute Streckfähigkeit im Sprunggelenk verfügt.
- Die Qualität der Ballabnahme durch Spreiz- oder Gleittackling ist abhängig von der Beweglichkeit im Hüftgelenk und einer gut entwickelten allgemeinen Koordinationsfähigkeit.
- Wirkungsvolle Sprünge zum Kopfstoß oder der schnelle Antritt zum Gegner und zum Ball sind ohne kräftig entwickelte Sprungmuskulatur nicht denkbar.

In ganz besonderer Weise beeinflussen die allgemeine und spezielle Ausdauerfähigkeit die Technik der Spieler. Bei starker lokaler oder zentralnervöser Ermüdung geht auch die Fähigkeit zu technisch gut koordinierten Bewegungen verloren.

Einfluß von Technik auf die Kondition

Umgekehrt haben, vor allem mit der Länge des Spiels, auch die technischen Fertigkeiten einen starken Einfluß auf die konditionelle Verfassung der Spieler.
Für gut koordinierte technische Bewegungsabläufe benötigt der Spieler vergleichsweise weniger Kraft und damit über die Länge des Spiels gesehen, weniger Ausdauer. Wenn eine Mannschaft einen technisch gepflegten Fußball spielt, kann sie sich gewissermaßen »am Ball« ausruhen. Durch die sichere Ballkontrolle wird der Gegner gezwungen, kraftraubend um die Rückgewinnung des Balles zu kämpfen. Er muß dabei – sehr häufig auch erfolglos – weite

Laufwege zurücklegen. Wenn eine Mannschaft ihre technischen Mittel auf diese Weise taktisch geschickt einsetzt, dann kann sie darauf hoffen, daß der Gegner gegen Ende des Spiels, durch den Verlust an Kondition und damit an Konzentration, auch seine technisch-taktische Qualität einbüßt. Nicht zuletzt aus diesem Grunde werden viele Spiele erst in den letzten Spielminuten durch entscheidende Tore gewonnen oder verloren.

Aus dieser Aktion von Olaf Thon wird deutlich, daß taktische Handlungen – so wie hier eine Finte – in hohem Maße vom technischen Geschick und der Kondition des Spielers abhängen.

Einfluß von Technik und Kondition auf die Taktik

Erfolgreiches taktisches Handeln (siehe Definition S. 85) setzt den geschickten Einsatz von technischen Fertigkeiten und konditionellen Fähigkeiten voraus. Damit ist bereits durch die Definition ausgedrückt, daß taktisches Handeln in seiner Wirksamkeit wesentlich von Technik und Kondition abhängt. Dies gilt gleichermaßen für individual-, wie für gruppen- und für mannschaftstaktische Handlungen. So ist z. B. die von den Trainern häufig geforderte Taktik des schnellen und direkten Abspiels sofort zum Scheitern verurteilt, wenn die Spieler nicht über eine entsprechend sichere Paßtechnik verfügen. Moderne mannschaftstaktische Varianten, z. B. das Forechecking (siehe Seite 95) erfordern neben der geistigen Einstellung für das aggressive Tackling und der entsprechend zugehörigen Technik vor allem eine große Ausdauerfähigkeit bei allen Spielern und bei den Abwehrspielern der letzten Abwehrreihe zusätzlich eine überdurchschnittlich entwickelte Grundschnelligkeit. Nur unter diesen Voraussetzungen kann diese Taktik erfolgreich angewandt werden.
Wie die vorstehenden Beispiele zeigen, können Technik, Taktik und Kondition in ihrer Wirksamkeit für Erfolg und Mißerfolg im Spiel kaum voneinander getrennt betrachtet werden.

Technik und Techniktraining

In den einzelnen Sportarten hat die sportartspezifische Technik einen unterschiedlichen Stellenwert. In den Sportspielen – und so auch im Fußball – ermöglicht eine ausgefeilte Technik dem Spieler Spielsituationen erfolgreich zu lösen.

> Nach GROSSER/NEUMAIER, Techniktraining versteht man unter Technik:
> - Das Idealmodell einer Bewegung bezogen auf eine Sportdisziplin und
> - die Realisierung der angestrebten Idealbewegung, also das Lösungsverfahren zur Ausführung der optimalen Bewegungshandlung durch den Sportler.

Das Idealmodell einer Bewegung, z.B. eines Spannstoßes, kann wegen persönlicher Voraussetzungen beim Spieler (z. B. der Streckfähigkeit im Fußgelenk, den Hebelverhältnissen, der Schußkraft) häufig nicht erreicht werden. Dennoch wird es im Trainingsprozeß – zumindest, wenn Technik isoliert trainiert wird, angestrebt.
Größere Abweichungen von den Idealbewegungen sind in den Sportspielen und so auch im Fußball nicht nur unumgänglich, sondern oft erwünscht.
Die schnell wechselnden Spielsituationen erfordern es, daß die Spieler den Bewegungsstereotyp einer Technik situationsangepaßt variieren. So z. B., wenn ein Spieler unmittelbar vor dem Tor zum Torschuß kommt, aber nicht mehr genügend Zeit hat, um eine im Sinne der Idealbewegung umfangreiche Ausholbewegung auszuführen.
Diese Tatsache hat Konsequenzen für den Trainingsprozeß. Einerseits müssen im Training die idealtypischen Bewegungsmuster durch vielfaches Wiederholen eingeschliffen werden, andererseits muß der Spieler im Training aber auch immer wieder die Gelegenheit erhalten, die verbesserte Technik in Spielformen anzuwenden.

Fußballspezifische Techniken

Wenn Technik als Verfahren zur Lösung sportlicher Aufgabenstellung bezeichnet wird, muß danach gefragt werden, welche Aufgaben der Spieler im Laufe des Spiels zu lösen hat.
Grundsätzlich ist dabei zu unterscheiden zwischen Aufgaben, die der Spieler zu lösen hat, wenn er selbst nicht in Ballbesitz ist, und Aufgaben, die sich ihm stellen, wenn er selbst den Ball hat.
Dementsprechend unterscheidet man zwischen
- Technik ohne Ball
- Technik mit Ball.

(Siehe Übersicht unten.)

An- und Mitnahme des Balles

Wie sehr sich im Spitzenfußball die Technik der Spieler in den letzten Jahrzehnten weiterentwickelt hat, das läßt sich sehr gut auch an ihrer hochentwickelten Fähigkeit erkennen, den Ball im hohen Lauftempo an- und mitzunehmen.
Im modernen Fußball wird der Spieler sehr häufig nicht nur durch einen direkten Gegenspieler bereits bei der Annahme gestört. Durch das hohe Laufpensum, das Spitzenmannschaften heute in der Regel bewältigen können, sieht sich der Spieler am Ball häufig von zwei oder auch drei Gegenspielern bedrängt. Eines der wichtigsten technischen Mittel, sich dieser Bedrängung zu entziehen, ist die geschickte Mitnahme des Balles, die meist noch durch eine Finte eingeleitet wird.
In Verbindung mit einer Körperfinte und einem blitzschnellen Antritt kann der ballannehmende Spieler dabei die Gegenspieler wenigstens kurzfristig abschütteln und dadurch weitgehend unbedrängt eine neue Spielsituation schaffen.

Anwendung:
- Annehmen eines flach oder hoch zugespielten Balles im Stand
- Mitnehmen eines flach oder hoch zugespielten Balles entgegengesetzt zur Ankunftsrichtung des Balles

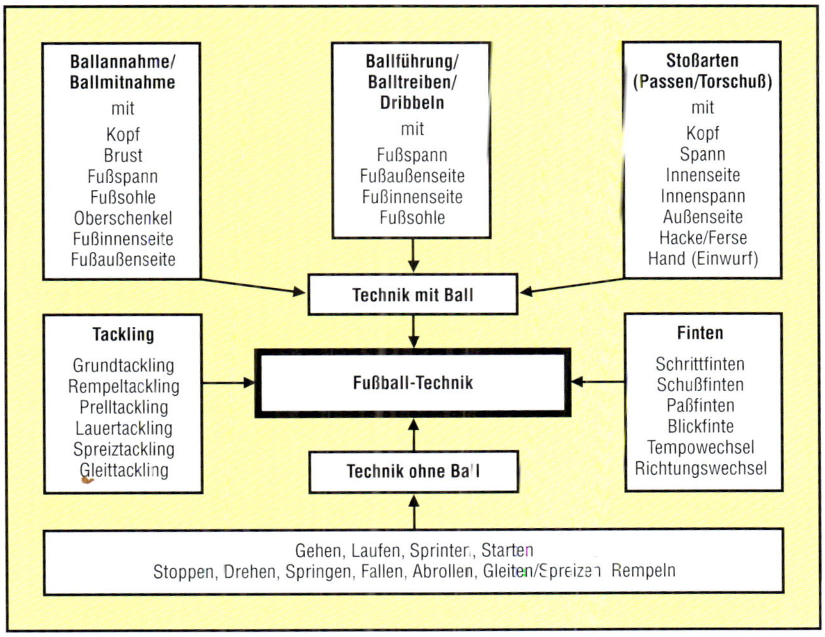

Überblick über die technischen Elemente des Fußballsports (Torwarttechniken, siehe S. 56/57)

● Mitnehmen des Balles nach Körpertäuschung (rechts) in den Lauf (nach links) bzw. umgekehrt
● Mitnehmen eines flach oder hoch zugespielten Balles in die Ankunftsrichtung des Balles.
Vor allem die Mittelfeldspieler und Stürmer, die den Ball aus der eigenen Spielfeldhälfte zugespielt erhalten und ihn in Richtung auf das gegnerische Tor mitnehmen möchten, müssen lernen, den Ball in der Drehung und mit vorausgehender Körperfinte so mitzunehmen, daß die Laufbewegung in Richtung gegnerisches Tor nicht unterbrochen wird.

Bewegungsablauf:
Die An- und Mitnahme des Balles kann, abgesehen von dem regelbedingten Verbot des Handspiels, praktisch mit allen Körperteilen erfolgen, d. h., der Ball kann an- und mitgenommen werden mit
● der Fußsohle
● der Innenseite des Fußes
● der Außenseite des Fußes
● dem Fußspann
● dem Unter-/Oberschenkel
● dem Bauch
● der Brust
● dem Kopf.
Der Bewegungsablauf bei der Annahme des Balles unterscheidet sich etwas von jenem bei der Mitnahme des Balles.
Bei der ***Annahme des Balles*** wird der ballannehmende Körperteil dem Ball entgegengeführt; im Moment der Ballberührung weicht er dann »elastisch«, den Aufprall des Balles dämpfend, zurück.
Wichtig ist dabei, daß die Muskulatur der beteiligten Körperteile weitgehend unverkrampft bleibt.
Bei der ***Mitnahme des Balles*** kann der Körperteil, mit dem der Ball angenommen wird, nicht grundsätzlich zurückweichen. Vielmehr muß er so gegen den Ball geführt werden, daß der Ball die Bewegungsrichtung erhält, die der Spieler für seinen Überraschungseffekt benötigt. Gerade deshalb ist die lockere, unverkrampfte Muskulatur besonders wichtig, denn sie ist im Grunde ausschließlich für die Dämpfung des Balles verantwortlich.
Beispiele für die Möglichkeiten der An- und Mitnahme werden in Form von Einzelbildern und einigen exemplarischen Bildreihen auf diesen Seiten gezeigt.

1
2
3

Mitnahme mit der Innenseite

Fehler im Bewegungsablauf:
● Die Flugbahn des ankommenden Balles wird falsch berechnet;
Korrektur: Häufiges Zuspiel aus unterschiedlichen Entfernungen und mit wechselnder Schärfe; den Ball über die gesamte Flugbahn genau beobachten.
● Der annehmende Körperteil bewegt sich dem Ball entgegen, anstatt zurückzuweichen;
Korrektur: Fuß, Oberschenkel usw. dem Ball frühzeitiger entgegenbewegen; Bewegungsablauf ohne Ball erfühlen.
● Die für die Bewegung verantwortlichen Muskelgruppen sind (z. B. aus Nervosität) verkrampft;
Korrektur: Bewußt entspannen; mit kleineren und leichteren Bällen üben.
● Bei der Annahme hoher Bälle mit der Sohle wird die Fußspitze zu wenig nach oben gehoben (Dachbildung);
Korrektur: Im Stand den Ball mit der Fußsohle vor dem Körper hin und her rollen.
● Annahme von flach zugespielten Bällen mit der Sohle, anstatt mit der Innen- oder Außenseite des Fußes;
Korrektur: Auf Fehlerhaftigkeit hinweisen und richtige Bewegung durch häufiges Üben automatisieren.

Tips für das Training:
Der Spieler muß alle vorstehend genannten Techniken im Training erlernen. Wesentlich für die erfolgreiche An- und Mitnahme des Balles ist die Beidbeinigkeit; Spieler, die den Ball nicht mit beiden Beinen mit 100%iger Sicherheit in die Bewegung mitneh-

Technik und Techniktraining

1

2

3

Mitnahme mit der Außenseite

men können, haben es schwer, sich dem Druck mehrerer Gegenspieler zu entziehen.
Das früher so häufige Üben im Stand muß frühzeitig durch Übungs- und Spielformen ersetzt werden, bei denen der Spieler lernt, den Ball im Lauf in die Bewegung mitzunehmen. Dabei werden die Anforderungen durch Gegenspieler, die zuerst halbaktiv und später aktiv stören, kontinuierlich gesteigert.

Training von An- und Mitnahme nach der gemischten Methode

- Handball-Fußballspiel im Wechsel auf vier kleine Tore; der Ball wird mit der Hand zugeworfen und mit Fuß, Kopf, Rumpf in die Bewegung mitgenommen.
- Demonstration von Techniken der An- und Mitnahme des Balles mit Beschreibung und Erklärung des richtigen Bewegungsablaufes.
- Zwei Spieler – ein Ball: Die Spieler laufen im Abstand von ca. 10 m beliebig im Spielfeld: Spieler A paßt, und Spieler B nimmt den Ball mit der vorgegebenen Technik in die Bewegung mit; auch mit Oberkörpertäuschungen.
- Wie oben, aber der Abstand der Spieler wird auf 20–30 m vergrößert, und das Zuspiel erfolgt mit Spannstoß aus der Hand und später mit Spannstoß aus dem Ballführen heraus; dsgl. auch mit Gegenspieler.
- Ein Torwart mit mehreren Gruppen von Spielerpaaren: die Zweier-Gruppen bewegen sich in verschiedenen Räumen einer Spielfeldhälfte, der Torwart wirft oder schlägt den Ball im Wechsel in Richtung auf eine der Gruppen zu, beide Spieler starten zum Ball und versuchen, diesen möglichst frühzeitig in die Bewegung an- und mitzunehmen und mit Torschuß abzuschließen.
- Spiel 6 gegen 6 über das ganze Spielfeld auf zwei große Tore; Provokationsregel: Der Ball darf nicht öfter als dreimal berührt werden.

Annahme mit der Brust

Annahme mit dem Bauch

Annahme mit dem Spann

Führen und Treiben des Balles

Nach der An- und Mitnahme des Balles und vor der Weiterleitung als Paß oder Torschuß wird er vom Spieler in wechselnde Richtungen geführt oder in hohem Tempo vorwärts getrieben.
In Verbindung mit den später noch zu beschreibenden Finten hat der Spieler damit ein individualtaktisches Mittel zur Verfügung, um immer wieder für überraschende Spielsituationen zu sorgen.

Anwendung:
● Führen des Balles in andere Spielräume zur Spielverlagerung
● den Ball vom Gegner wegführen, um sich seiner Attacken zu entziehen
● Ball führen, um Zeit zu gewinnen
● Ball führen, um Ruhe ins eigene Spiel zu bringen
● Ball in eine Richtung führen, um überraschend in andere Richtung abspielen zu können.

Bewegungsablauf:
Der Bewegungsablauf des Ballführens ist so vielfältig und variantenreich, daß hier nur grundlegende Prinzipien genannt werden können.
Der Unterschied zwischen dem Führen und Treiben des Balles liegt ausschließlich in der Dynamik der Bewegungsabläufe. Beim Ballführen bewegt sich der Spieler in ruhigem Lauftempo über den Platz, er wird dabei vom Gegner wenig bedrängt und hat verhältnismäßig viel Zeit und Raum zur Verfügung.
Der Ball »klebt« ihm im Idealfall am Fuß. Der Lauf des Spielers ist aufrecht, der Kopf gehoben, so daß er die Bewegungen von Mit- und Gegenspielern beobachten kann. Der Blick wird etwa 2–3 m vor dem Ball auf den Boden gerichtet. Dadurch hat er in seinem peripheren Blickfeld sowohl den Ball als auch die Mit- und Gegenspieler.
Der Ball kann mit folgenden Teilen des Fußes geführt werden:
● Innenseite des Fußes
● Fußsohle
● Außenseite des Fußes
● Fußrist
● Ferse.
Diese Arten des Ballführens können beidbeinig und in vielfacher Kombination miteinander ausgeführt werden.
In Verbindung mit Richtungswechseln, Drehungen und Wendungen hat der Spieler damit vielfältige Möglichkeiten, um die oben genannten taktischen Aufgaben zu bewältigen.

Fehler im Bewegungsablauf:
● Schlechte Koordination zwischen den Lokomotionsbewegungen (Laufen, Starten, Stoppen, Hakenschlagen) und dem Mitführen des Balles bei diesen Bewegungen:
Korrektur: Laufen um Slalomstangen, Fuchsjagd in Kleingruppen, Steigerungsläufe usw.
● Die Stöße gegen den Ball werden zu gefühllos ausgeführt – der Ball springt zu weit vom Fuß;
Korrektur: wie oben.
● Das Balltreiben im hohen Lauftempo wird mit der Innenseite anstatt mit der Außenseite oder dem Vollspann durchgeführt, dadurch wird der Lauf unökonomisch und langsam.
Korrektur: Tempowechselläufe mit der Forderung, beim Antritt den Ball mit dem Außen- bzw. Vollspann zu führen.
● Zu starke Fixierung des Blickes auf den Ball, dadurch mangelhafte Spielübersicht;
Korrektur: Schattenlaufen – zwei Spieler führen im Abstand von etwa 15 m den Ball. Spieler B macht die Richtungswechsel von A gegengleich mit.

Tips zum Training:
Im Training muß vor allem die Beidbeinigkeit und das Führen des Balles

Führen des Balles mit der Innenseite, Sohle, Außenseite und dem Spann

ohne Blickfixierung geschult werden. Der Wechsel zwischen dem Führen mit dem Spann, der Innenseite und der Außenseite der beiden Beine wird zuerst in schablonisierten Bewegungsstereotypen (vgl. Video-Filme von WIEL COERVER, BLV Verlag) geschult; dann wird die situationsangepaßte Variation noch in der gleichen Trainingseinheit durch das Üben mit einem oder zwei Gegenspielern erzwungen und anschließend in kleinen Parteispielen erprobt.
Wenn das Gefühl für die Größe und die Eigenbewegung des Balles in beiden Beinen gut entwickelt ist, dann kann der Spieler den Ball nahezu »blind« führen. Dadurch hat er den Blick frei, um nach günstigen Abspielmöglichkeiten Ausschau zu halten. Er wird dann auch die Abwehraktionen des Gegenspielers bereits im Ansatz erkennen und kann darauf mit geeigneten Gegenmaßnahmen reagieren.
Die Schnelligkeit der Beinarbeit, mit der die Lauf- und Ballbewegungen koordiniert werden, muß dabei zielstrebig gesteigert werden. Nur die Spieler, die den Ball bei Trainingsübungen stakkatoartig nach rechts, links, vorwärts und rückwärts bewegen können, werden sich auch im Wettkampf durchsetzen können.
Beispiele für die Trainingspraxis werden im folgenden Abschnitt Dribbeln aufgezeigt.

Dribbeln und Fintieren

Die Begriffe Ballführen und Balldribbeln werden sehr häufig gleichsinnig gebraucht. Tatsächlich sind die technischen Grundelemente, mit deren Hilfe der Ball geführt bzw. gedribbelt wird, identisch. Im Fußballsprachgebrauch hat es sich aber eingebürgert, von Dribbling nur dann zu sprechen, wenn der Spieler am Ball von einem Gegenspieler attackiert wird. Um sich den gegnerischen Angriffen zu entziehen, ist der dribbelnde Spieler gezwungen, die von ihm geplanten Bewegungshandlungen zu tarnen. Er bedient sich dazu eines weiteren technischen Mittels, nämlich der Finte. Mit Hilfe der unterschiedlichen Finten täuscht der Spieler beim Dribbeln eine Bewegungsrichtung an, um im nächsten Moment eine völlig andere und für den Gegner deshalb überraschende Laufrichtung mit dem Ball am Fuß einzuschlagen.
Durch einen möglichst dynamischen Antritt entzieht er sich seinem Zugriff dann endgültig.
Gerade im modernen Fußball, in dem der Spieler am Ball, wie schon mehrfach erwähnt, oft von mehreren Gegenspielern unter Druck gesetzt wird, gehört das Dribbling zu den wichtigsten technischen Mitteln eines Spielers.
Durch die aufeinander abgestimmten Bewegungen des Fintierens und des sicheren Ballführens gelingt es dem Spieler immer wieder, den Gegner abzuschütteln, in frei gewordene Räume einzudringen oder den Ball zeitverzögernd im Besitz zu halten.
Wie bei kaum einer anderen Technik wird beim Dribbeln das funktionelle Zusammenspiel zwischen technischem Geschick und den konditionellen Fähigkeiten sichtbar. Denn ohne Beweglichkeit und Elastizität und ohne Antrittsschnelligkeit ist auch ein sehr ballsicherer Spieler nicht in der Lage, dem Gegner zu entkommen.
Auch der Zusammenhang zwischen technischem Geschick und taktischem Kalkül wird beim Dribbling sehr gut sichtbar, denn die Art und Zielrichtung des Dribblings hängt von seinen taktischen Möglichkeiten und Absichten ab.

Anwendung:
- Am Gegner vorbei in Richtung Tor durchbrechen
- aus der eigenen Abwehr heraus in Richtung Mittelfeld Raum gewinnen
- Gegenspieler in bestimmte Räume locken, um andere Räume zum Abspiel zu öffnen
- Gegenspieler vom Mitspieler weg und auf sich ziehen, um ihn anschließend besser anspielen zu können.

Bewegungsablauf:
Die Möglichkeiten des Ballführens wurden auf Seite 40 bereits behandelt. Schon durch die Kombination dieser verschiedenen Arten des Ballführens gibt es eine Vielzahl von Dribbelvarianten; es ist nicht möglich sie alle in einem Lehrbuch zu erfassen.
Im Verlauf eines Dribblings wendet sie der Spieler intuitiv, je nach Situation in unterschiedlicher Weise an.
Abgesehen von den verschiedenen möglichen Schrittkombinationen unterscheiden sich die verschiedenen Dribbelvarianten vor allem durch die Art der Finten, die der Spieler anwendet. Häufig verwendete Finten sind:
- Körper- und Schrittfinten
- Schuß- und Paßfinten
- Richtungswechselfinten
- Tempowechselfinten
- Blickfinten.

Körper- und Schrittfinten: Durch eine Verlagerung des Oberkörpers oder durch eine Schrittbewegung wird eine bestimmte Laufrichtung angetäuscht. Wenn der Gegner in diese Richtung reagiert, wird diese Auftaktbewegung abgebrochen und das Dribbling in die entgegengesetzte Richtung fortgesetzt.
Schuß- und Paßfinte: Dabei verhält sich der Spieler so, als ob er im nächsten Moment einen für die gegnerische Mannschaft gefährlichen Schuß bzw. Paß schlagen würde.
Wenn der Gegner darauf reagiert und versucht den Ball abzufangen, dann unterbricht der Dribbler die Bewegung und zieht den Ball in einer scharfen Hakenbewegung (Cut-Bewegung) möglichst am »falschen Fuß« des Abwehrspielers vorbei.
Der sogenannte »falsche Fuß« ist das Standbein des Spielers, auf das er kurzfristig, um einen Schritt einzuleiten, das ganze Körpergewicht verlagert.
Richtungswechselfinten: Dabei wechselt der Spieler mit dem Ball am Fuß blitzartig die Laufrichtung; oft in unregelmäßigem Rhythmus mehrfach hintereinander. Dadurch ist es ihm

Technik und Techniktraining

1

2

3

Bildreihe oben:
Ausfallschritt mit oder ohne Scherbewegung über den Ball

Bildreihe unten:
Schußtäuschung und Wegführen des Balles hinter dem Standbein

1

2

1

2

3

1

2

3

4

5

6

Bildreihe links:
Aus dem Lauf Abstoppen des Balles mit der Innenseite und erneut starten

3

4

Bildreihe ganz unten:
Antäuschen einer Stoppbewegung (mit der Sohle) und Weiterführen des Balles (genannt »Leo« oder »Lokomotive«)

4

5

6

4

5

6

möglich, an mehreren Gegnern vorbei sein Ziel zu erreichen. Die Sprintfähigkeit ist dabei weniger wichtig als ein gut ausgeprägtes Ballgefühl.
Tempowechselfinte: Der Spieler verzögert dabei sein Lauftempo etwas und zwingt dadurch den Gegner dazu, auch sein Lauftempo zu reduzieren. In einem günstig erscheinenden Moment sprintet er mit dem Ball am Fuß urplötzlich los und am Gegner vorbei. Da sich der Gegner, der ja oft mit dem Rücken zum eigenen Tor steht, erst noch um 90 bis 180 Grad drehen muß, gelingt dieser im Grunde einfache Typ einer Täuschung meist erstaunlich gut.
Im Gegensatz zur Richtungswechselfinte eignet sich die Tempowechselfinte mehr für Spieler, deren technische Qualitäten nicht so ausgeprägt sind; dafür benötigen sie gute Sprinteigenschaften.
Blickfinte: Sie gehört zum Repertoire von Spitzenspielern. Deren Gegenspieler sind häufig so clever, daß sie auf die oben genannten üblichen Finten nicht mehr hereinfallen.
Gegen sie muß mit atypischen, fein dosierten Täuschungssignalen gearbeitet werden. Eine Möglichkeit besteht darin, mit dem Blick eine Aktion – z. B. ein Abspiel in die Spielfeldmitte – anzutäuschen, um dann im nächsten Augenblick z. B. ein dynamisches Durchbruchdribbling zu starten.

Fehler im Bewegungsablauf:
Hier treten im Grunde die gleichen Fehler wie beim Ballführen auf, zusätzlich werden beim Fintieren folgende technische Fehler gemacht:
● Die gewählte Finte paßt nicht zum Spielertyp bzw. zu seinen technisch-konditionellen Fähigkeiten (siehe oben);
Korrektur: Verschiedenartige Finten erlernen und erproben; sie in Trainingsspielen erproben.
● Die Finte wird zu wenig entschlossen und damit zu wenig ausgeprägt ausgeführt; häufig läßt sich der Spieler für die Täuschbewegung zu wenig Zeit, weil er nicht auf ihre Wirkung vertraut. Gerade dieser Fehler aber macht die Finte wirkungslos.
Korrektur: Die Wirkung erklären, einen erfolgreich fintierenden Spieler beobachten; als Abwehrspieler selbst erleben, daß man auf eine ruhig, aber ausgeprägt ausgeführte Finte immer wieder hereinfällt.
● Der Antritt nach dem Richtungswechsel ist zu wenig dynamisch; der dribbelnde Spieler schafft es nicht, genügend Abstand zum gegnerischen Abwehrspieler herzustellen.
Korrektur: Das Standbein schon bei der Finte für den folgenden Start postieren; bewußt machen, daß erst der Start vom Gegner weg das Dribbling erfolgreich macht.

Tips für das Training:
Erfolgreiches Dribbeln setzt zum einen ein hervorragendes Ballgefühl voraus; dies kann nur durch ständiges Üben, so wie dies bereits beim Ballführen gefordert wurde, erlangt werden. Andererseits ist das Dribbling immer ein Zweikampf mit einem Gegenspieler, bei dem nicht nur Ballgefühl, sondern auch beherzter Körpereinsatz gefordert sind. Vor allem das blitzschnelle Reagieren auf die Abwehraktionen des Gegners kann nur in echten Zweikampfsituationen erlebt und verbessert werden.
Deshalb ist auch beim Dribbling das vielfach wiederholende Üben der zum Teil komplexen Bewegungsabläufe und das Erproben dieser Bewegungen in kleinen Spielformen im ständigen Wechsel in das Trainingsprogramm aufzunehmen.

Beispiel für das Training von Führen, Treiben, Dribbeln nach der Übungsmethode
● Im Mittelkreis werden Markierungsstangen in unregelmäßigen Abständen aufgesteckt: die Spieler laufen mit dem Ball am Fuß beliebig zwischen den Stangen hin und her, sie umrunden die Hindernisse usw.
● Umrunden der Stange, dabei Ballführen mit der Innenseite des rechten und des linken Beines, dsgl. mit der Außenseite; auf Zuruf durch den Trainer Wechsel des Spielbeines oder Wechsel zwischen Innen- und Außenseite.
● Die Spieler laufen nebeneinander mit dem Ball am Fuß, der Trainer läuft im Abstand von ca. 20 m vor den Spielern, dabei ändert er die Laufrichtung im ständigen Wechsel nach rechts, nach links, rückwärts und vorwärts – die Spieler müssen zur Blickschulung die Bewegungen des Trainers spiegelgleich nachvollziehen; dabei das Lauftempo steigern.
● Zwei Spieler mit je einem Ball: Spieler A läuft vor Spieler B, A wechselt überraschend Tempo- und Laufrichtung, B muß die Bewegung von Spieler A nachvollziehen.
● Tempoläufe durch einen unregelmäßig gesetzten Stangenslalom; auch in Staffelform.

Tackling

In gleichem Maße wie die Spieler im Laufe der Entwicklung des Fußballspiels gelernt haben, den Ball in geschickter Weise zu führen und zu dribbeln, mußten die Spieler der abwehrenden Mannschaft lernen, den Ball durch verschiedenartige Techniken wieder zurück zu erobern.

> Die zum Teil sehr unterschiedlichen Formen der Ballabnahme werden in ihrer Gesamtheit als Tackling bezeichnet.

Erfolgreiches Tackling ist nur möglich, wenn eine Reihe günstiger Faktoren zusammentreffen:
● Der Spieler muß motiviert, konzentriert, entschlußkräftig und bereit sein, das Risiko eines Tacklings voller Selbstvertrauen einzugehen.
● Der Spieler muß den richtigen Zeitpunkt für das Tackling erkennen. d. h., er darf nicht zu früh und zu ungestüm attackieren; er sollte aber auch nicht zu spät versuchen, dem Gegner den Ball abzujagen.

● Der Spieler muß über die speziellen konditionellen Fähigkeiten verfügen, die für die jeweilige Technik des Tacklings benötigt werden (z. B. gute Beweglichkeit im Hüftgelenk beim Spreiz- und Gleittackling).
● Der Spieler sollte über die Fähigkeit verfügen, die Dribbelaktionen des Gegenspielers vorauszuahnen (zu antizipieren).
● Je nach der Position, in der sich der dribbelnde Spieler und der Abwehrspieler zueinander befinden, muß die richtige Tackling-Technik gewählt werden.
● Das Tackling sollte nicht zerstörend-destruktiven Charakter haben, sondern grundsätzlich auf Ballgewinn ausgerichtet sein. Der tackelnde Spieler sollte in der Lage sein, nach dem Tackling einen neuen Angriff einzuleiten.
Welche Tackling-Technik am meisten Aussicht auf Erfolg hat, das hängt vor allem von den Stellungen ab, welche die Spieler im Zweikampf zueinander einnehmen. Die Spieler können frontal zueinander, neben- und hintereinander stehen.
Zwischen folgenden Techniken ist zu unterscheiden:
● Grundtackling
● Rempeltackling
● Prelltackling
● Lauertackling
● Spreiztackling
● Gleittackling.

Grundtackling

Position der Spieler zueinander:
Die Spieler bewegen sich frontal aufeinander zu, der Abwehrspieler versperrt dem ballführenden Spieler den beabsichtigten Laufweg mit dem ganzen Körper.

Bewegungsablauf:
Mit der Innenseite des Spielbeines wird der Ball durch gleichbleibend harten Druck blockiert. Dabei sind alle Muskeln des Spielbeines angespannt. Dies ist auch zum Selbstschutz (Meniskus!) für den tackelnden Spieler nötig.

Beim Grundtackling blockiert der tackelnde Spieler den Ball mit der Innenseite des Fußes

Fehler im Bewegungsablauf:
● Der Abwehrspieler schlägt mit der Innenseite oder dem Spann gegen den Ball, anstatt dem Gegner den Ball durch Blockbildung aus den Beinen zu spielen. Nach aller Erfahrung geht der Ball in die Gegenrichtung des schlagenden Spielers;
Korrektur: Zwei Spieler üben im Stand mit reduziertem Krafteinsatz. Spieler A schlägt mit dem Spann gegen den Ball, Spieler B hält mit der Innenseite blockierend dagegen.

Prelltackling

Position der Spieler zueinander:
Der tackelnde Spieler steht zwischen Mann und Tor und bezogen zur Ankunftsrichtung des Balles hinter dem gegnerischen Spieler. Auf diese Art und Weise sichert er das eigene Tor ab und hat den Gegenspieler und den Ball im Blickfeld.

Bewegungsablauf:
Aus einer Lauerposition schräg seitlich hinter dem Spieler startet der tackelnde Spieler mit schnellen kleinen Sprintschritten seitlich am Gegenspieler vorbei in Richtung auf den ankommenden Ball zu. Wenn der Ball in Spielnähe ist, und sich die beiden Spieler nebeneinander befinden, Fortsetzung wie beim Rempeltackling.

Fehler im Bewegungsablauf:
● Der Abwehrspieler ist zu sehr hinter dem Gegner postiert, dadurch ist der Blick auf den ankommenden Ball behindert; außerdem muß er erst um den Gegner herum nach vorne starten;
Korrektur: Üben in der Spielform 1 plus 1 gegen 1 mit ständiger Wiederholung des Ablaufes: Zuspielen – Vorstarten – Tackling.

1

2

3

Rempeltackling

Position der Spieler zueinander:
Die Spieler laufen nebeneinander im »Schulterschluß« auf den entgegenkommenden Ball zu; beide versuchen, während des Rempelns in Ballbesitz zu kommen.

Bewegungsablauf:
Den Regeln entsprechend kann während des Kampfes um den Ball mit angelegten Ellbogen und in ungefährlicher Weise Schulter an Schulter gerempelt werden; dies aber erst ab dem Zeitpunkt, da der Ball in Spielnähe ist.
Mit diesem fairen, aber durchaus kräftigen Körpereinsatz versucht der Spieler, den Gegner vom Ball abzudrängen, um selbst aus einer besseren Position heraus den Ball mit der Innenseite des Fußes vom Gegner weg führen zu können.

Fehler im Bewegungsablauf:
● Zu frühes Rempeln, oder Rempeln mit abgespreizten Ellbogen (Regelverstoß: Stoßen);
Korrektur: Die Rempelbewegung aus dem Lauf ohne Ball durchführen, später mit Ball aber mit halbaktivem Körpereinsatz.
● Rempeln zum falschen Zeitpunkt, z.B., wenn der gegnerische Spieler auf dem näheren Bein steht und sich nach dem Rempeln mit dem äußeren Bein abfangen kann;
Korrektur: Hinweis auf den günstigeren Zeitpunkt.

Lauertackling

Position der Spieler zueinander:
Die beiden Spieler laufen nebeneinander, der dribbelnde Spieler ist im Ballbesitz; er versucht, am tackelnden Spieler vorbei einen Paß, eine Flanke oder einen Torschuß auszuführen.

Bewegungsablauf:
Der tackelnde Spieler läuft seitlich vom dribbelnden Spieler in möglichst geringem Abstand. Wenn der Gegenspieler zum Passen, Schießen oder Flanken ansetzt, wird je nach Schrittfolge mit der Innen- oder Außenseite des rechten oder des linken Beines von der Seite eine Blockbewegung gegen den Ball geführt. Auch hier sind ähnlich wie beim Grundtackling die beteiligten Muskelgruppen kontrahiert.

Fehler im Bewegungsablauf:
Der seitliche Abstand zum dribbelnden Spieler ist zu groß, dadurch wird der Schußwinkel seitlich an dem tackelnden Bein vorbei günstiger;
Korrektur: Den Spieler zu Körperkontakt mit Schulterschluß auffordern.

1

2

3

4

5

6

Rempeltackling: Rempeln mit angelegten Ellbogen; gleichzeitig wird dabei um den Ballbesitz gekämpft

Gleittackling

Position der Spieler zueinander:
Der dribbelnde Spieler ist dem tackelnden Spieler enteilt, dieser setzt von hinten kommend nach.

Bewegungsablauf:
Beim vorletzten Schritt wird das Standbein tief gebeugt (dadurch senkt sich der Körperschwerpunkt): die Stoßbewegung gegen den Ball kann mit der Innenseite des entfernteren oder der Außenseite des näheren Beines erfolgen. Wie beim Grund- und beim Spreiztackling wird bei der offensiven Form des Tacklings der Ball nicht nur weggestoßen, sondern mit einem Teil des Fußes so blockiert, daß er im Besitz des tackelnden Spielers bleibt.
Das Gleiten zum Ball erfolgt meist auf dem Gesäß und der Außenseite des Spielbeines. Es kann aber auch auf dem anderen Bein zum Ball gerutscht werden.
Zur Vermeidung von Schürfwunden kann das Gleiten auch durch eine Rollbewegung um die Körperlängsachse ersetzt werden.

Fehler im Bewegungsablauf:
- Der Körperschwerpunkt wird zu wenig abgesenkt.
- Der Abstand zum Ball ist zu groß.
- Die Gleitbewegung erfolgt mit aufrechtem Oberkörper.
- Die verletzungsmindernde Abrollbewegung am Ende des Gleittacklings wird nicht ausgeführt.
- Es wird nicht mit dem taktisch günstigeren Bein getackelt.

Gleittackling: Im Nachsetzen senkt der Spieler den Körperschwerpunkt; springt vom näheren Bein ab und gleitet auf diesem Bein in Richtung zum Ball

4

5

6

Technik und Techniktraining

1

2

3

4

Spreiztackling

Position der Spieler zueinander:
Wie beim Grundtackling bewegen sich die Spieler frontal aufeinander zu.

Bewegungsablauf:
In tiefer Lauerstellung bewegt sich der tackelnde Spieler abwartend von schräg vorne auf den dribbelnden Spieler zu. Wenn der Gegner den Ball vom Fuß läßt, wird mit einer spagatartigen Spreizbewegung versucht, den Ball aus dem Aktionsbereich des Gegners zu stoßen.

Fehler im Bewegungsablauf:
● Der tackelnde Spieler nimmt vor dem Tackling eine zu hohe Position ein, das Körpergewicht wird einseitig auf ein Bein verlagert.

Beispiel für das Training des Spreiz- und Gleittackling nach der gemischten Methode
● Stretching-Übungen (Hürdensitz, Spagat) zur Dehnung der Oberschenkel und Beckenmuskulatur.
● Spagat- und Spreizübungen aus dem langsamen Laufen auf Zuruf des Trainers im Wechsel mit dem rechten und linken Bein, mit anschließenden Abrollen um die Körperlängsachse.
● Wie oben, aber die Spreizbewegung gezielt auf einen Ball ausführen, den der Spieler selbst führt und den er unmittelbar vor der Spreizbewegung 1 bis 2 m nach vorne stößt.
● Zwei Spieler, ein Ball: Spieler A führt den Ball in langsamen Lauftempo, Spieler B läuft neben A auf der ballnahen Seite; wenn A den Ball 1 bis 2 m nach vorne stößt spreizt B nach dem Ball und stößt ihn zur Seite oder blockiert ihn mit der Innenseite.
● Spiel 1 gegen 1 bis 6 gegen 6 auf kleine Tore. Abspiel erst nach Dribbling.

Spreiztackling: Wie beim Gleittackling wird das Spielbein aus einer tiefen Position zum Ball gespreizt

Stoßarten zum Passen und Schießen

Die Technik, die das Fußballspiel vor allem kennzeichnet, ist das Stoßen bzw. das Kicken des Balles mit dem Fuß und dem Kopf.
Während der Ruf »kick the ball!« von England ausgehend die Sportplätze in aller Welt erobert hat, haben sich altväterliche Turnbrüder (z. B. Karl Plank in seiner polemischen Schrift »Fußlümmelei – über Stauchballspiel und englische Krankheit«) ebenso wie Philosophen (z. B. Buytendijk, Das Fußballspiel) über den phänomenalen Reiz ausgelassen, den das Kicken des Balles auf die Jugend ausübt.
Für das Spiel haben die Stoßtechniken große Bedeutung. Sowohl das zielgenaue Zupassen des Balles als auch der Torschuß werden mit Stoßtechniken durchgeführt.
Folgende Stoßarten sind zu unterscheiden:
● Gerader Spannstoß
● Innenspannstoß
● Außenspannstoß
● Innenseitstoß
● Kopfstoß.

Varianten des geraden Spannstoßes sind:
● Hüftdrehstoß
● Fallrückzieher
● schräger Spannstoß.
Wenn Spieler ungünstig postiert sind, oder wenn sie für den Gegner überraschend passen oder schießen wollen, wenden sie gelegentlich auch Stoßarten an, die üblicherweise in Lehrbüchern nicht zu finden sind, wie beispielsweise:
● Abspielen mit der Ferse
● Kicken mit der Fußspitze.
Sollte es das Spiel erfordern, wird der Ball notfalls auch mit dem Knie oder dem Hinterkopf weitergeleitet. Selbst wichtige Tore (z. B. durch Uwe Seeler mit dem Hinterkopf bei der WM in Mexiko 1970) wurden auf diese wenig gebräuchliche Art und Weise erzielt.
Aus der Tatsache, daß der Spielverlauf vom Spieler gelegentlich auch

unübliche Stoßarten erfordert, die abseits jeglicher technischer Schablonen liegen, darf nicht der Trugschluß abgeleitet werden, daß die Präzision der üblichen Paß- und Stoßtechniken von geringerer Bedeutung ist. Zumindest im Leistungsfußball müssen die Spieler über eine außerordentlich sichere Stoßtechnik verfügen, denn nur dann können zentimetergenaue Pässe und präzise Torschüsse auch aus dem vollen Lauf und über große Distanzen geschlagen werden. Abspielfehler führen nahezu immer zum Ballverlust; vor allem, wenn sie in der eigenen Spielfeldhälfte und nahe dem eigenen Tor geschehen, bringen sie dem Gegner erhebliche Spielvorteile.
Aus diesem Grunde muß die Paß- und Stoßtechnik durch intensives Üben und Trainieren bis hin zur Feinstform perfektioniert werden. Fehler im grundlegenden Bewegungsablauf, die sich in jungen Jahren ungestraft einschleichen, stören den Spieler in seiner Leistungsentwicklung dauerhaft und sind später kaum noch zu beheben. Deshalb muß auf die frühzeitige und wirkungsvolle Korrektur von Anfängerfehlern im Nachwuchstraining besonders großer Wert gelegt werden.
Wie bei keiner anderen Technik ist das Erkennen von Fehlertypen und Fehlerursachen dabei von entscheidender Bedeutung: Die zu ergreifenden Korrekturmaßnahmen sind jeweils fehlerspezifisch auszuwählen und anzuwenden. Der Trainer benötigt dazu eine Reihe spezieller Kenntnisse. Sie werden auf den Seiten 62 vermittelt.
Die verschiedenen Stoßtechniken sind sich in der Struktur des Bewegungsablaufes sehr ähnlich. In der sportwissenschaftlichen Bewegungslehre wird der Bewegungsablauf in drei Phasen unterteilt. Jede dieser Phasen hat eine bestimmte Funktion, die für das Gelingen der Technik unverzichtbar ist.
Für die Korrektur von fehlerhaften Techniken ist die Kenntnis dieser Phasen äußerst wichtig. Der Trainer muß eine klare Vorstellung haben, von den einzelnen Teilaktionen, die dabei von Armen, Beinen und Rumpf ausgeführt werden.
Folgende Hauptphasen sind zu unterscheiden:
Auftaktphase: dabei führt das Bein bzw. der Kopf eine Gegenbewegung zur späteren Stoßrichtung aus.
Hauptphase; dabei trifft die Stoßfläche des Körpers den Ball.
Ausklangphase: dabei schwingt das Spielbein energieverzehrend aus.

Die Anwendungsmöglichkeiten sind bei den einzelnen Stößen unterschiedlich. Sie hängen zum einen von der technischen Perfektion des Spielers ab (z. B. können genaue Pässe mit der Innenseite leichter gespielt werden als mit dem Fußspann), sie werden aber vor allem bedingt durch die anatomischen Möglichkeiten, die bei den einzelnen Stoßarten gegeben sind. So kann der Ball mit der Spannstoßtechnik schärfer und damit weiter gespielt werden als mit der Technik des Innenseitstoßes. Für das Gelingen einer Stoßtechnik ist nicht nur der Ablauf der Bewegung im räumlich-zeitlichen Verlauf (sukzessive Bewegung) von Bedeutung. Wichtig sind dabei auch die gleichzeitigen Teilbewegungen (synchrone Bewegungen), die mit dem Standbein, dem Oberkörper und den Armen ausgeführt werden. Auf diese Besonderheiten wird im Abschnitt Fehlerkorrektur (siehe S. 62) noch näher eingegangen werden.

Spannstoß

Der gerade Spannstoß ist die Technik, mit der die weitesten Pässe gespielt und die schärfsten Schüsse geschlagen werden können. Es ist die Technik für den klassischen Torschuß. Mit feindosiertem Krafteinsatz kann er auch für kurze Pässe verwandt werden. Ebenso kann die Flughöhe des Balles je nach Stellung des Spielfußes besser als mit jeder anderen Technik variiert werden. Die Position des Standbeines und Spielfußes ist dafür maßgebend.

Die Fußhaltung beim Spannstoß

Anwendung:

Zuspiel kurz	xx
Zuspiel lang	xxx
Zuspiel flach	xxx
Zuspiel hoch	xx
Zuspiel mit Effet	x
Torschuß scharf	xxx
Torschuß präzise	xx
Direktspiel	x

Bewegungsablauf:
Anlauf: Geradlinig in Richtung Ziel.
Standbein: In Sprung-, Knie- und Hüftgelenk federnd gebeugt.
Standfuß: Steht etwa eine Fußbreite neben dem Ball.
Spielbein: Schwingt zuerst im Hüftgelenk, dann im Kniegelenk in der Auftaktphase nach rückwärts und in der Hauptphase vorwärts gegen den Ball; dabei peitschenartige Beschleunigung des Unterschenkels; Ausklangbewegung nach vorwärts-aufwärts.
Spielfuß: Im Sprunggelenk gestreckt und durch Kontraktion der Muskeln fixiert.
Trefffläche: Fußrist.
Oberkörper: über Standbein und Ball gebeugt.

1

2

3

Der gerade Spannstoß aus dem Lauf

Arme: Gegenarm des Schußbeines schwingt im gleichen Takt zuerst rückwärts dann vorwärts.

Fehler im Bewegungsablauf:

- Anlaufrichtung und Stoßbewegung weisen nicht geradlinig zum Zielpunkt.
- Standfuß nicht neben, sondern hinter dem Ball.
- Spielbein im Kniegelenk zu wenig gebeugt.
- Spielfuß gebeugt und zu wenig fixiert.
- Trefffläche: Fußrist trifft den Ball nicht im Zentrum.
- Oberkörper in Rücklage.

Beispiele für das Training des Spannstoßes nach der Spielmethode

- Fußball-Tennis in kleinen Spielgruppen (1 gegen 1 bis 3 gegen 3); Netz in Kopfhöhe; je nach Leistungsstand mit Ballannahme oder mit direktem Spiel; Provokationsregel: Der Ball darf nur mit Spannstoß gespielt werden.
- Fußball-Treibballspiel mit Spannstoßtechnik: In schmalem Streifen des Spielfeldes versuchen sich zwei Spielgruppen durch lange Spannstöße gegenseitig aus dem Spielfeld zu treiben; Stöße des Gegners werden mit Hand oder Fuß abgefangen;

Der Hüftdrehstoß, die technisch anspruchsvolle Variante des Spannstoßes

1

2

3

4

5

6

Rückschlag dort, wo Ball unter Kontrolle gebracht wurde oder seitlich das Spielfeld verlassen hat.

- Torschußspiel 1 gegen 1: Die Spieler stehen in zwei ca. 10 m voneinander entfernten Toren, sie agieren im Wechsel als Torhüter und Torschütze; der Ball wird zuerst direkt aus der Hand geschlagen, später auch als Dropkick und dann vom Boden.
- Wie oben, aber Torabstand ca. 20 m; der Torschütze wirft sich den Ball ca. 3 m hoch nach vorne in Richtung gegnerisches Tor, läuft dem Ball nach und schießt mit Vollspann aus dem Lauf.
- Wie oben, aber vier Spieler mit einem Ball: Der Torschütze erhält einen Zuspieler, der ihm den Ball von der Seite aus kurzer Entfernung halbhoch zuspielt; der ankommende Ball wird nach einmaligem Aufspringen oder volley aus der Luft geschlagen; später auch mit Gegenspieler.
- Spiel 2 gegen 2 auf zwei Tore mit Torhüter und Taburaum: Torschüsse nur von außerhalb des Taburaumes, dadurch werden die Spieler zu beherzten Torschüssen aus zunehmend größerer Distanz (Vergrößerung des Taburaumes) gezwungen.
- Trainingsspiel mit verschiedenen Provokationsregeln.

Besonderheiten beim Hüftdrehstoß:

Der Hüftdrehstoß und der Fallrückzieher sind Varianten des Spannstoßes. Sie dienen dazu, den hoch einfliegenden Ball frühzeitig – möglichst noch bevor der Gegner ihn erreichen kann – zu spielen.

Bewegungsablauf:

Standfuß: Dreht im Verlauf des Stoßes auf dem Fußballen in Richtung Ziel.
Spielbein: Schwingt in Hüfthöhe aus der Bogenspannung gegen den Ball.
Oberkörper: Kippt fast bis in die Waagerechte über das Standbein.

4

5

6

1

2

3

Der Fallrückzieher ist die spektakulärste Art des Spannstoßes

Besonderheiten des Fallrückziehers:
Der Fallrückzieher kann ohne und mit Scherbewegung ausgeführt werden. Beim Fallrückzieher mit Scherbewegung erfolgt der Absprung vom Schußbein. Das andere Bein wird zum Schwungbein und unterstützt die Absprungbewegung nach oben. Am hochschwingenden Schwungbein vorbei wird das Sprung-Schußbein nach oben gerissen. Dort trifft es mit dem Fußrist den Ball.

Innenspannstoß
Mit dem Innenspannstoß kann dem Ball noch besser als mit dem Vollspannstoß eine hohe Flugbahn verliehen werden. Vor allem kann mit dieser Technik dem Ball »Effet« mit auf den Weg gegeben werden. Durch ein, in der Physik als Magnus-Effekt bezeichnetes Phänomen, entstehen dabei am rotierenden Ball ungleiche Luftdruckverhältnisse, die ihm eine bogenförmige Flugkurve verleihen. Mit Hilfe dieser sehr gebräuchlichen Technik kann der Ball z. B. beim Freistoß um die postierte Mauer herum knapp neben dem Torpfosten ins Tor geschossen werden.

Anwendung:	
Zuspiel kurz	x
Zuspiel lang	xxx
Zuspiel flach	x
Zuspiel hoch	xxx
Zuspiel mit Effet	xxx
Torschuß scharf	xx
Torschuß präzise	xxx
Direktspiel	xx

Die Fußhaltung beim Innenspannstoß

Bewegungsablauf:
Anlauf: Bogenförmig in Richtung Ziel.
Standbein: In Sprung-, Knie- und Hüftgelenken federnd gebeugt.
Standfuß: Steht etwa zwei bis drei Fußbreiten schräg hinter dem Ball.
Spielbein: Schwingt in Hüft- und Kniegelenk in der Auftaktphase nach rückwärts und in der Hauptphase vorwärts gegen den Ball; im gesamten Verlauf wird das Bein im Hüftgelenk nach außen rotiert. In der Ausklangsphase schwingt das Bein sichelförmig vor dem Standbein aus.
Spielfuß: Im Sprunggelenk mäßig gebeugt und auswärtsrotiert.
Trefffläche: Innenkante des Fußristes.
Oberkörper: über dem Standbein.
Arme: Halten nach rechts und links abgewinkelt das Gleichgewicht.

4

5

6

Fehler im Bewegungsablauf:
- Anlaufrichtung zum Ball ist zu geradlinig
- Standbein zu nahe am Ball
- Spielfuß wird nicht nach außen rotiert
(in allen Fällen erhält der Ball sehr starken Effet)
- Spielbein schwingt nur aus dem Kniegelenk, dadurch Stoß zu schwach
- Spielfuß im Sprunggelenk zu wenig fixiert
- Oberkörper zu sehr in Rücklage nach hinten geneigt.

Außenspannstoß

Diese Technik kann als »Hexer« unter den Stoßarten bezeichnet werden, denn mit ihr lassen sich nahezu alle taktischen Lösungen realisieren. Das kurze verdeckte Abspiel ebenso wie der lange und mit Effet geschlagene Paß auf einen Mitspieler, der hinter einem Gegner steht und eigentlich unerreichbar scheint.

Anwendung:

Zuspiel kurz	xxx
Zuspiel lang	xxx
Zuspiel flach	xxx
Zuspiel hoch	xx
Zuspiel mit Effet	xxx
Torschuß scharf	xxx
Torschuß präzise	xxx
Direktspiel	xxx

Bewegungsablauf:

Anlaufrichtung: Gerade bis leicht bogenförmig je nach beabsichtigter Effetwirkung.

Standbein: Etwa zwei Fußbreit neben dem Ball.

Standfuß: In Sprung-, Knie- und Hüftgelenk federnd gebeugt.

Spielbein: Schwingt in der Auftaktphase in Knie- und Hüftgelenk geradlinig nach hinten und in der Hauptphase mit zunehmend sich verstärkender Innenrotation nach vorwärts; kurz vor dem Stoß verstärkte peitschenartige Beschleunigung aus dem Kniegelenk heraus; in der Ausklangsphase Ausschwingen nach vor – hoch seitwärts mit zunehmender Beugung in Hüft- und Kniegelenk.

Spielfuß: Mäßig gestreckt, im Sprunggelenk leicht nach innen rotiert, Fußgelenk fixiert.

Trefffläche: Außenseite des Fußristes.

Oberkörper: Nach vorne über den Ball gebeugt.

Arme: Halten seitlich abgewinkelt das Gleichgewicht.

Fehler im Bewegungsablauf:
- Standfuß zu nahe am Ball.
- Spielbein mit zu geringer Ausholbzw. Innenrotationsbewegung.
- Spielfuß zu wenig innenrotiert.
- Ball wird zu sehr im Zentrum anstatt auf der Seite getroffen.
- Oberkörper nach hinten gebeugt.

Die Fußhaltung beim Außenspannstoß

Innenseitstoß
Der Innenseitstoß gehört zu den am meisten verwendeten Techniken im Fußball. Mit dieser Technik läßt sich der Ball sehr zielsicher spielen: Dadurch ist er für das direkte Kombinationsspiel besonders gut geeignet. Auch Torschüsse aus kurzer Distanz werden mit der Innenseite oft erfolgreicher als mit dem Vollspann gespielt. Nachteilig an der Technik ist, daß die Stöße weniger kräftig sind und die Bälle deshalb nur über kurze bis mittlere Distanz geschlagen werden können.

Die Fußhaltung beim Innenseitstoß

Anwendung:

Zuspiel kurz	xxx
Zuspiel lang	x
Zuspiel flach	xxx
Zuspiel hoch	xx
Zuspiel mit Effet	xx
Torschuß scharf	x
Torschuß präzise	xxx
Direktspiel	xxx

Bewegungsablauf:
Anlauf: Geradlinig in Richtung Ziel.
Standbein: In Sprung-, Knie-und Hüftgelenk federnd gebeugt.
Standfuß: Steht etwa eine Fußbreite neben dem Ball.
Spielbein: Schwingt zum Auftakt im Hüftgelenk nach hinten und in der Hauptphase nach vorne Richtung Ball, dabei zunehmende Außenrotation.
Spielfuß: Etwa 90 Grad zum Standfuß nach außen rotiert; Fußspitze angezogen, so daß Fußsohle parallel zum Boden; im Fußgelenk durch Muskelspannung fixiert.
Trefffläche: Innenseite des Fußes zwischen Zehengrundgelenk und Knöchel.
Oberkörper: über Ball- und Standbein.
Arme: Halten seitwärts angewinkelt das Gleichgewicht.

Fehler im Bewegungsablauf:
- Fußspitze zeigt nicht in Richtung zum Stoßziel.
- Das Spielbein wird im Hüftgelenk zu wenig nach außen rotiert; im Hüft- und Kniegelenk zu wenig fixiert.
- Fußspitze wird nicht angezogen, Fußgelenk zu wenig fixiert.
- Der Ball wird zu nahe an der Ferse oder der Fußspitze getroffen.
- Der Oberkörper ist zu sehr nach hinten gebeugt, dadurch steigt die Flugbahn des Balles.

1

Kopfstoß
Mit der Kopfstoßtechnik können hoch einfliegende Bälle, die sonst nur im Rückwärtslauf erreicht werden könnten, frühzeitig gespielt werden. Bei sprunghohen Bällen ist meist der frühzeitige Absprung und die Sprungkraft darüber entscheidend, wer von mehreren Spielern an den Ball kommt.
Ähnlich wie beim Spannstoß gibt es auch beim Kopfstoß eine Reihe unterschiedlicher Variationen:
- Kopfstoß aus dem Stand – gerade
- Kopfstoß aus dem Stand – mit Drehung
- Kopfstoß aus dem Sprung – gerade
- Kopfstoß aus dem Sprung – mit Drehung
- Kopfstoß mit Anhechten.

Beim Kopfstoß aus dem Sprung sollte nach Möglichkeit von einem Bein abgesprungen werden, weil sich dabei die Anlaufenergie am besten in Höhe umsetzen läßt. Beim Kopfstoß aus

1 2 3

3

4

Angehechteter Flugkopfball

dem Sprung mit Drehung ist zusätzlich darauf zu achten, daß der Absprung mit dem zum Ball näheren Bein erfolgt. Das andere Bein, das als Schwungbein dient, schwingt dabei nicht nur nach oben, sondern in Richtung zum Ball und verstärkt damit die Drehung des Rumpfes.

Anwendung:

Zuspiel kurz	xxx
Zuspiel lang	xx
Zuspiel flach	
Zuspiel hoch	xxx
Zuspiel mit Effet	x
Zuspiel scharf	xx
Zuspiel präzise	xxx
Direktspiel	xxx

Der nachfolgend beschriebene Bewegungsablauf kennzeichnet den Kopfstoß aus dem einbeinigen Absprung ohne Drehung.

Bewegungsablauf:
Anlaufrichtung: Geradlinig zu Ball und Ziel, dabei Absprung von dem jeweils situationsangemessen günstigeren Bein (= Sprungbein).
Sprungbein: Geht nach dem Absprung in die Bogenspannung nach hinten.
Schwungbein: Schwingt vor–hoch–aufwärts; ist dabei in Hüft- und Kniegelenk gebeugt.
Oberkörper: Ausholbewegung nach hinten in die Bogenspannung wird durch Schnepperbewegung nach vorne aufgelöst. Aus der Wucht dieser Bewegung leitet sich die Schärfe des Kopfstoßes ab.
Nacken und Kopf: Der Kopf wird bereits bei der Ausholbewegung mit auf die Brust gezogenem Kinn im Nacken fixiert. Die Augen sind geöffnet und auf den Ball gerichtet.
Trefffläche: Die Stirn bis hin zu den seitlichen Stirnkanten; keinesfalls die Schläfe.

Fehler im Bewegungsablauf:
- Absprung beidbeinig statt einbeinig
- Sprungbein wird mit dem Absprung nicht sofort in die Bogenspannung zurückgeführt; dadurch kein Widerlager für die Bogenspannung
- Schwungbeineinsatz zu wenig kräftig nach vor hoch
- Oberkörper holt nicht in die Bogenspannung nach hinten aus
- Kopf und Nacken nicht fixiert, dadurch Verletzungsgefahr für den Halswirbelbereich
- Augen geschlossen

Gerader Kopfstoß aus dem Anlauf und Sprung

4

5

6

7

Tips für das Training der Stoßarten: Die in diesem Kapitel behandelten Techniken der einzelnen Stoßarten und des beim Spannstoß empfohlenen methodischen Weges geben bereits wichtige Hinweise für das Training der Stoßarten.
Auch die wichtigen Ausführungen zur Korrektur von Technikfehlern (siehe S. 62) haben in diesem Zusammenhang große Bedeutung.
Zusätzlich sind beim Training der Stoßarten noch folgende allgemeinen Aspekte zu beachten:

- Die Grundstoßarten muß heute jeder Spieler ***beidbeinig*** beherrschen. Das Training des schwachen Beines schult gleichzeitig das gute Bein mit!
- Im Lernprozeß geht es zuerst darum, die Konstanz und die Genauigkeit der Stöße und dann erst die Schärfe zu erarbeiten.
- Die Schußstärke ist weniger ein Produkt der Muskelkraft als des gut koordinierten Krafteinsatzes; darum sollte beim Schußtraining Wert auf eine unverkrampfte, locker gepeitschte Schußbewegung gelegt werden.
- Weite Pässe und scharfe Schüsse erfordern eine weiträumige Ausholbewegung im Schußbein und im Gegenarm.
- Mangelnde Beweglichkeit ist eine häufige Fehlerursache; die Streckfähigkeit im Sprunggelenk beim Spannstoß, die Rotationsfähigkeit beim Innenseitstoß, die Spreizfähigkeit beim Hüftdrehstoß. Hier helfen nur spezielle Dehnübungen.
- Gutes Timing ist eine Grundvoraussetzung für das Verwandeln von Flanken. Die nötige Ballberechnung erlangt ein Spieler nur, wenn er im Training regelmäßig viele hunderte von Flanken verwandeln kann. Üben!
- Das Programm muß vielfältige unterschiedliche Aufgaben an den Spieler stellen: Deshalb, kurze und lange Bälle, flache – hohe Bälle und Bälle mit gerader und bogenförmiger Flugbahn spielen lassen.
- Beim Torschußtraining ist zu beachten: Nie ohne gründliches Aufwärmen trainieren; Schüsse aus allen Winkeln und Entfernungen und mit allen Techniken (z. B. aus kurzer Distanz auch mit Innen- oder Außenseite) üben; komplexe Spielsituationen schaffen; Schüsse auch unter Zeitdruck (aber nicht nur!) üben lassen; mit Anfängern nicht im ermüdeten Zustand üben.

Aber ganz wichtig: Der Torschuß belebt jedes Training und deshalb gehört er in (fast) jedes Training!

Das Fangen flacher Bälle durch Entgegenhechten ist heute allgemein gebräuchlich

Torwarttechniken

Aus der regelbedingten Sonderstellung des Torwarts, wonach er innerhalb des 16-m-Strafraumes den Ball mit der Hand aufnehmen darf, ergeben sich für ihn eine Reihe spezieller Techniken:

- Fangen flacher und hoher Bälle
- Fausten hoher Bälle
- Abspringen, Hechten und Landen
- Abfangen des Balles vom Fuß eines dribbelnden Spielers
- Abwerfen und Abschlagen des Balles als Angriffshandlung.

Die Torhütertechniken können trotz ihrer großen Bedeutung für die Leistung der Mannschaft im Rahmen eines allgemeinen Lehrbuches nicht im Detail abgehandelt werden. Die Bilder und Reihenbilder auf den folgenden Seiten vermitteln aber eine sehr gute Vorstellung von den zum Teil komplizierten Bewegungsabläufen.

Das Abfangen des Balles vom Fuß

Das Fangen und Fausten von sprunghohen Bällen

Die Grundposition des Torwarts und das Fangen halbhoher Bälle

Das Hechten aus der Kreuzschrittbewegung mit anschließendem Fangen des Balles und »weicher 2-Punkt-Landung«

1 2 3

Technik und Techniktraining

Techniktraining

Im Trainingsprozeß des Fußballspielers nimmt das Techniktraining einen breiten Raum ein.
Das Training sollte auf den Wettkampf vorbereiten und dessen Bedingungen widerspiegeln. Deshalb und weil die Zeit zumindest im Training der Jugendlichen und Amateure knapp ist, wird das Techniktraining – heute noch mehr als früher – in Verbindung mit der Verbesserung konditioneller Fähigkeiten und taktischer Handlungen durchgeführt.
Im Techniktraining geht es immer um Bewegungslernen im Sinne von positiver Verhaltensveränderung.

> In diesem Sinne kann Fußball-Techniktraining definiert werden als:
> Das Erwerben, Verfeinern, Stabilisieren/Automatisieren und das variable Anwenden von fußballspezifischen Techniken.

Lehr- und Lernphasen

Die Bewegungslehre beschreibt die oben genannten Abstufungen des Techniktrainings (Erwerben, Verfeinern, Stabilisieren, Automatisieren, Variieren), auch als Phasen des motorischen Lernens.
Die Entwicklung technischer Fertigkeiten verläuft allerdings nicht im strengen Sinne linear oder stufenförmig. Diese Klassifizierung darf nicht so verstanden werden, als ob man beispielsweise in der E- und F-Jugend die Techniken erwirbt und in späteren Jahrgängen dann verfeinert bzw. stabilisiert und dann erst anwendet.
Der motorische Lernprozeß vollzieht sich zumindest in Sportspielen eher spiralenförmig. Dabei kann man sich die einzelnen Spiralwindungen als unterschiedliche Leistungsebenen auf dem Weg vom Anfänger bis hinauf zum Profi vorstellen. Auf jeder dieser Ebenen müssen Techniken erworben, verfeinert, stabilisiert, automatisiert und angewendet werden. Von Ebene zu Ebene wird dabei lediglich das Anspruchsniveau größer. Die Übungen werden komplexer, das Tempo ihrer Ausführung schneller und die Attacken durch die Gegenspieler härter (siehe dazu S. 61).
Im Nachwuchstraining müssen neu erworbene Techniken, lange bevor sie in Feinform beherrscht werden, in Trainingsspielen erprobt werden. Es darf dabei keine Rolle spielen, daß die Technik in dieser Altersstufe noch wenig verfeinert, stabilisiert oder gar schon automatisiert ist. Die Fähigkeit Fußball zu spielen ist bereits auf niederem technischen Niveau vorhanden. Sie muß kontinuierlich verbessert werden. Ein Nachwuchstraining, bei dem überwiegend geübt wird und bei dem das Spielen zu kurz kommt, dient weder der techischen Entwicklung, noch wird es dem Spieltrieb der Jugend gerecht.

Ziele des Techniktrainings

Aus den vorstehend genannten Überlegungen heraus wird deutlich, daß in den verschiedenen Alters-, Entwicklungs- und Lernstufen die Ziele des Trainings unterschiedlich sein werden.
Im Nachwuchstraining hängen die Ziele vor allem von der Alters- und Entwicklungsstufe ab. Ein wesentliches Kriterium ist dort auch das Trainingsalter, das bei gleicher Altersstufe von Verein zu Verein, ja sogar innerhalb einer Mannschaft stark schwanken kann (siehe S. 23).
Im Seniorentraining werden die Ziele vor allem von der Spiel- und Leistungsklasse und damit von der Trainingshäufigkeit bestimmt.
Im Amateurfußball der unteren Leistungsklassen bleibt leider oft nicht genügend Zeit, um die Talentreserven der dort tätigen Spieler durch gezieltes Techniktraining auszuschöpfen. Dennoch können und müssen auch dort reelle Trainingsziele gesetzt und systematisch angesteuert werden.

Schwerpunkte für das Techniktraining im unteren Amateurbereich:
- Weiterentwicklung individueller technischer Stärken (z. B. Kopfballstärke, Geschick zum Dribbeln, Schuß aus der zweiten Reihe, u. a.).
- Behebung deutlicher technischer Schwächen, welche die weitere Leistungsentwicklung stark beeinträchtigen (z. B. Schwächen in der Ballannahme, Probleme mit dem schwachen Bein, Fußhaltung beim Spannstoß)
- Tore machen mit Kopf, Fuß und durch Dribbling, aus verschiedenen Entfernungen und Winkeln
- Festigung jener Techniken, welche die Spieler speziell für ihre Spielpositionen benötigen
- Entwicklung von Technikspezialisten für Standardsituationen wie Eckstoß, Freistoß, Strafstoß.

Schwerpunkte für das Techniktraining im Leistungsfußball:
Zusätzlich zu den bereits bei den unterklassigen Amateuren genannten Zielen gibt es im Leistungsfußball folgende Aufgaben zu lösen:
- Absolute Sicherheit in der Ballbehandlung, auch in hohem und höchstem Lauftempo
- Weiterentwicklung aller Techniken zur Verbesserung der Zweikampfstärke, insbesondere: Erlernen neuer Finten
- Weiterentwicklung von Techniken, die der Spieler auf seiner Position im allgemeinen nicht so häufig benötigt (Entwicklung zum Allroundspieler).

Prinzipien des Trainings

Wenn das Techniktraining wirkungsvoll die Leistungsfähigkeit des Spielers verbessern soll, dann müssen allgemeine Prinzipien des motorischen Lernens und spezielle Erfahrungswerte aus dem Fußballtraining beachtet werden.

Allgemeine Prinzipien
Für das Erlernen und Trainieren sportlicher Techniken gelten folgende allgemeine Prinzipien:

- Ein Lernprozeß ist nur möglich, wenn der Spieler eine klare Vorstellung von dem zu erlernenden Bewegungsablauf hat. Deshalb ist vor allem im Anfängertraining die Demonstration der Bewegung oder ersatzweise das Vorzeigen von Bildern oder Filmen unumgänglich.
- Bestimmte Techniken erfordern spezielle konditionelle Fähigkeiten. Soweit sie nicht durch das Erlernen technischer Fertigkeiten selbst erworben werden, müssen sie durch spezielle Übungen zusätzlich entwickelt werden.
- Fehlerhafte Bewegungsabläufe, die einmal gefestigt und automatisiert sind, können nur sehr schwer korrigiert werden. Deshalb müssen vor allem im Anfängertraining fehlerhafte Bewegungsausführungen korrigiert werden, denn das Umlernen von fehlerhaften Techniken ist mit großem zeitlichen Aufwand verbunden.
- Wenn konditionelle Fähigkeiten (z. B. die Sprintfähigkeit) verbessert wurden, dann ist es nötig, die technischen Fertigkeiten (z. B. das Ballführen) diesem verbesserten Niveau anzupassen.
- Kinder erlernen neue Techniken schnell, sie verlernen aber auch ebenso rasch. Deshalb müssen erworbene Techniken im Verlaufe mehrerer Trainingseinheiten ständig wiederholt werden.
- Ermüdungsstoffe blockieren die Koordinationsfähigkeit. In ermüdetem Zustand können neue Bewegungsmuster nur schwer erlernt werden. Deshalb sollten neue Techniken zu Beginn einer Trainingseinheit, unmittelbar nach dem Aufwärmen, geschult werden.

Spezielle Prinzipien

- Der leistungsorientierte Spieler muß im Spiel heute die grundlegenden Techniken mit beiden Beinen beherrschen. Deshalb ist bereits im Anfängertraining großer Wert auf ***Beidbeinigkeit*** zu legen.
- Die Techniken sollten durch die sog. ***Blickschulung*** (»Kopf hoch!«) nahezu »blind« beherrscht werden.
- Techniken sollten zunehmend mehr in höchstem Lauftempo beherrscht werden; die ***schnelle Beinarbeit*** am Ort und im Lauf gehört zum festen Programm im Training der Könner.

Im Techniktraining sind die Kinder mit Begeisterung bei der Sache – der Umgang mit dem Ball macht Spaß!

Methoden, Übungen und Spiele für das Techniktraining

Für das Techniktraining gibt es grundsätzlich zwei unterschiedliche Trainingsmethoden:
Durch ***Spielformen*** erwirbt, verfeinert, stabilisiert und automatisiert der Spieler unbewußt (induktives Lernen) seine Fähigkeit der Ballbeherrschung.
Durch ***Übungsformen*** lernt der Spieler bewußt (deduktives Lernen) die einzelnen technischen Elemente.

Das Lernen kann in zwei grundsätzlich verschiedenen Arten erfolgen:
1. Das Lernen einzelner technischer Elemente in isolierten Trainingsformen
2. Das Lernen mehrerer technischer Elemente in komplexen Trainingsformen.
Dementsprechend hat der Trainer im Techniktraining die Wahl zwischen folgenden Trainingsmethoden:

- Spielmethode
- einfache Übungsmethode
- komplexe Übungsmethode
- gemischte Methode.

Spielmethode

Bei der Spielmethode wird die »komplexe Spielfähigkeit« in ganzheitlicher Form durch unterschiedliche Arten von Spielformen geschult. Dabei werden Techniken automatisch mittrainiert.

Es handelt sich dabei um die spielgemäße Form des Unterrichtsverfahrens, das in der Sportdidaktik als Ganzheitsmethode bekannt ist.
Durch eine fachgerechte Auswahl der Spielformen kann bei der Spielmethode sichergestellt werden, daß von den Spielern bestimmte technische oder taktische Handlungen schwerpunktmäßig angewandt werden.
Das Unterrichtsgeschehen vollzieht sich beim Unterricht nach der Methode meist weniger lehrerzentriert als beim Üben. Man geht davon aus, daß durch das Spielen die technisch-taktischen Handlungen gewissermaßen induziert (»induktives Unterrichtsverfahren«) und damit automatisch geschult und verbessert werden.

Spielbeispiele
Aus der Vielzahl der möglichen kleinen Spielformen, die zum großen Spiel hinführen (siehe auch die DFB-Broschüre: »Mit kleinen Spielen zum großen Spiel«) werden im folgenden einige typische Formen beschrieben.

Spiele ohne Tore im freien Raum:

- Parteispiele 1 gegen 1 bis 8 gegen 8 mit unterschiedlicher Aufgabenstellung: Z. B. Ball in der eigenen Mannschaft halten; Ball von Spieler 1 zu Spieler 2 zu Spieler 3 usw. spielen; Kombinationsspiel mit Doppelpaßrhythmus; Spiel mit zwei Ballkontakten oder einem Ballkontakt pro Spieler; Spiel nur mit dem re/li Bein; Abspiel erst nach einem Dribbling; usw.
- Ballfangspiele wie 2 gegen 1, 3 gegen 1, 4 gegen 2, 6 gegen 2.
- Spiele Überzahl gegen Minderzahl: Wie 6 gegen 4, 7 gegen 5 mit Handikap für die Überzahlmannschaft.

Spiele auf Tore, auf Linien oder sonstige Ziele:

- Torschußspiele/Torschußwettbewerbe zwischen zwei bzw. vier Spielern mit Torabstand zwischen 10 und 20 m.
- Spiel 1 gegen 1 bis 8 gegen 8 auf 2, 4 oder 6 kleine Tore
- dsgl. auf zwei Linien; dabei wird ein Tor/Punkt erzielt, wenn die gegnerische Linie überdribbelt wird
- Spiele mit neutralen Zuspielern: Wie 1 Neutraler und 5 gegen 5 und 1 Neutraler; dabei zählen Pässe auf den neutralen Zuspieler als ein Tor bzw. Punkt
- Fußballtennisspiele: Dabei bestimmen Netzhöhe und Größe des Spielfeldes den Schwierigkeitsgrad.

Eine eigenständige Gruppe von kleinen Parteispielen sind die von BRÜGGEMANN/ALBRECHT mitentwickelten ***»circulären Parteispiele«.***
Dabei werden Spielidee, Spielablauf und Spielorganisation durch drei verschiedene Arten von Regeln vorgegeben.
Am Beispiel des Spiels 1 und 2 gegen 2 auf ein Tor (z. B. im Großfeld innerhalb des zur Mittellinie verlängerten 16-m-Streifens auf das große Tor) werden diese Regeln erläutert:
Die ***Provokationsregel*** kann z. B. lauten: Tore können nur durch Dribbling oder durch Weitschüsse von außerhalb des 16-m-Raumes erzielt werden. Diese Regel provoziert ein bestimmtes technisch-taktisches Spielverhalten.
Die ***Fortsetzungsregel*** lautet z. B.: Bei Ballgewinn im Spielfeld muß zuerst ein Rückpaß auf den neutralen Rückraumspieler im Mittelkreis erfolgen, bevor die Mannschaft am Ball ihrerseits Tore erzielen kann.
Die ***Korrekturregel*** könnte lauten: Tore von außerhalb dem Strafraum können nur nach Rückpaß mit Direktschuß erzielt werden.

Einfache Übungsmethode

Die »einfache Übungsmethode« ist eine in den Sportspielen traditionell gebräuchliche Sonderform der »Teilmethode«.

Dabei werden technische und taktische Elemente, die für die ganzheitliche Spielleistung bedeutsam sind in isolierter Form durch vielfaches Wiederholen eingeübt.

Das Unterrichtsgeschehen vollzieht sich dabei meist stark lehrerzentriert (»deduktives Unterrichtsverfahren«), die Unterrichtsinhalte der Methode sind einfache Technikübungen; einfach bedeutet dabei, daß diese Handlungen noch nicht in komplexen Spielzügen ablaufen. Dadurch haben die Spieler noch kaum alternative Handlungsmöglichkeiten.
Dieses isolierte Üben von Teilen (z. B. dem Hüftdrehstoß) aus dem Spielganzen, wird im Fußballtraining auch heute noch sehr häufig angewandt. Vor allem dann, wenn es darum geht, Techniken in knapp bemessener Zeit zu erwerben oder zu festigen.
Dazu muß klar zum Ausdruck gebracht werden, daß ein Fußballtraining, in dem ***überwiegend*** nach dieser Methode verfahren wird, heute nicht mehr zeitgemäß wäre. Dies gilt vor allem auch für den Anfängerunterricht, in dem früher weitgehend nach dieser Methode trainiert wurde.

Übungsbeispiele:
- Selbstbeschäftigung mit dem Ball zur Verbesserung des Ballgefühls, wie Luftdribbling, Slalomlaufen, Laufen auf vorgegebenen Kreisbahnen, Ballführen im Wechsel mit der Innen-/Außenseite des Fußes bzw. mit dem re/li Fuß.
- Übungen in Gruppen von zwei bis sechs Spielern im Stehen und Laufen
- Schußübungen an Schuß- oder Hallenwänden.
- Kopfballübungen am Ballpendel.
- Umkehr- und Pendelstaffelläufe.
- Kombinationszüge in 2er- oder 3er- Gruppen mit vorgegebenen Laufwegen (Abb. S. 101, 102).

Die ***Schwierigkeitsanforderungen*** können bei der Übungsmethode kontinuierlich in drei Stufen durch unterschiedlich schwere Übungen gesteigert werden:
- Übungen im Stand (heute kaum mehr üblich!)
- Übungen im Lauf (Traben, Laufen, Sprinten!)
- Übungen mit Gegner (scheinangreifender, halbaktiver und aktiver Gegenspieler).

Für Kinder hat die Übungsform 1 gegen 1 echten Spielcharakter

Die komplexe Übungsmethode

Dabei werden Spielsituationen, die aus dem Spielganzen herausgelöst sind, mehrfach durchgespielt und dadurch eingeübt.

Technisch-taktisches Handeln wird dabei in enger Verbindung zum Spielganzen geschult und durch das mehrfache Wiederholen eingeübt. Diese Methode steht bezüglich ihrer Zielsetzung und ihrer Wirkungen zwischen der einfachen Übungsmethode und der Spielmethode.

Übungsbeispiele:
- Ein Mittelfeldspieler und eine Sturmspitze spielen sich am Flügel von der Mittellinie ab gegen einen oder zwei Abwehrspieler in Richtung Endlinie durch und schließen die Übungsform durch eine Flanke auf einen Mittelstürmer ab.
- Ein Außenstürmer flankt aus dem Lauf auf einen Innenstürmer, dieser legt den Ball mit Kopf oder Fuß zu einem aufrückenden Mittelfeldspieler zurück, der aus der zweiten Reihe direkt auf das Tor schießt. Der Außen- und der Innenstürmer können durch Gegenspieler unter Druck gesetzt werden.

Die ***Schwierigkeitsanforderungen*** innerhalb der Methode können in folgenden methodischen Schritten systematisch gesteigert werden:
- Üben von vorgegebenen Spielzügen mit halbaktiven Gegnern
- Üben von Spielzügen und deren alternativen Varianten mit halbaktiven Gegnern
- Lösen der vorgegebenen Spielsituation mit freier Anwendung aller bisher erlernten Techniken.

Grundsätzlich kann dabei auch die Zahl der Gegenspieler so verändert werden, daß die Angreifer zuerst in Überzahl, dann in Gleichzahl und zuletzt in Unterzahl agieren müssen. Auch durch eine Vergrößerung bzw. Verkleinerung des Spielraumes können die Anforderungen variiert werden

Vor- und Nachteile der Methoden
Über die Vor- und Nachteile der genannten unterschiedlichen Methoden, von denen es jeweils verschiedene Varianten gibt, wurden und werden auch heute noch lebhafte Diskussionen geführt.
Jede der drei Methoden hat ihre spezifischen Vor- und Nachteile. Sie haben aber alle – auch im modernen Fußballtraining – ihren Stellenwert und sind aus einem zeitgemäßen Training kaum wegzudenken.
Nach welcher Methode zweckmäßigerweise trainiert wird, das hängt in erster Linie ab von:
- Dem Tagesziel des Trainings
- der zur Verfügung stehenden Trainingszeit
- der Anzahl der Spieler
- der Anzahl der Bälle und Geräte
- dem Alter und dem Entwicklungsstand der Spieler
- der Trainingsbereitschaft
- dem Leistungsstand der Spieler.

Auf Seite 60, 61 wird die besondere Eignung und werden die Vor- und Nachteile der verschiedenen Methoden einander gegenüber gestellt.
Bei speziellen Trainingsbedingungen kann es sinnvoll sein, überwiegend nach der einen oder nach der anderen Methode zu trainieren.
So wird z. B. heute im Schulsport fast ausschließlich nach der Spielmethode unterrichtet, weil man glaubt, daß übergeordnete Richtziele (Sozialisationsfähigkeit, affektive Lernziele) im prozeßorientierten Spielunterricht eher verwirklicht werden können als beim isolierten Üben.
Wenn bestimmte Techniken in kurzer Zeit erlernt, gefestigt und automatisiert werden sollen, dann bietet sich das isolierte Üben als zweckmäßige Methode an.
Für fortgeschrittene Jugend- und Seniorenspieler ist die komplexe Übungsmethode besonders gut geeignet, weil dabei alle Leistungsfaktoren spielnah trainiert werden.
Im Nachwuchstraining der Vereine ist der systematische Wechsel von Spielen – Üben – und wieder Spielen methodisch am zweckmäßigsten.

Die gemischte Methode
Aus der Gegenüberstellung der drei methodischen Konzepte wird deutlich, daß im Grunde keines ideal für alle Trainingsbedingungen ist.
Grundsätzlich wird durch die Mischung der verschiedenen Methoden innerhalb der einzelnen Trainingseinheit vor allem aber auch in der Folge mehrerer Trainingseinheiten der größte Trainingsfortschritt erzielt.
Idealtypisch im Sinne der »Ganz-Teil-Ganz-Methode« ist es, wenn innerhalb einer Trainingseinheit der Wechsel »Spielen-Üben-Spielen« praktiziert wird. Dadurch können die Vorteile aller Methoden genützt und ihre Nachteile weitgehend vermieden werden.
Dabei lernt der Spieler zuerst die Bedeutung einzelner Techniken im Spiel kennen und er wird zum zweiten methodischen Schritt, dem isolierten Üben motiviert. Der Übungseffekt und damit der ***Sinn der Trainingsarbeit*** wird ihm bewußt, wenn er noch in der gleichen Trainingseinheit die Technik erneut im Spiel erproben kann und wenn er dabei seine Leistungsfortschritte registriert.

Korrektur von Technikfehlern

Im Verlauf des Lernprozesses macht der Spieler fast zwangsläufig immer wieder Fehler im Bewegungsablauf. Werden sie nicht frühzeitig erkannt und abgestellt, so kommt es zu der bereits besprochenen Automatisation von Fehlern mit all ihren nachteiligen Folgen für die Weiterentwicklung des Spielers.
Auch später, wenn der Spieler die Grundformen technischer Bewegungsabläufe bereits beherrscht, schleichen sich immer wieder Unsauberkeiten in den Bewegungsablauf ein, so daß Korrekturen nötig werden.
Leider verfügen immer noch zu wenig Trainer über ein gut geschultes Auge und über die Fähigkeit, die Ursachen von technischen Fehlern zu ergründen und sie dann durch gezielte und geeignete Maßnahmen abzustellen.
Fehlerhaft ist eine Technik dann, wenn sie in folgenden Kriterien erhebliche Abweichungen vom Idealtyp des Bewegungsablaufes zeigt:
- Im räumlich-zeitlichen Ablauf der gleichzeitig und aufeinanderfolgenden Teilbewegungen von Armen, Beinen, Oberkörper und Kopf (vgl. dazu die Verlaufsbeschreibungen bei den Stoßarten)
- im dynamisch-zeitlichen Verlauf, z. B. bei unökonomischem Krafteinsatz (dies ist oft auch bei nervösen Spielern der Fall)
- wenn die Teilbewegungen nicht flüssig miteinander gekoppelt sind
- wenn die Stärke, das Tempo und der Umfang der Bewegung nicht der eigentlichen Bewegungsabsicht angemessen sind
- wenn der Bewegungsverlauf nicht genügend konstant und präzise ist.

Der Trainer benötigt sehr viel Erfahrung, wenn er alle diese Fehlermöglichkeiten erkennen soll. Er muß die Fähigkeit zum Fehlersehen mit der gleichen Konsequenz bei sich entwickeln, die er umgekehrt vom Spieler im Training erwartet.

Fehlersursachen
Ähnlich vielfältig wie die Fehlerbilder können die Ursachen für fehlerhafte Bewegungsabläufe sein. Sicher trifft häufig zu, daß ein Spieler nicht sonderlich talentiert ist und das bisher geleistete Trainingspensum für die technische Perfektion einfach nicht ausreicht. Davon soll hier einmal abgesehen werden, denn es gibt noch eine Reihe weiterer Fehlerquellen:
- Die Motivation und die daraus resultierenden Leistungsfaktoren wie Konzentration und Aufmerksamkeit sind mangelhaft.
- Die Vorstellung, die der Spieler vom Ablauf einer Bewegung hat, ist unscharf oder gänzlich falsch.
- Der Spieler hat allgemeine oder spezielle konditionelle Mängel, die die Ausführung von Techniken behindern.

- Der methodische Lehrweg war falsch, oder die Anforderungen wurden zu schnell gesteigert.
- Angst vor Verletzungen oder Versagen hemmen und stören feinkoordinierte Bewegungen.
- Noch nicht ausreichend ausgeheilte Verletzungen behindern den Spieler.
- Das Bewegungsempfinden des Spielers ist gestört; er erhält über den tatsächlichen Bewegungsvollzug falsche Rückmeldungen aus der Körperperipherie an das zentrale Nervensystem; dadurch empfindet er Bewegungsabläufe anders, als er sie tatsächlich ausgeführt hat.
- Bewegungsübertragungen aus anderen Sportarten (z. B. wird zum Kopfstoß beidbeinig abgesprungen ähnlich dem Absprung beim Schmetterschlag im Volleyball) führen zu einer unzweckmäßigen Bewegungsausführung.

Die Fülle der vorstehend genannten möglichen Fehlerbilder und Fehlerursachen macht deutlich, wie schwierig eine qualifizierte Fehlerkorrektur ist.
Ein zusätzliches Problem ist, daß für das gleiche optische Fehlerbild durchaus unterschiedliche Fehlerursachen verantwortlich sein können. So kann eine Schwäche im Kopfballspiel sowohl aus einer mangelnden Sprungkraft wie auf Verletzungsangst des Spielers resultieren.

Korrekturmaßnahmen

Die im Korrekturprozeß zu ergreifenden Korrekturmaßnahmen müssen sorgfältig auf das Fehlerbild und auf die Ursachen der fehlerhaften Bewegungsausführung abgestimmt werden. Je nach Fehlerbild und nach Fehlerursache können folgende Korrekturmöglichkeiten angewandt werden:

- Erneute Demonstration, Beschreibung und Erklärung der ***richtigen*** Bewegungsausführung.

Wenn die Technik weiterhin fehlerhaft ist:

- Beschreibung und Erklärung der ***falschen*** Bewegungsausführung und damit Bewußtmachen des Fehlers.
- Erleichterung der Übungs- und Spielformen.
- Stellen von Bewegungsaufgaben (z. B. nur flache Pässe schlagen; das führt beim Spannstoßtraining zu gestreckt – fixierter Fußhaltung und zur Verlagerung des Oberkörpers über das Standbein).
- Aktive Bewegungshilfe durch den Trainer (z. B. Mitführen des Oberkörpers in die waagrechte Position beim Hüftdrehstoß).
- Abbau von Angst durch Spielen und Üben mit leichteren Bällen (z. B. beim Training von Mädchen oder bei der Schulung des Kopfstoßes), u.a.m.

Kondition im Sinne von lateinisch »conditio sine qua non«, das ist die »Bedingung, ohne die nichts geht«. Kondition als Sammelbegriff für verschiedene unterschiedliche Fähigkeiten und Eigenschaften ist die Grundvoraussetzung für jegliche Art sportlicher Leistung. Der Zusammenhang zwischen Technik, Taktik und Kondition wurde bereits auf S. 35 abgehandelt. Bereits dort wurde deutlich gemacht, daß die konditionellen Fähigkeiten und insbesondere deren aktuelle Verfügbarkeit im Wettkampf von vielen unterschiedlichen Faktoren mit abhängt.

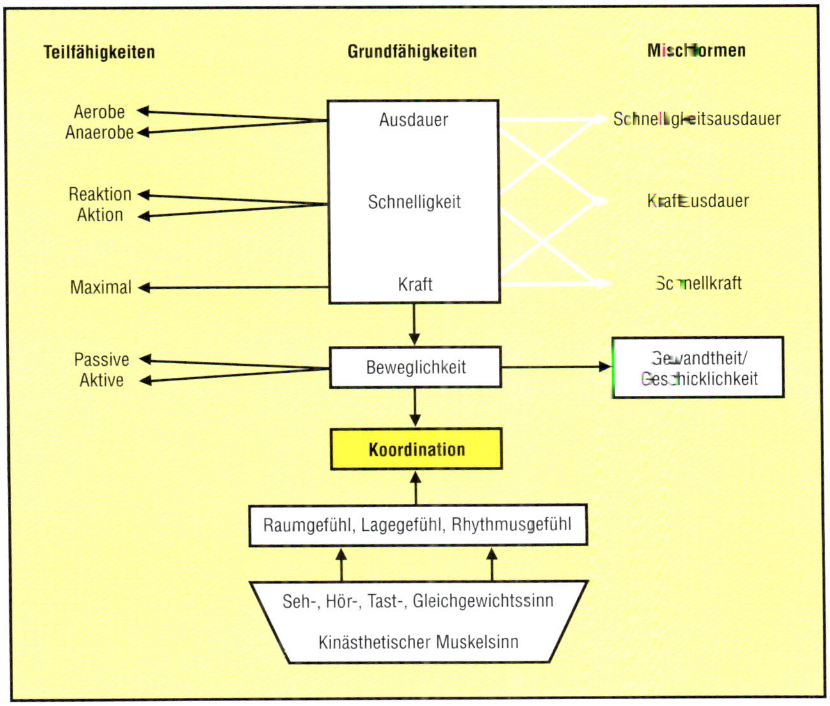

Die konditionellen Grundfähigkeiten (im engeren Wortsinn), ihre unterschiedlichen Teilfähigkeiten, ihr funktioneller Zusammenhang und die daraus resultierenden Mischformen

Faktoren der Kondition

Für den Begriff Kondition existieren in der Literatur zwei prinzipiell unterschiedliche Erklärungen.
In einer weiteren Begriffsfassung wird Kondition als Sammelbegriff für die physischen und psychischen Bedingungen für sportliche Leistungen benutzt, die bereits auf Seite 17 behandelt wurden (siehe. Tab.).
Diese auf den ersten Blick sehr unterschiedlichen Eigenschaften und Fähigkeiten stehen untereinander in ständiger Wechselwirkung und bedingen sich im konkreten sportlichen Handlungsvollzug gegenseitig.
So wird z. B. bei einem Dribbling oder einem Torschuß die Wirkung der dafür nötigen Kraft auch immer beeinflußt und gesteuert von psychischen Faktoren wie Motivation und Konzentration. Jeder Trainer kennt das Phänomen, daß Mannschaften, die an sich in einem hervorragenden konditionellen Trainingszustand sind, aufgrund von Nervosität und Angst nicht in der Lage sind, diese Fähigkeiten in gute Wettkampfleistungen umzusetzen.
In einer engeren Begriffsfassung, die in der Sportpraxis und im Training Anwendung findet, werden unter Kondition nur die motorischen Fähigkeiten Kraft, Ausdauer, Schnelligkeit, Beweglichkeit und Koordination sowie deren Teilfähigkeiten und Mischformen zusammengefaßt.

Die Faktoren der Kondition – Kraft – Schnelligkeit – Ausdauer – und Beweglichkeit, werden in der sportwissenschaftlichen Literatur auch als motorische Hauptbeanspruchungsformen, konditionelle Eigenschaften und konditionelle Fähigkeiten bezeichnet.

Obwohl die erste Begriffsfassung die Wirkzusammenhänge am besten trifft, wird im nachfolgenden Teil von der engeren Begriffsfassung ausgegangen.
Die spezielle Kondition des Fußballspielers ist eine Verbindung aus Kraft **und** Ausdauer, aus Kraft **und** Schnelligkeit, aus Kraft **und** Beweglichkeit oder aus Ausdauer **und** Schnelligkeit (vergleiche Tab.).

Faktoren der Kondition (im weiteren Wortsinn)

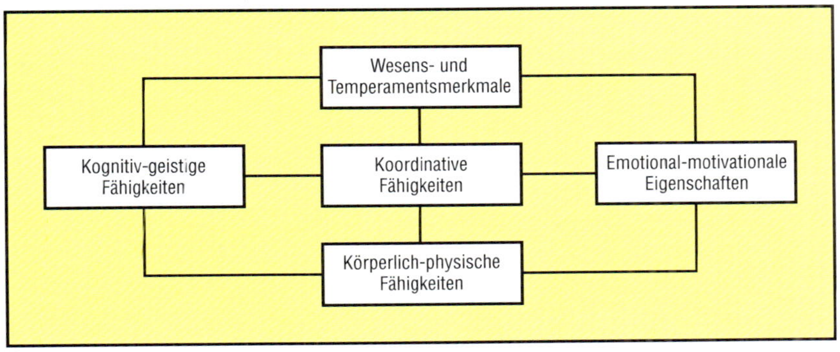

Kraft und Krafttraining

> Im Sport wird Kraft definiert als: Die Fähigkeit, durch Muskeltätigkeit Widerstände zu überwinden oder ihnen entgegenzuwirken.

Ein Widerstand in diesem Sinne ist z. B. der Körper eines Spielers dessen Schwerkraft und Trägheit überwunden werden muß.
Die Muskulatur leistet ihre Arbeit in Form von unterschiedlichen Arbeitsweisen und mit verschiedenartigen Kontraktionsformen.
Folgende Arbeitsweisen sind zu unterscheiden:

- Dynamisch überwindend (Sprung)
- dynamisch nachgebend (Landung)
- statisch haltend bzw. bewegend (z. B. im Zweikampf).

Diese werden durch unterschiedliche Arten von Muskelkontraktionen erreicht.

Exkurs

Muskulatur
Der menschliche Körper verfügt über drei unterschiedliche Typen von Muskeln:

- Die glatte Muskulatur der inneren Organe. Sie wird vom autonomen Nervensystem innerviert.
- Die Herzmuskulatur, die über ein eigenes nervales Steuerungssystem verfügt.
- Die quergestreifte Skelettmuskulatur. Sie wird, wie bereits erwähnt, vom zentralen Nervensystem gesteuert.

Je nach Aufbau und Funktion des Skelettmuskels unterscheidet man zwei Haupttypen:

- Die weiße, schnelle Muskelfaser (fast twitch = f. t. Faser). Sie ist vor allem bei schnellkräftigen und intensiven Bewegungen tätig.
- Die rote, langsame Muskelfaser (slow twitch = s. t. Faser). Dieser Fasertyp wird bei Muskelarbeit von geringerer Intensität und langer Dauer beansprucht.

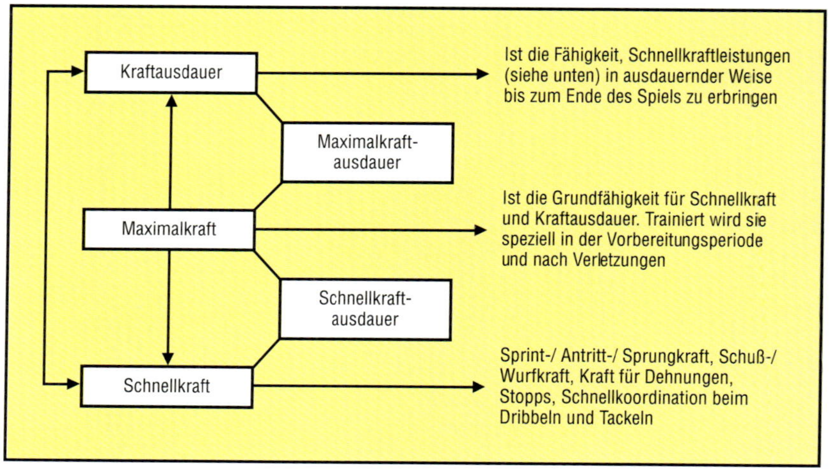

Die motorische Grundeigenschaft Kraft, ihre Teileigenschaften und deren Bedeutung für die Leistungsfähigkeit des Spielers

Krafteigenschaften

Je nach der Größe des Widerstandes den die Muskulatur überwinden kann, je nach der Zeitdauer über die sie dazu in der Lage ist und in Abhängigkeit von der Geschwindigkeit, mit der sich die Muskulatur bei der Überwindung eines Widerstandes kontrahieren kann, wird in verschiedenartige Krafteigenschaften unterteilt (siehe Abb.).
Für den Fußballspieler haben sie nicht alle die gleiche Bedeutung.
Da sie auf unterschiedlichen muskelphysiologischen und nervalen Prozessen aufbauen, müssen sie auch mit unterschiedlichen Trainingsmethoden trainiert werden.

Maximalkraft

> Das ist die höchstmögliche Kraft, die der Mensch durch Willenseinsatz entwickeln kann.

Sie ist abhängig vom individuellen Muskelfasertyp, dem Muskelquerschnitt und der intramuskulären Koordination; d. h., je dicker die einzelnen Muskelfasern sind und je besser es der Muskel gelernt hat, möglichst viele der vorhandenen Muskelfasern gleichzeitig zu kontrahieren, um so größer ist die Maximalkraft.
Die Muskelarbeitsweise kann dabei sowohl dynamisch wie statisch sein; entsprechend kann auch mit isotonischer oder isometrischer Muskelkontraktion trainiert werden (isotonisches bzw. isometrisches Training).

> Merke: Eine gute Maximalkraft ist Voraussetzung für die optimale Entwicklung von Schnellkraft und Kraftausdauer!

Schnellkraft

> Das ist die Fähigkeit der Muskulatur, Widerstände mit hoher Kontraktionsgeschwindigkeit zu überwinden.

Diese Fähigkeit ist für die Leistung im Fußballsport ein limitierender Faktor. Das Maß der Schnellkraft wird von der Größe der Maximalkraft wesentlich mitbestimmt. Dies hat Konsequenzen für das Schnellkrafttraining.

Kraftausdauer

> Das ist die Fähigkeit, kraftvolle Bewegungshandlungen über einen längeren Zeitraum ohne erkennbare Ermüdung auszuführen.

Kondition und Konditionstraining

In den Sportspielen werden ausdauernde Kraftleistungen auf einem niederen bis mittleren Intensitätsniveau erbracht. Man spricht dabei von der Langzeitkraftausdauer.
Eine wichtige Grundlage für diese Krafteigenschaft ist die aerobe Ausdauer (siehe S. 75). Sie ist für die schnelle Resynthese der energieliefernden Phosphate nötig.

Bedeutung für den Spieler

Ohne ausreichendes Kraftniveau in der Bein- und Rumpfmuskulatur kann der Spieler den hohen Ansprüchen der dynamischen Sportart nicht genügen. Ohne gut entwickelte Krafteigenschaften ist er in höchstem Maße anfällig für Verletzungen.
Der Fußballspieler benötigt ***Schnellkraft*** für die schnellen Bewegungen beim Starten, Stoppen, Dribbeln, Tackeln, Torschuß und Kopfball. Er benötigt sie in verschiedenen Erscheinungsformen wie Schußkraft, Sprungkraft usw.
Der Spieler braucht ***Maximalkraft*** z. B. der Beinstreckmuskulatur und der Rumpfmuskulatur als Basis für die Schnellkraft. Sie bietet den besten Schutz vor Verletzungen bei schnellkräftigen Bewegungen.
Trotz der großen Bedeutung wird die Maximalkraft im Fußballsport meist zu wenig trainiert. Dafür gibt es zahlreiche Gründe:

- Knapp bemessene Trainingszeit
- falsche Annahme, daß Maximalkrafttraining plump und langsam macht
- Abneigung der Spieler gegen das wenig spielnahe Training
- Unsicherheit und Unkenntnis der Trainer über Wert und Durchführung des Trainings
- mangelhafte Geräteausstattung für das Maximalkrafttraining im Verein.

Es ist zu hoffen, daß mit den Fitneß-

Bockspringen

Brustprellen

Rempeln im Sprung

Ziehen gegen Widerstand

Abwechselndes Rollen und Springen

studios, die heute überall entstehen, die Aversionen abgebaut, die Bereitschaft erhöht und die dort gebotenen Möglichkeiten genutzt werden.
Im Fußball-Leistungssport wird die Maximalkraft in der Vorbereitungs- und Zwischenperiode und nach Verletzungspausen trainiert.
Zur Rehabilitation nach Verletzungen eignen sich neben krankengymnastischen Übungen die isometrischen Kraftübungen und Übungen an isokinetischen Kraftmaschinen besonders gut. Damit können nach Operationen einseitige Muskeldefizite abgebaut und die gefürchteten Folgeverletzungen ebenso wie Spätschäden an den Gelenkknorpeln vermieden werden.

Krafttraining

Krafttraining sollte nur in gut aufgewärmten Zustand durchgeführt werden. Die Muskulatur muß zwischen den Kraftübungen immer wieder gedehnt und gelockert werden.
Die einzelnen Krafteigenschaften sind wie folgt zu trainieren.

Maximalkrafttraining

1. Phase: Muskelaufbautraining.
Dabei werden vor allem die weißen, schnellen Fasern verdickt.

Trainingsmethode: extensives Intervalltraining	
Intensität:	50–75%
Serien:	3–5
Wiederholungen:	max. hoch
Serienpausen:	1–2 Minuten
Bewegungstempo:	langsam-mittel

2. Phase: Koordinationstraining.
Dabei lernt der Muskel, willentlich möglichst viele Fasern gleichzeitig zu kontrahieren. Bei gut Trainierten können sich bis zu 85 % der Fasern zeitgleich zusammenziehen. Bei Untrainierten ist die interumskuläre Koordination deutlich schwächer entwickelt.

Trainingsmethode: intensives Intervalltraining	
Intensität:	75–100 %
Serien:	5–8
Wiederholungen:	3
Serienpausen:	2 Minuten
Bewegungstempo:	zügig/schnell

Für das Maximalkrafttraining reicht das eigene Körpergewicht, bei den meisten Übungen nicht aus. Auch mit Zusatzbelastungen wie Sandsack oder Medizinball wird der gewünschte Trainingseffekt nicht optimal erreicht. Es muß deshalb entweder mit Partnerbelastung oder mit Gewichten bzw. an Kraftmaschinen trainiert werden.

Trainingsformen:
- Übungen an Kraftmaschinen (z. B. Beinpresse) mit Intensität. Besonders für die Muskelgruppen, die das Sprung-, Knie- und Hüftgelenk bewegen und für die Rumpfmuskulatur
- Kniebeugeübungen mit der Langhantel (Beugewinkel maximal 60 Grad)
- Übungen mit Partner auf dem Rücken als Zusatzbelastung; damit Treppensteigen, Knie beugen usw.
- Niedersprünge von Kasten, Tisch, Treppe mit sofortigem Absprung (Hochsprung) nach der Landung (= polymetrisches Training); auch mit Gewichtsweste oder Sandsack als Zusatzbelastung; Sprunghöhe so wählen, daß beim Hochsprung maximale Sprunghöhe erreicht wird.
- Zügiges Beugen und Strecken auf einem Bein; auch mit Gewichtsweste oder Sandsack als Zusatzbelastung.

Schnellkrafttraining

Wenn nach gezieltem Maximalkrafttraining in der Vorbereitungs- und Zwischenperiode im Verlauf der Saison die Maximalkraft gelegentlich aufgefrischt wird, benötigt der Spieler in der Wettkampfperiode kein zusätzliches allgemeines Training ohne Ball zur Entwicklung seiner Schnellkraft. Außerhalb der Wettkampfzeit kann die Schnellkraft in allgemeinentwickelnden Übungen (siehe unten) trainiert werden.
Für die spezielle Schnellkraft sind im spielspezifischen Training (z. B. in den kleinen Parteispielen) die nötigen Anreize zur Verbesserung der intra- und intermuskulären Koordination ausreichend vorhanden.

Trainingsmethode:
Wie Koordinationstraining zur Verbesserung der Maximalkraft, aber mit einer Intensität von 50 bis 70% und explosionsartigem Bewegungstempo.

Trainingsformen:
Allgemeinentwickelnde Übungen:
Die bereits für die Maximalkraft empfohlenen Übungen mit geringerer Intensität und schnellerer Bewegungsausführung.
Spezielle Übungen für die Beine:
- Alle fußballspezifischen Parteispiele vom 1 gegen 1 bis zum 8 gegen 8
- alle Lauf- und Tummelspiele
- alle Lauf- und Sprungübungen, bei denen das eigene Körpergewicht schnellkräftig bewegt wird, z. B. Hopserlauf, Sprunglauf vorwärts, Laufsprünge aufwärts (Stadiontreppe), Zick-Zack-Sprünge, Einbeinsprünge
- alle Kopfballübungen; z. B. auch Übungen am Ballpendel
- Zug-Schiebeübungen mit Partner
- Bockspringen in Serie über mehrere Partner.

Spezielle Übungen für den Rumpf:
- Rauf- und Tummelspiele mit Kraftcharakter (Raufballspiele)
- Sit-ups aus der Rückenlage auf dem Boden oder der Schrägbank
- aus der Bauchlage Heben des Oberkörpers und der Beine
- Heben des Oberkörpers aus der Seitenlage
- Wurfübungen mit dem Medizinball über dem Kopf vorwärts und rückwärts
- Partnerübungen: Gegenseitig heben, tragen, schieben, ziehen.

Kräftigung der Kniebeuger (oben) und Kniestrecker (links) mit Hilfe des Deuserbandes

Beineheben zur Stärkung der Bauchmuskulatur (rechts)

Oberkörperheben bei angewinkelten Beinen zur Kräftigung der Bauchmuskeln (oben)

Seitstütz zur Stärkung der Adduktoren (links)

Beine über und unter mehrfach zusammengelegtem Seil strecken zur Kräftigung der Bauchmuskulatur (rechts)

Kraftausdauertraining
Die Kraftausdauer des Spielers basiert im wesentlichen auf den Grundlagen der Maximalkraft und der aeroben Ausdauer. Zusätzlich zu einem gelegentlichen Training der Maximalkraft und zum fußballspezifischen Ausdauertraining muß deshalb nicht unbedingt auf Kraftausdauer trainiert werden.
Wenn allerdings die Maximalkraft nicht wenigstens alle 3 Wochen einmal trainiert wird, dann sollten wenigstens die nachfolgenden Trainingsformen ins Training mitaufgenommen werden.

Trainingsmethode
Extensive Intervallmethode wie beim Kraftaufbautraining.
Als spezielle Organisationsform eignet sich das Zirkeltraining.

Trainingsformen
Die meisten der unter Maximalkraft und Schnellkraft genannten Übungen können angewandt werden.
Die Intensität der Belastung wird im Vergleich zum Schnellkrafttraining noch einmal etwas reduziert (z. B. leichtere Medizinbälle).
Die Dauer der Belastung wird etwas erhöht. Das Bewegungstempo sollte nicht reduziert werden, weil darunter die Schnellkraftfähigkeit leiden würde.

Weitere Übungen
- Mit Partner am Rücken 50 bis 100 m laufen (z. B. als Staffelwettbewerb).
- gleiche Übung, aber zwei oder drei Spieler tragen einen Partner (römisches Wagenrennen).
- 4 gegen 4 »Reiterfußball« auf kleine Tore. Jede Mannschaft besteht aus 2 Spielerpaaren, einem Träger und einem Reiter; Spieldauer 2 x 2 Minuten, nach je 2 Minuten wechseln Träger und Reiter.
- Medizinballschleudern: Einen Medizinball im Ballnetz (ähnlich wie beim Leichtathletik-Hammerwurf) mit beiden Armen und weiten Oberkörperbewegungen um den Körper kreisen lassen (siehe Abb. S. 80).

Schnelligkeit und Schnelligkeitstraining

Die Schnelligkeit des Spielers ist komplexer strukturiert als z. B. die Schnelligkeitsfähigkeit eines 100-m-Sprinters.

Sie setzt sich aus unterschiedlichen Teilfähigkeiten zusammen und kann definiert werden als:
Fähigkeit zur Wahrnehmung von Spielsituationen und ihrer Veränderungen in möglichst kurzer Zeit
= ***Wahrnehmungs-Schnelligkeit.***
Fähigkeit zur geistigen Vorwegnahme der Spielentwicklung und insbesondere des Verhaltens des direkten Gegenspielers in möglichst kurzer Zeit
= ***Antizipations-Schnelligkeit***
Fähigkeit zur schnellen Reaktion auf nicht vorhersehbare Entwicklungen des Spiels
= ***Reaktions-Schnelligkeit***
Fähigkeit zur Ausführung von zyklischen und azyklischen Bewegungen ohne Ball in hohem Tempo = ***zyklische und azyklische Bewegungs-Schnelligkeit.***
Fähigkeit zur Ausführung von spielspezifischen Handlungen mit Ball mit schneller Beinarbeit und unter Zeitdruck
= ***Aktions-Schnelligkeit.***

Bedeutung für den Spieler

Alle vorstehend genannten Schnelligkeitseigenschaften sind für den Spieler von größter Bedeutung. Das moderne Fußballspiel ist gegenüber der Spielweise früherer Jahre dynamischer, athletischer und in allen Phasen schneller geworden. Dieser Entwicklung kann der Spieler nur gerecht werden, wenn er in seinen Denkprozessen, seinen Reaktionen und Aktionen flexibel und schnell ist.
In der Abbildung werden die verschiedenen Schnelligkeitseigenschaften und einige typische Spielsituationen, in denen sie zur Anwendung kommen, gegenübergestellt.

Wahrnehmungsschnelligkeit
Der Spieler muß permanent aus einer Fülle von optischen und akustischen Reizen diejenigen auswählen, die für die Lösung von taktischen Spielsituationen von Bedeutung sind.
Für das schnelle Wahrnehmen sind u. a. folgende Voraussetzungen nötig:
- Hoher Motivationsgrad
- langjährige Spielerfahrung
- Angst- und Streßfreiheit
- Kombination aus gestreuter und zentrierter Aufmerksamkeit.

Antizipationsschnelligkeit
Die Fähigkeit, die weitere Entwicklung einer Spielhandlung vorauszuahnen, ist an langjährige Spielerfahrung gekoppelt.
Dank einer gut entwickelten Antizipationsschnelligkeit können ältere Spieler (z. B. auf der Position des Liberos) noch erfolgreich gegen jüngere Spieler bestehen, obwohl ihnen diese – altersbedingt – in der Reaktions- und Aktionsschnelligkeit deutlich überlegen sind.

Reaktionsschnelligkeit
Wenn der Torhüter bei einem überraschenden Torschuß oder der Abwehrspieler auf ein Dribbling reagieren muß, dann spielt die Antizipation häufig nur noch eine untergeordnete Rolle. In diesen Fällen wird die Reaktionsschnelligkeit zu einem entscheidenden Faktor.
Die Reaktionszeit ist jene Zeit, die vom Setzen eines Reizes (z. B. Abschuß eines Balles auf das Tor) bis zur ersten sichtbaren Muskelreaktion verläuft.
Die Reaktionszeit ist abhängig von:
- der Art des Reizes (akustisch, optisch, taktil); der Spieler muß überwiegend auf optische Reize reagieren; deshalb sollte die Trillerpfeife aus dem Reaktionstraining verbannt werden;
- der Art der erforderlichen Reaktion (Einfachreaktion, Auswahlreaktion, komplexe Handlungsreaktion);

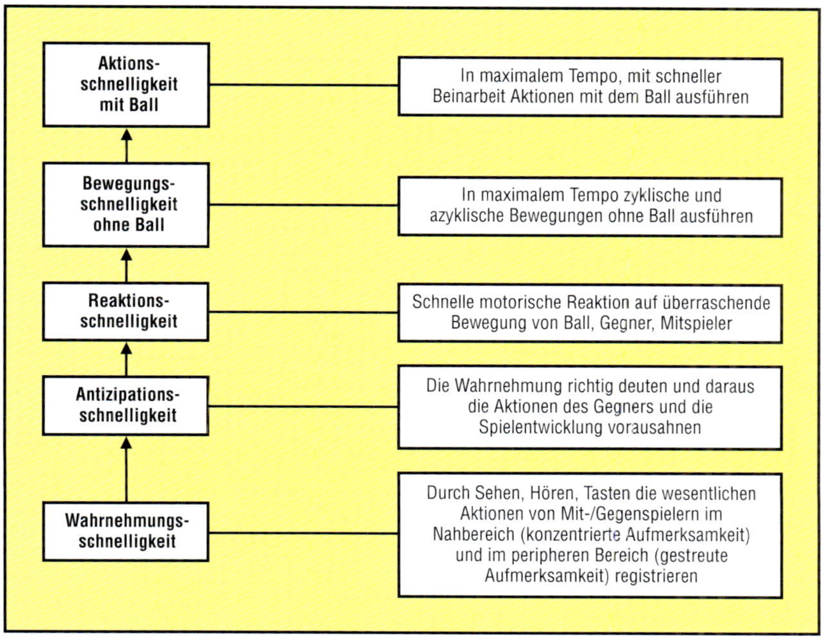

Die Teileigenschaften der Schnelligkeit und ihre Bedeutung für die Leistungsfähigkeit des Spielers

- bei Auswahlreaktionen vom Leistungsstand und der Spielerfahrung des Spielers.

Zyklische und azyklische Bewegungsschnelligkeit ohne Ball
Dazu zählen die Antrittsschnelligkeit und das Beschleunigungsvermögen. Der Lauf des Spielers ist häufig von Richtungsänderungen und Stopps unterbrochen, denn er muß ständig auf Störungen durch den Gegner reagieren. Diese Art der Schnelligkeit wird von folgenden Leistungsfaktoren bestimmt:

- Schnellkräftige Beinstreckmuskulatur, die auf Maximalkraft aufbaut
- schnellkoordinierte Schrittfolge (spezifisch: schnelle Beinarbeit)
- gute allgemeine Koordinationsfähigkeit (Gewandtheit)
- automatisierte Koordinationsmuster für Spielhandlungen ohne Ball.

Aktionsschnelligkeit mit Ball
Für den Spielgewinn ist es immer wieder entscheidend, mit welcher Geschwindigkeit der Spieler den Ball annehmen und in die Bewegung mitnehmen kann, ob er den Ball unter dem Druck des Gegners und in höchstem Tempo führen, treiben und dribbeln, zielgenau passen bzw. aufs Tor schießen kann.
Diese Fähigkeit baut zwar auf der Bewegungsschnelligkeit ohne Ball auf, sie ist aber unmittelbar gekoppelt an das Ballgefühl und die technischen Fertigkeiten des Spielers.
Viele Spieler sind rein physisch betrachtet »zu schnell« für planvolle Spielhandlungen. Sie haben ihr technisches Niveau noch nicht an die Qualität ihrer Antritts- und Grundschnelligkeit angepaßt.
Das Training der spielspezifischen Aktionsschnelligkeit hat vor allem die Aufgabe zur optimalen Koordination von Bewegungsschnelligkeit und technomotorischen Handlungen. Das ist durch technisch-taktische Übungen, die in hohem und höchstem Lauftempo durchgeführt werden und durch Spielformen mit Provokationsregeln zu leisten.

Schnelligkeitstraining

Die überwiegende Zahl der Eigenschaften, die den Spieler im Spiel schnell machen, sind spielspezifischer Art. Sie können deshalb auch nur in Spielform und durch Übungen mit dem Ball trainiert werden.
Allerdings ist für die Antrittsschnelligkeit die Schnellkraft der Bein- und Rumpfmuskulatur und für das Beschleunigungsvermögen die Schrittfrequenz leistungslimitierend.
Zumindest im leistungsorientierten Fußball ist deshalb neben dem Kraftaufbautraining auch ein systematisches Sprinttraining ohne Ball nötig.
Dazu sind die folgenden allgemeinen und fußballspezifischen Prinzipien zu beachten.

Allgemeine Trainingsprinzipien

- Schnelligkeitstraining ohne vorausgehendes, intensives Aufwärmen ist Gift; es provoziert Verletzungen.
- Schnelligkeitstraining in ermüdetem Zustand ist wirkungslos, es verbessert äußerstenfalls die Schnelligkeitsausdauer und macht sogar langsamer.
- Die Übungsintensität muß im maximalen oder submaximalen Bereich liegen, sonst wird wiederum Schnelligkeitsausdauer anstatt Schnelligkeit trainiert; dies vor allem dann, wenn die Pausen zwischen den Belastungen zu kurz sind.
- Die Übungsdauer muß kurz, die Übungsdichte gering sein; bei Starts über 30 bis 50 m Länge sollten die Pausen mindestens 3 Minuten betragen. Sie können in aktiver Weise durch Ballarbeit oder Lockerungs- und Dehnungsübungen sinnvoll genutzt werden.
- Zur Verbesserung der Schrittfrequenz (sie erreicht im Alter von 13 bis 15 Jahren ihr Maximum) sind Sprints in mäßig geneigtem Gelände geeignet.
- Zur Verbesserung der Schnellkraft sind Sprints in mäßig ansteigendem Gelände auch mit Zusatzbelastungen durchzuführen.

Kondition und Konditionstraining

● Die verschiedenen Schnelligkeitseigenschaften können in verschiedenen Entwicklungsstufen mit unterschiedlicher Aussicht auf Erfolg trainiert werden (sensible Phasen); so kann die Schrittfrequenz bereits im Alter von 5–7 Jahren mit Erfolg verbessert werden; die Reaktionsschnelligkeit verbessert sich bei den Zehnjährigen gegenüber dem Sechs- bis Siebenjährigen durch Training erheblich, die Muskeldicke kann dagegen erst nach Eintritt der Pubertät gezielt verbessert werden.

Spezielle Trainingsprinzipien

● Für die Wahrnehmungsschnelligkeit spielen psychische Faktoren eine herausragende Rolle. Sie sind teilweise durch die Erbanlagen vorgegeben; z. T. können sie aber auch durch gezielte Maßnahmen der Spielerführung beeinflußt werden (z. B. Schaffen eines optimalen Motivationsgrades, Abbau von Angst).

● Im Wettkampf werden überwiegend Auswahlreaktionen auf optische Reize gefordert. Es ist deshalb zweckmäßig, das spielspezifische Reaktionstraining in Form kleiner Parteispiele durchzuführen.

● Die allgemeine und die spezielle Schnell-Koordination kann durch Lauf- und Tummelspiele in idealer Weise trainiert werden.

Trainingsformen:

● Alle kleinen Parteispiele mit geeignetem Regelwerk

● Alle Technikübungen in hohem und höchstem Lauftempo

● Alle Formen zur Verbesserung der Maximalkraft und der Schnellkraft der Bein- und Rumpfmuskulatur

● Starts mit und ohne Ball über 5 bis 50 m aus unterschiedlichen Ausgangspositionen (Sitz, Rückenlage, Bauchlage). In die Starts können Bewegungen wie halbe Drehung, ganze Drehung, simulierte Kopfstöße, Täuschungen eingebaut werden:

Im allgemeinen sollten die Starts nur über max. 30 m durchgeführt werden; ideal sind:

● Startserien von der Torauslinie zur 5-m und 16-m-Raum-Linie

● Slalomläufe durch Stangenslalom; dabei die Abstände der Stangen zwischen 2 und 10 m variieren

● Pendel- und Umkehrstaffelläufe

● Lauf- und Tummelspiele

● In Zweier-Gruppen Schattenlauf mit Richtungs- und Tempowechsel

● Temposteigerungs- und Tempowechselläufe mit wenig Krafteinsatz.

Auch aus dieser Wettkampfszene wird deutlich, welch hohe Anforderungen das Fußballspiel an die Schnelligkeit stellt

Ausdauer und Ausdauertraining

Ein Fußballspiel von Männermannschaften dauert zweimal 45 Minuten. Im oberen Leistungsbereich werden dabei Laufstrecken von bis zu 14 km zurückgelegt (siehe Tab. S. 76). Aus diesen beiden Fakten kann man bereits erkennen, daß die Fähigkeit für Ausdauerleistungen neben den verschiedenen Krafteigenschaften und den Schnelligkeitseigenschaften für den Fußballer wichtig ist.

Die Ausdauer wird im Sport definiert als:
Psycho-physische Widerstandsfähigkeit gegen Ermüdung bei länger anhaltender Belastung und die Fähigkeit zur raschen Wiederherstellung der Leistungsfähigkeit nach Belastung.

In der allgemeinen Trainingslehre wird die motorische Grundeigenschaft Ausdauer weiter unterteilt. Unter Berücksichtigung der Zeitdauer wird unterschieden in:
- Kurzzeitausdauer: 45–120 Sekunden
- Mittelzeitausdauer: 2–8 Minuten
- Langzeitausdauer: über 8 Minuten

Die Langzeitausdauer wird aufgrund der unterschiedlichen Energiebereitstellung (siehe S. 74) noch unterteilt
- in LZA I (bis 30 Minuten)
- in LZA II (30–90 Minuten)
- in LZA III (über 90 Minuten).

In Abhängigkeit von der Masse der beanspruchten Muskulatur unterscheidet man
- Lokale Muskelausdauer
- allgemeine Muskelausdauer.

Die Grenze liegt bei etwa 1/6–1/7 der gesamten Muskelmasse; die Muskulatur beider Beine hat mehr als 1/6 der Gesamtmuskelmasse.
Je nach der Art der Energiebereitstellung wird unterteilt in:
- Aerobe Ausdauer
- anaebe Ausdauer
- gemischt aerobe Ausdauer.

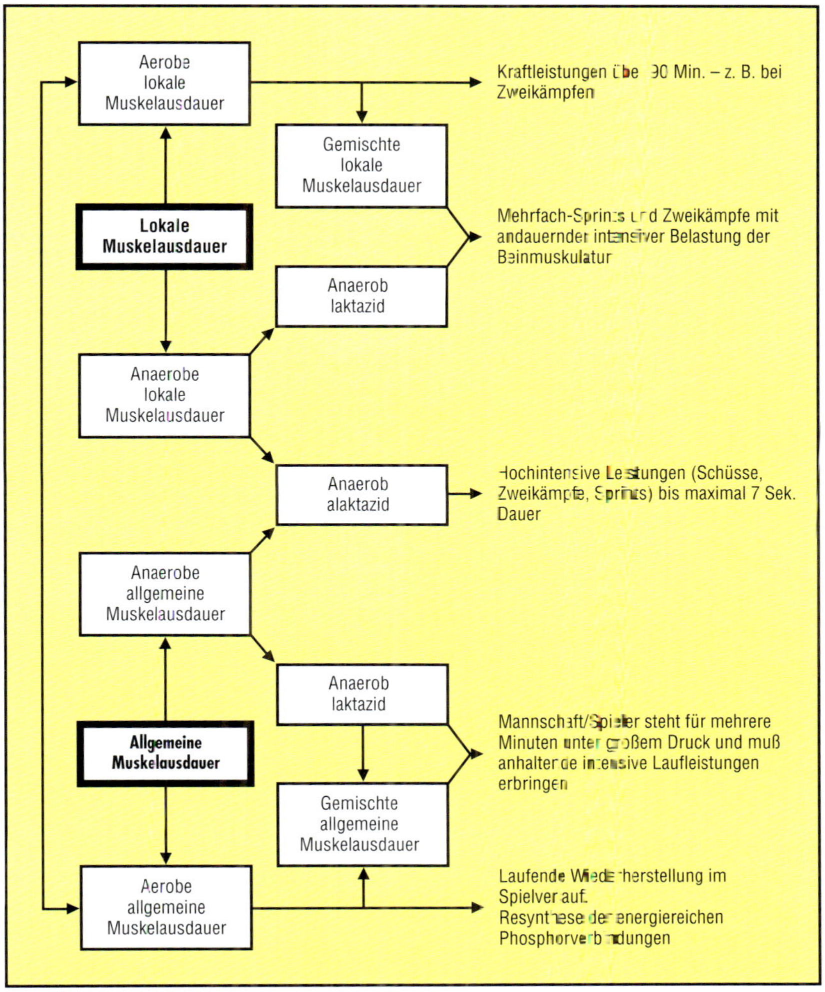

Die Teileigenschaften der Ausdauer und ihre Bedeutung für die Leistungsfähigkeit des Spielers

Entsprechend der Arbeitsweise, mit der die Muskulatur tätig wird, kann schließlich noch unterschieden werden in:
- Dynamische Ausdauer
- statische Ausdauer.

Die komplexen Zusammenhänge zwischen den einzelnen Ausdauerfähigkeiten sind aus der Abbildung zu entnehmen.
Aus der Vielzahl der definierten Ausdauer-Teil-Eigenschaften sind in den einzelnen Sportarten – so auch im Fußball – nur einzelne von Bedeutung.

Bedeutung für den Spieler

Die Laufstrecken und die Intensität der Läufe, die im Leistungsfußball zurückgelegt werden, sind aus der Tabelle S. 76 zu ersehen.
Der Spieler legt demnach je nach Leistungsklasse und Spielposition in einem Spiel bis zu 14 km zurück. Dabei hat er nach relativ kurzzeitigen (1–10 Sekunden) und intensiven Laufbelastungen immer wieder längere Pausen.
In diesen Geh- und Trabpausen kann er die Milchsäurespitzen, die er

eventuell aufgebaut hat, durch aerobe Prozesse wieder weitgehend abbauen.
Nach LIESEN (1983) werden im Spiel durchschnittliche Laktatwerte von 4–7 mMol pro Liter Blut erreicht. Dies ist im Vergleich zu einem intensiven Training auf anaerobe Kurz-/ Mittelzeitausdauer (bei dem Werte bis 20 mMol Laktat gemessen werden) ein vergleichsweise niederer Wert.
Als Ergebnis dieser Analysen und Meßergebnisse kann festgehalten werden, daß der Fußballspieler für eine Spielleistung auf hohem konditionellem Niveau folgende spezifischen Ausdauerfähigkeiten benötigt:

- Allgemeine Ausdauer – weil er im Lauf mehr als 1/6 der Muskelmasse bewegt
- Dynamische Ausdauer – weil im Spiel vom Muskel nur dynamische Arbeitsweise gefordert wird
- Ultrakurzzeitausdauer auf hohem Kraft- und Schnelligkeitsniveau für Leistungen bis ca. 10 Sekunden
- Aerobe Langzeitausdauer auf der Basis eines gut funktionierenden oxidativen Abbaus von Glykogen und z. T. auch von Fett.

In weitaus geringerem Maße wird die anaerobe Ausdauerfähigkeit benötigt.
Die aerobe Langzeitausdauer ist wichtig, weil durch die Energiebereitstellungsprozesse, die ihr zugrundeliegen, die energiereichen Phosphate wieder aufgebaut werden.

Arten und Bedeutung der energiereichen Substanzen in der Muskelfaser für sportliche Leistungen (zusammengestellt nach Angaben bei WEINECK 1988)

	Körper-Vorrat in ça kcal	Maximale Zeit	Flußrate = mögliche Kontraktionsgeschwindigkeit des Muskels	Anmerkungen
Adenosintriphosphat (ATP)	1,2	0 – 2 Sek.	ca. 100 %	Reicht nur für 2 – 3 Muskelkontraktionen
Kreatinphosphorsäure (KP)	3,6	2 – 20 Sek.	ca. 90 %	bis ca. 7 Sek. ausschließlich für ATP-Resynthese verantwortlich
Glukose bei anaeroben Abbau	1200	7 – 70 Sek.	ca. 50 %	ab 7 Sek. Laktatbildung. Bei 40 – 70 Sek. max. Laktatbildung
Glukose bei aeroben Abbau	5024	30 Sek. bis ca. 90 Min.	ca. 25 %	Für Fußballspieler zur Resynthese von ATP sehr wichtig
Fett (aerober Abbau)	50 000 – 209 340	60 Sek. bis viele Stunden	ca. 12 %	In Ruhe zu ca. 30 % Energielieferant

Exkurs

In den 70er Jahren wurde im Leistungsfußball die anaerobe Kurz- und Mittelzeitausdauer favorisiert. Vor allem in der Vorbereitungs- und Übergangsperiode wurden Läufe mit und ohne Ball nach der intensiven Intervallmethode aneinandergereiht. Diese Trainingsmethode ist hoch intensiv und durch die Summierung der Trainingsreize in höchstem Maße belastend. Es kommt zu starker Laktatbildung mit anschließender Störung der Koordination, und durch den Verlust wichtiger Vitamine (B, C, E) und Mineralien (Calium, Kalzium, Magnesium) sind die Enzymfunktionen tagelang gestört. Auch eine Überbeanspruchung des zentralen und vegetativen Nervensystems ist dabei zu beachten.
Nach heutiger Erkenntnis kommt es dabei nicht zu einer Verbesserung der fußballspezifischen Ausdauerfähigkeit, sondern zu einer Abnahme der bereits vorhandenen aeroben Ausdauerfähigkeit.
Wenn überhaupt, dann sollte das hochintensive Intervalltraining nur gelegentlich – in der Wettkampfsaison etwa alle 14 Tage – in das Trainingsprogramm eingebaut werden.

Leistungsbestimmende Faktoren der aeroben Langzeitausdauer

Für aerobe Ausdauerleistungen sind eine Fülle verschiedener Leistungsvoraussetzungen nötig. Unter anderem sind zu nennen:

- Ausreichende Glykogenspeicher; Glykogen wird direkt im Muskel und in der Leber angelagert. Durch Training kann beispielsweise der Glykogengehalt der Leber von ca. 200 auf 400 g vergrößert werden.
- Ausreichendes Niveau der Aktivität der Enzyme, die den aeroben Stoffwechsel beim Abbau von Glykogen und Fett steuern. Diese Enzyme werden durch Training ebenfalls verstärkt eingelagert, ihre Funktion wird verbessert.
- Verbesserungen im Bereich des kardio-vaskulären Systems; darunter ist vor allem die physiologische Herzvergrößerung und die Zunahme der feinen Blutgefäße (Kapillaren) in der Arbeitsmuskulatur zu verstehen. Durch Ausdauertraining wird beispielsweise die kapillare Gas-Austauschfläche nahezu verdoppelt.
- Ausreichende Blutmenge für den Sauerstofftransport und als Mittel zur Abpufferung entstehender Übersäuerungen. Auch die Zahl der roten Blutkörperchen spielt dabei eine Rolle.
- Verbesserung der Sauerstoffaufnahmefähigkeit und der Fähigkeit zur oxydativen Ausnutzung des Sauerstoffes; vor allem diese Fähigkeit ist gut trainierbar.

Ausdauertraining

Das Ausdauertraining kann, in Abhängigkeit davon, welche Ausdauereigenschaft trainiert wird, den Spieler in sehr unterschiedlicher Weise belasten.
Durch die Wahl von Methode und Ziel des Ausdauertrainings hat der Trainer die Möglichkeit die Gesamtbelastung des Spielers im Verlauf des Trainingsjahres zu steuern und damit seine »Form« zu beeinflussen. Ihre richtige Wahl ist deshalb eine Grundvoraussetzung für die Periodisierung des Trainings (siehe S. 34). Wie immer gilt es grundlegende Prinzipien zu beachten und die richtigen Übungsformen mit den geeigneten Methoden anzuwenden.

Trainingsprinzipien

- Die aerobe Grundlagenausdauer wird vor allem mit der Dauermethode bei Pulswerten von 140–170 Schlägen pro Minute trainiert, im Leistungsfußball auch mit der extensiven Intervallmethode (siehe S. 32)
- Die anaerobe Kurz- und Mittelzeitausdauer wird mit der intensiven Intervallmethode trainiert; diese wird bei Anwendung von Spielformen fußballspezifisch abgewandelt)
- Intensive (anaerobe) und spezielle Belastungen setzen eine gute aerobe allgemeine Grundlagenausdauer voraus, deshalb muß sie zu Beginn der Vorbereitungs- und Zwischenperiode zuerst trainiert werden.
- Im Anfänger- und Kindertraining sollte die Ausdauer nur mit geringer Intensität der Dauermethode trainiert werden.
- Das aerobe Langzeitausdauertraining bei Pulswerten von ca. 140 Schlägen pro Minute (an der aeroben Schwelle mit Laktatwerten von ca. 2 mMol/l) wirkt regenerativ; es ist bei Übertrainingserscheinungen wertvoll.
- Kohlenhydratreiche Ernährung und eine sportliche Lebensweise mit ausreichendem Schlaf, Sauna, Massagen u. a. tragen wesentlich zur positiven Trainingswirkung bei.

Trainingsformen – aerobe Ausdauer

- Dauerlauf mit gleichbleibendem Tempo und geringer Intensität, mit Pulswerten zwischen 140 und 150 Schlägen pro Minute (aerobe Schwelle), 30–45 Minuten Dauer als Waldlauf.
- Dsgl. mit höherer Intensität mit Pulswerten zwischen 150 und 170 Schlägen pro Minute (anaerobe Schwelle); 20–30 Minuten Dauer.
- Dsgl., aber als Tempowechselläufe mit wechselnden Pulswerten. (Vgl. das von Prof. Liesen empfohlene Tempowechsellaufprogramm).
- Viereckläufe mit Zeitvorgaben um ein 4 x 50-m-Quadrat; Zeitvorgaben durch Signalton an jeder Ecke.
- Alle Spielformen 5 gegen 5 bis 8 gegen 8.
- Techniktraining ohne Laufpausen; z. B. pausenloses Schlagen von Bällen über 30–40 m, wobei die Pässe immer »in den Lauf« gespielt werden.

Trainingsformen – anaerobe Ausdauer

Geeignet sind alle Formen, die für das Training der Kraftausdauer und der Schnelligkeit empfohlen wurden, wenn sie nach der extensiven und intensiven Intervallmethode trainiert werden.
In spielgemäßer Form wird die anaerobe Ausdauer durch Parteispiele mit kleinen Spielerzahlen (z. B. 1 gegen 1, 2 gegen 2, 1 gegen 2) trainiert. Auch hochintensive Komplexübungen und Staffelläufe mit und ohne Ball eignen sich hervorragend.

Laufprogramm nach Liesen

Prof. Liesen, der medizinische Berater der Fußball-Nationalmannschaft, empfiehlt folgendes Tempowechsel-Laufprogramm zur Verbesserung der aeroben Ausdauer und der Sprintschnelligkeit:

1. Beginn: ca. 5–8 Min. locker eintraben mit Dehnungs- und Lockerungsgymnastik.

2. Danach Übergang in einen aeroben Dauerlauf, ca. 10 Min.

3. Gymnastik: Lockerungs- und Dehnübungen (besonders der Beine), sechs bis acht Dehnübungen einer Muskelgruppe genügen.

4. Lockerer Trab mit drei bis fünf Steigerungen über 20–40 m (zwischen den Steigerungen mind. 300 m langsam traben).

5. Fünf Sprints über 10–20 m oder zehn Sprints über 5–10 m mit maximaler Intensität (aus verschiedenen Startpositionen); nach jedem Sprint mind. 200–300 m langsam traben.

6. Anschließend ca. 3–5 Minuten locker austraben.

7. Ca. fünf Sprungläufe mit jeweils zehn aneinandergereihten Sprüngen mit maximaler Intensität (dazwischen mindestens 300 m langsam traben).

8. Ca. 10 Minuten aeroben Dauerlauf (hier besonders auf ruhigen Atemrhythmus achten, eine Unterhaltung müßte immer noch möglich sein).

9. Mindestens 5 Minuten locker austraben.

Die Trainierbarkeit der konditionellen Fähigkeiten in den einzelnen Altersstufen (männliche Jugendliche)

Konditionelle Fähigkeiten	E/F-Junioren 6 – 10 J.	D-Junioren 10 – 12 J.	C-Junioren 12 – 14 J.	B-Junioren 14 – 16 J.	A-Junioren 16 – 18 J.	ab 18 J.
Maximalkraft				○	○○	○○○
Schnellkraft			○	○○	○○○	→
Kraftausdauer				○	○○	○○○
Aerobe Ausdauer		○	○○	○○	○○○	→
Anaerobe Ausdauer				○	○○	○○○
Antizip. Schnelligk.			○	○○	○○	○○○
Reakt. Schnelligk.	○	○○	○	○○	○○○	→
Schnelligk. o. Ball	○	○○	○○	○○○	→	→
Schnelligk. m. Ball		○	○○	○○	○○○	→
Beweglichkeit	○○○	○○○	○○	○○	○○	→
Koordination	○	○○	○○	○○○	○○○	→

○ Trainingsbeginn mit geringer Belastung und freudvollen und spielnahen Trainingsformen

○○ Aufbautraining mit ansteigender Belastung und vielfältigen allgemeinen und speziellen Trainingsformen

○○○ Leistungstraining mit hoher Belastung und allgemeinen (VBP) und speziellen (WKP) Trainingsformen.VBP = in Vorbereitungsperiode, WKP= in Wettkampfperiode

Laufleistungen im Hochleistungssport Fußball. Ergebnisse von videounterstützten Spielanalysen durch Waldemar Winkler (UEFA-Cup-Spiel Hamburger SV gegen Inter Mailand, 1984). Die Werte liegen ca. 30 – 40 % höher als bei ähnlichen Analysen von WINKLER im Jahre 1981 und um 280 % höher als von PALFAI 1962. Seit 1962 ist eine durchschnittliche Steigerung der Laufleistung von ca. 10 % pro Jahr festzustellen

Spieler (Verein)	Halbzeiten	Laufweglängen in m				Gesamt-Summe
		Gehen	Traben	schneller Lauf	sehr schneller Lauf	
Altobelli (Inter Mailand)	1. 2.	1896 2070	1560 1435	1024 807	550 725	5030 5037
Rummenigge (Inter Mailand)	1. 2.	2288 2177	1051 1056	430 460	384 260	4153 3953
Wuttke (HSV)	1. 2.	2091 1920	1905 1937	852 558	497 565	5345 4980
v. Heesen (HSV)	1. 2.	795 791	4544 4187	1343 1511	497 547	7179 7036
Brady (Inter Mailand) (in der 56. Min. ausgewechselt)	1.	1515	2891	1192	446	6044
Magath (HSV) (in der 70. Min. ausgewechselt)	1.	900	3559	1716	652	6827

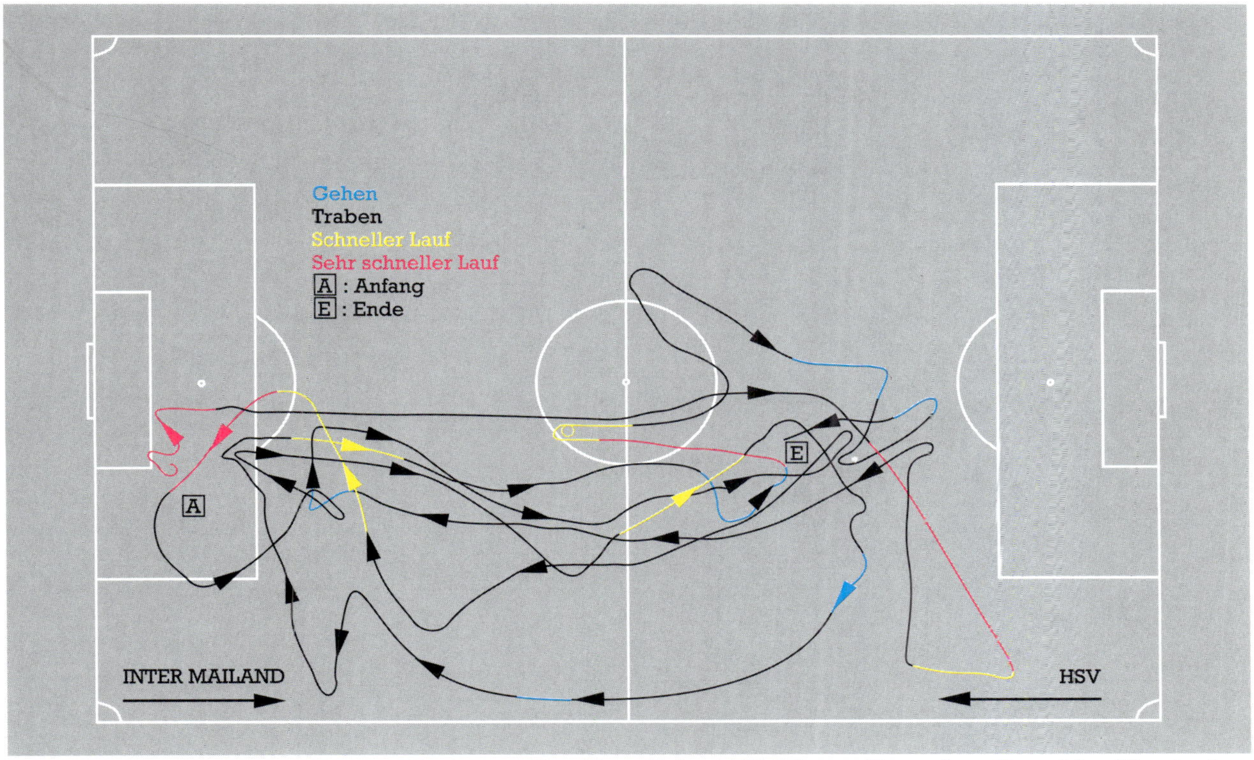

In nur 5 Minuten des Spiels zwischen dem Hamburger SV und Inter Mailand (1984) hat van HEESEN *die umfangreichen Wegstrecken zurückgelegt*

Training der aeroben Ausdauer durch lockeres Traben beim FC Bayern München

Kondition und Konditionstraining

Beweglichkeit und Beweglichkeitstraining

Die Bedeutung der Beweglichkeit für einzelne technische Fertigkeiten wurde bereits herausgestellt. Sie hat darüber hinaus Einfluß auf die motorischen Eigenschaften Kraft und Schnelligkeit und ist unverzichtbarer Bestandteil qualitativ gut koordinierter komplexer Bewegungen.

> Die Beweglichkeit ist die Fähigkeit des Sportlers, Bewegungen mit großer Schwingungsweite selbst oder unter dem unterstützenden Einfluß äußerer Kräfte in einem oder mehreren Gelenken ausführen zu können.

(Gleichsinnig für den Begriff Beweglichkeit werden die Begriffe Flexibilität und Biegsamkeit verwandt.)
In der Praxis ist zu unterscheiden zwischen der

- aktiven Beweglichkeit und
- passiven Beweglichkeit.

Die aktive Beweglichkeit bezeichnet die größtmögliche Bewegungsweite in einem Gelenk, die der Spieler aufgrund seines eigenen Krafteinsatzes durch die das Gelenk bewegenden Muskeln (Agonisten) zustande bringt.
Die passive Beweglichkeit bezeichnet die größtmögliche Bewegungsweite in einem Gelenk, die der Spieler mit Hilfe äußerer Kräfte (Partner, Ball) unter Dehnung der muskulären Gegenspieler im Gelenk (Antagonisten) erreichen kann.
Die passive Beweglichkeit ist immer größer als die aktive Beweglichkeit; deshalb darf im Training nicht nur gedehnt werden, sondern es muß vor allem auch dafür gesorgt werden, daß die bewegenden Muskeln (Agonisten) ausreichend gekräftigt werden.

Exkurs

Biologische Bedingungen
Das Beweglichkeitstraining kann nur dann in optimaler Weise durchgeführt werden, wenn die anatomisch-physiologischen Grundlagen der Beweglichkeit wenigstens ansatzweise bekannt sind.
Folgende Faktoren haben Einfluß auf die Beweglichkeit

Gelenkstruktur:
Die Gelenke können durch ihre verschiedenartige Struktur unterschiedlich bewegt werden. Die Gelenkstrukturen können durch das im Fußball übliche Training nicht verändert werden.

Muskelmasse:
Eine stark entwickelte Muskelmasse ist kein Hindernis für eine gute Beweglichkeit, wenn das Muskelaufbautraining mit gezieltem Beweglichkeitstraining gekoppelt wird.

Muskeltonus:
Der Muskeltonus (Spannungsgrad der Muskulatur) beeinflußt die Gelenkigkeit sehr stark. Er wird durch die sog. Muskelspindeln, die parallel zu den Muskelfasern verlaufen, über das zentrale Nervensystem gesteuert.
Zur Spannung – bis hin zur Verspannung – wird der Muskel veranlaßt bei:

- Ermüdung
- nach längeren Ruhepausen (Schlaf)
- psychischer Erregungen, z. B. im Vorstartzustand.

Dehnfähigkeit des Muskels:
Der Muskel wird in seiner Elastizität vor allem auch durch den Dehnungswiderstand seiner muskulären und bindegewebigen Strukturen beeinflußt. Der Dehnungswiderstand nimmt z. B. bei einer Erhöhung der Muskeltemperatur von 2 Grad um ca. 20 Prozent ab.

Dehnfähigkeit der Sehnen, Bänder, Gelenkkapseln:
Die Gelenke werden nicht nur von Muskeln, sondern vor allem auch von Sehnen, Bändern und der Gelenkkapsel in ihrer Beweglichkeit begrenzt. Ebenso wie die Muskelmasse haben auch diese Strukturen eine unterschiedliche Dehnfähigkeit, sie kann durch Training verbessert werden.

Erwärmungszustand:
Wie bereits angedeutet, ist bei hoher Körpertemperatur die Dehnfähigkeit der Muskulatur und damit die Beweglichkeit verbessert. Diese Temperatur kann gesteigert werden durch:

- aktive Erwärmung
- Massage
- Erhöhung der Außentemperatur (z. B. heiße Bäder)
- warmhaltende Kleidung.

Bedeutung für den Spieler

Der Fußballspieler benötigt eine gute allgemeine Beweglichkeit im Bereich der Schulter- und Hüftgelenke und der Wirbelsäule.
Vor allem aber ist er bei bestimmten Techniken auf eine hohe Beweglichkeit in einzelnen Gelenken angewiesen.

Beweglichkeit und Spannstoß
Der Ball kann durch Spannstöße nur dann scharf und gleichzeitig flach geschlagen werden, wenn der Spieler über eine gute Streckfähigkeit im Sprunggelenk verfügt. Ist dies nicht der Fall (siehe Abb.) so wird der Ball immer mit steigender Flugkurve geschlagen. Bei Schüssen aus 16–20 m, die mit voller Kraft geschlagen werden, führt das fast zwangsläufig dazu, daß die Bälle über das Tor gehen.

Beweglichkeit und Hüftdrehstoß
Beim Hüftdrehstoß wird eine ausgeprägte passive, vor allem aber auch die aktive Beweglichkeit im Hüftgelenk gefordert. Für das Hochspreizen des Spielbeines im Stand muß die entsprechende Muskelgruppe (Abduktoren) gekräftigt werden. Die Dehnfähigkeit der an der Innenseite des Oberschenkels liegenden Adduktorengruppe kann durch Spreizübungen (vgl. Abb. S. 81) verbessert werden.

Beweglichkeit und Tackling
Das Spreiz- und Gleittackling hat im Vergleich zu anderen fußballtechnischen Elementen einen vergleichsweisen schwierigen Bewegungsablauf. Die Bewegung kann wohl koordiniert nur dann ausgeführt werden, wenn der Spieler im Bereich der Hüftgelenke über eine ausgeprägte Beweglichkeit verfügt. Geeignete Übungen dafür sind in den Abbildungen auf S. 80/81 dargestellt.

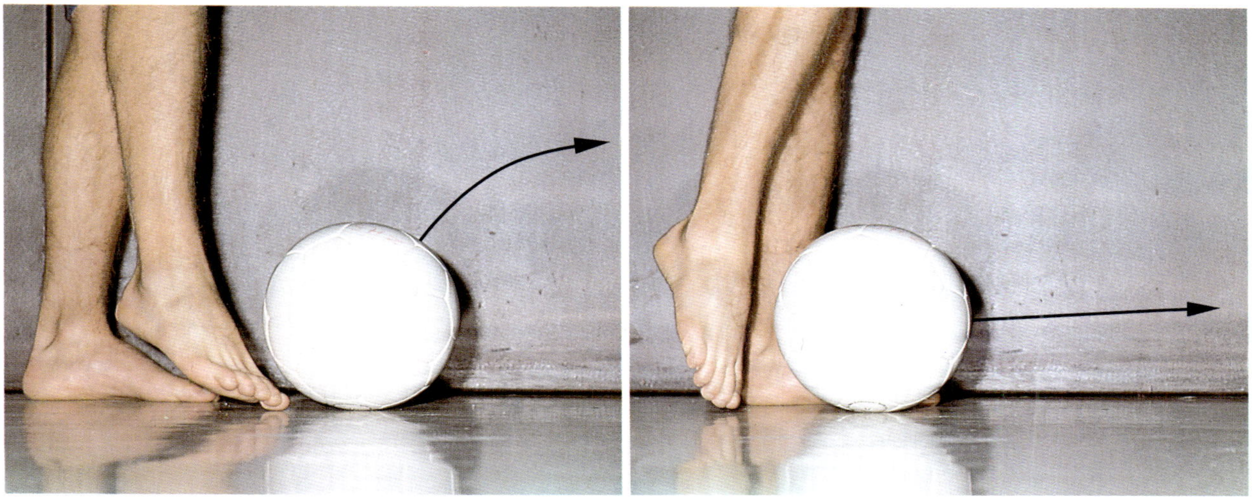

Die Position des Standbeins und die Fußhaltung bestimmen die Flugbahn des Balles

Beweglichkeit und Dribbling
In der Fußballfachsprache werden Spieler, die im Zweikampf nicht zu schnellen Oberkörperpendelbewegungen fähig sind, als hüftsteif bezeichnet. Diese Bezeichnung trifft nur bedingt zu, denn die Fähigkeit zu schnellen Oberkörperpendelbewegungen leitet sich vor allem aus einer gut ausgeprägten Rumpfmuskulatur (gerade Bauchmuskeln, schräge Bauchmuskeln, lange Rückenmuskeln) ab. Sogenannten hüftsteifen Spielern können ihre Beweglichkeitsschwäche deshalb nur durch ein gezieltes Krafttraining der angesprochenen Muskelgruppen beseitigen.

Beweglichkeitstraining

Die Beweglichkeit des Menschen nimmt bereits ab etwa dem 12. Lebensjahr altersbedingt ab. Deshalb muß sie regelmäßig, möglichst täglich trainiert werden. Da die Übungen vergleichsweise einfach und auch zuhause durchgeführt werden können, sollten die Spieler zuhause ein festes Beweglichkeitstraining durchführen. Dafür genügen etwa zehn Standardübungen die ein tägliches Trainingspensum von etwa 15–20 Minuten benötigen.

Es können drei verschiedene Trainingsmethoden unterschieden werden:

Aktive Dehnungsmethode
Bei dieser Methode werden schwunghafte, wippende oder federnde Bewegungen bis hin zur Endstellung der Gelenke ausgeführt. Dabei werden die Muskeln, die Sehnen und Bänder zwar nicht gleichermaßen wirkungsvoll gedehnt wie bei der später beschriebenen statischen Dehnungsmethode (Stretching). Die Methode hat aber den nicht zu unterschätzenden Vorteil, daß die das Gelenk bewegenden Muskeln gekräftigt werden, so daß gleichzeitig die aktive Beweglichkeit mit trainiert wird.
Außerdem lernt der Muskel bei der schwunghaften Bewegungsausführung (mit Hilfe seiner Muskelspindeln) rechtzeitig, bevor es zu Überdehnungen kommt, zu kontrahieren. Diese reflektorische Fähigkeit der Muskulatur ist bei den oft abrupten azyklischen Bewegungen, wie sie beim Fußballspielen vorkommen, wichtig.

Passive Dehnungsmethode
Dabei werden mit Hilfe eines Partners bestimmte Muskelgruppen stärker gedehnt, als es durch die aktive Dehnungsmethode möglich wäre. Der Nachteil dieser Methode ist, daß dabei die bewegenden Muskeln nicht gleichzeitig gekräftigt werden. Außerdem besteht die Gefahr von Verletzungen, wenn der Partner mit zu wenig Gefühl dehnt.

Statische Dehnungsmethode (Stretching)
Diese Methode hat inzwischen allgemein Eingang in das Fußballtraining gefunden. Das ist gut so, denn durch richtig ausgeführtes Stretching kann die Flexibilität der Muskulatur langfristig am besten erhöht werden. Von den sechs bekannten Arten des Stretchings werden nur zwei angewandt.

Das zähe Dehnen
Bei dieser ursprünglichen Form des Stretchings wird mit langsamen Bewegungen bis in die momentane Endstellung des Gelenkes bewegt. In der Endstellung wird ca. 10–30 Sekunden verharrt.
Dabei sollte der Spieler »in den Muskel hineinhorchen.« Er soll spüren wie die Spannung in der Muskulatur nachläßt; er muß bewußt entspannen.
Ebenso wichtig ist die Stellung, in

Dehnen und Kräftigen der Rumpfmuskulatur

Dehnen der Wadenmuskulatur

der gestretcht wird. Der Muskel, der gedehnt werden soll, darf nicht gleichzeitig kontrahieren. So ist z. B. ein Dehnen der Oberschenkelrückseite durch Rumpfbeugen vorwärts sinnlos, weil diese mächtigen Muskelgruppen dabei das Gewicht des Oberkörpers zu tragen haben und sich dazu kontrahieren müssen. Die Übung erzeugt zwar Schmerzen, führt aber nicht zu einer Dehnung der fixierten Muskulatur!

Das Anspannen – Entspannen – Dehnen:
Bei dieser Methode wird der zu dehnende Muskel unmittelbar vorher maximal ca. 10–30 Sekunden isometrisch angespannt, dann 2–3 Sekunden völlig entspannt und in der Folge etwa 10–30 Sekunden lang gedehnt. Dabei entspannt sich der Muskel umso stärker, je stärker er vorher kontrahiert wurde; die darauf folgende Dehnungsarbeit ist dann entsprechend effektiv.

Dehnen der Kniebeuger

Dehnen der Hüftstreckmuskulatur

Dehnen der Bein-, Rumpf-, Rückenmuskulatur

Stretchen der Kniestrecker

Aktives Dehnen der Adduktoren

Aktives Dehnen der Kniebeuger

Stretchen der Adduktoren

Trainingsprogramm zu Hause für die Beweglichkeit

1. Dehnung der Hüftgelenksstrecker (= ischiocrurale M.) durch Stretching in Rückenlage (siehe Abb.).

2. Dehnung der Hüftgelenksbeuger und Kniestrecker (Quadrizeps) durch Stretching im Stand oder im Knie.

3. Dehnung der Kniebeuger und der Wadenmuskulatur (siehe Abb.)

4. Dehnung der Gesäß- und Rückenmuskulatur und Mobilisation der Wirbelsäule durch Stretching im Sitzen (siehe Abb.).

5. Dehnung der Adduktoren durch Stretching im Stand (siehe Abb.).

6. Dehnung der Gesäß-, Hüftbeuge-, Kniestreckmuskeln durch Schersitz.

7. Dehnung der Zwischenrippenmuskeln und Mobilisation der Brustwirbelsäule.

8. Dehnung der Hüftgelenkstrecker bei gleichzeitiger Kräftigung der Hüftgelenksbeuger durch wechselweises schwunghaftes Beinspreitzen vor-hoch im Stand.

9. Dehnung der Adduktoren bei gleichzeitiger Kräftigung der Abduktoren durch wechselweise schwunghaftes Beinspreitzen seithoch (siehe Abb.).

10. Hochspringen mit abwechselndem Grätschen, Scheren und Anhocken der Beine.

Koordination und Koordinationstraining

Schon mehrfach – insbesondere im Zusammenhang mit der Technik und dem Techniktraining – wurde auf die große Bedeutung einer gut entwickelten allgemeinen und speziellen Koordinationsfähigkeit verwiesen.

> Koordination ist die Fähigkeit des Spielers, fußballspezifische und nicht spezifische Situtationen durch sichere, ökonomische und schnelle Bewegungshandlungen zu lösen.
> Dementsprechend wird in spezielle und allgemeine Koordination unterschieden.

Bei gut koordinierten Bewegungen führt das gute Zusammenspiel zwischen Nerven- und Muskelsystem zu flüssigen, harmonischen Bewegungsverbindungen. Der Krafteinsatz ist ökonisch und »rund«.

Faktoren der Koordination und ihre Bedeutung für den Spieler

Die allgemeine Koordinationsfähigkeit ermöglicht es dem Spieler überraschende und nicht übliche Spielsituationen zu lösen. Beispielsweise wird er nach einem Foulspiel durch seinen Gegner einen Sturz mit einer gewandten Abrollbewegung auffangen und so Folgeverletzungen vermeiden.
Mit einer gut entwickelten speziellen Koordinationsfähigkeit kann sich der Spieler beispielsweise beim Dribbling mit geschickten Finten, schneller Beinarbeit, mit überraschenden Drehungen und Wendungen auch dann erfolgreich behaupten, wenn er von zwei oder mehreren Gegnern bedrängt wird.

Gut koordinierte Bewegungen basieren auf einer Vielzahl unterschiedlicher Komponenten. Für den Spieler am bedeutsamsten sind folgende:

Orientierungsfähigkeit
Sie benötigt insbesondere der Torhüter. Zum Beispiel dann, wenn er beim Abfangen von Flanken abgedrängt wird, sich im engen von vielen Spielern und Gegenspielern besetzten Strafraum zurechtfinden und wieder zielsicher den Weg zurück ins Tor finden muß.

Fähigkeit zum Timing
Das Verwandeln von Flanken mit dem Kopf oder dem Fuß ist nur möglich, wenn Geschwindigkeit, Flugbahn und Distanz des anfliegenden Balles richtig eingeschätzt werden können. Wenig geübte Spieler haben große Probleme, Bälle, die z. B. mit Effet geschlagen werden, in ihrer Flugbahn richtig zu berechnen und die eigenen Bewegungen auf die Ballbewegung hin zu koordinieren. Ein gutes Timing erwirbt der Spieler nur dann, wenn er im Training 100fach die Möglichkeit erhält, Flanken und Bälle richtig zu berechnen. Auch in anderen Situationen wird die Fähigkeit zum Timing gefordert. Beispielsweise immer dann, wenn Pässe nicht direkt auf den Mitspieler, sondern in den freien Raum geschlagen werden. Dabei muß die Sprintfähigkeit des Mitspielers, die Schärfe des gespielten Balles und z. B. die Länge des noch vor der gegnerischen Torlinie zur Verfügung stehenen Raumes gut aufeinander abgestimmt werden.

Koppelungsfähigkeit
Die Fähigkeit, verschiedene Techniken durch weiche flüssige Bewegungsübergänge miteinander zu koppeln, kennzeichnet den eleganten Spieler. Das Spiel fordert diese Fähigkeit permanent, z. B. beim Fintieren, Abspringen, Landen, Stürzen, Abrollen, Haken schlagen, erneut starten usw. Bei allen Bewegungen muß zusätzlich der Ball in vielfacher Weise behandelt werden.

An dieser exemplarischen Folge von Spielhandlungen wird die Bedeutung der Koppelungsfähigkeit sichtbar.

Kraft, Schnelligkeit, Reaktion, Ausdauer
Die bereits behandelten motorischen Grundfähigkeiten und ihre komplexen Verbindungen sind eine unverzichtbare Voraussetzung für koordinierte Bewegungen. Nur das komplexe Zusammenspiel der motorischen Eigenschaften mit den typischen koordinativen Fähigkeiten sichert gewandte Bewegungsabläufe.

Koordinationstraining

Die Koordinationsfähigkeit des Spielers entwickelt sich zwar durch das Fußballspielen bis zu einem gewissen Niveau automatisch. Dennoch sollte vor allem die allgemeine Koordinationsfähigkeit gleichzeitig in allen Altersstufen zusätzlich gezielt trainiert werden.

Allgemeine Koordinationsfähigkeit
Die spezielle Koordinationsfähigkeit des Spielers ist um so höher, je größer sein Repertoire an Bewegungsmustern ist. Die Fähigkeit neue Techniken schnell zu erlernen hängt stark von der allgemeinen Koordinationsfähigkeit ab.
Insbesondere Kinder sollten deshalb auch im speziellen Fußballtraining die Gelegenheit erhalten, vielfältige Bewegungserfahrungen zu sammeln.
Dazu eignen sich folgende Trainingsinhalte:
- Alle Lauf- und Tummelspiele.
- Basketball, Handball, Volleyball, Hockey-Trainingsspiele zum Ausgleich und zur Ergänzung des Fußballtrainings.
- Elemente aus dem Bereich des Bodenturnens (Rollen vorwärts, rückwärts, seitwärts, Hechtrolle, Salto); sie können beim winterlichen Hallentraining in das Training mit eingebaut werden.

● Sprünge auf dem Trampolin; sie können ebenfalls im Hallentraining erprobt werden.

Spezielle Koordinationsfähigkeit
Zur Schulung der speziellen Koordinationsfähigkeit werden unterschiedliche Mittel und Verfahren angewandt.

Methodische Maßnahmen
● Ballführen mit regelmäßigem und unregelmäßigem Tempowechsel
● Torschüsse auf Zuspiel von vorne, von rechts, von links und von hinten; mit dem näheren und dem entfernteren Bein.
● Finten nicht nur nach der »Schokoladen«seite, sondern auch in die andere Richtung ausführen.
● Bei Parteispielen den Spielraum vergrößern oder verkleinern.
● Form des Spielraumes verändern, z. B. 20 x 45 m oder 30 x 30 m.
● Spielen unter winterlichen Bedingungen auf Schnee und Eis.

Koppeln von Techniken
● Aus dem Ballführen heraus Rolle vorwärts oder Rolle rückwärts und den Ball sofort nahtlos in die Bewegung mitnehmen.
● Ball hoch schlagen, Rolle vorwärts und im Anschluß daran den Ball vor oder im Moment der Bodenberührung durch An- und Mitnehmen unter Kontrolle bringen.
● Temporeiches Führen gleichzeitig mit zwei Bällen, z. B. auch im Slalom durch Stangen.

Üben unter Zeit- und Gegnerdruck
● Alle Zweikampfübungen 1 gegen 1.
● Ballführen in Form von Staffelwettbewerben.
● Kombinieren Richtung Tor mit Torabschluß unter Vorgabe einer Maximalzeit.
● Dribbeln unter Bedrängung durch zwei und mehr Gegenspieler.

Variation der Informationen
● Ballführen ohne jeglichen Blickkontakt mit dem Ball.

Beim Sprung nach zu hohen Flankenbällen wird die Koordinationsfähigkeit in komplexer Weise gefordert und gefördert

● Bei Torschußübungen wird die Wahl der Stoßtechnik unmittelbar vor Ballberührung durch Zuruf des Trainers bestimmt.
● Beim Torschuß wird die Torecke, auf die geschossen werden soll, unmittelbar vor dem Schuß durch Torhüter freigegeben oder die Ecke wird vom Trainer, der hinter dem Tor steht, durch ein Handzeichen ansignalisiert.

Üben mit Vor- oder Zusatzbelastung:
● Balljonglieren in aktiven Pausen beim Intervalltraining, dabei sich zu Konzentration und Präzision zwingen
● Im Spiel 1 gegen 2 auf ein Tor nach dem Dribbling den Torschuß noch konzentriert und präzise schlagen.
● Nach einem maximalen Sprint von der Endlinie bis zur Mittellinie einen scharf geschlagenen Ball flüssig in die Bewegung mitnehmen.
Aus diesen Beispielen wird deutlich, daß es im Training weniger auf die Art der Übung ankommt, als vielmehr auf die Zielsetzung, die mit der jeweiligen Trainigsform verbunden wird. Dieser Zielsetzung entsprechend müssen spezielle organisatorische Maßnahmen getroffen oder Regelbestimmungen beachtet werden.

Taktik und Taktiktraining

Neben der Technik und der Kondition spielt die Taktik für die Leistung und den Erfolg im Wettkampf eine sehr wichtige Rolle. Die taktischen Planungen und Handlungen sind grundsätzlich erfolgsorientiert, d. h., sie zielen – dem Sinn des Spiels entsprechend – darauf ab, Tore zu erzielen, Tore zu verhindern, Siege zu erringen und am Ende einer Spielsaison einen möglichst erfolgreichen Tabellenplatz einzunehmen.

> Allgemein versteht man unter Taktik:
> Das planmäßige, erfolgsorientierte, auf die eigene und die gegnerische Leistungsfähigkeit und auf die äußeren Umstände abgestellte Verhalten von einzelnen Spielern, Spielgruppen und Mannschaften.
> Mit dem Begriff »Taktik« verbindet man im Fußball, wie auch in anderen Sportspielen, allerdings sehr unterschiedliche Sinngehalte:
> - Taktik als Planung, Vorbereitung und Organisation des sportlichen Wettkampfes
> - Taktik als verfügbarer Schatz an Erfahrung und Kenntnissen von Spielsituationen und vom erfolgversprechenden Einsatz der technischen, konditionellen und psychischen Mittel zur Lösung dieser Spielsituationen.
> - Taktik als Plan für eine taktische Handlung.
> - Taktik als praktischer (taktischer) Handlungsvollzug.

Taktische Handlungen können – je nach Spielsituation – entweder nur von einem einzelnen Spieler ausgeführt werden oder im gruppentaktischen bzw. mannschaftstaktischen Rahmen ablaufen.
Die Abbildung gibt einen Überblick über die Vielzahl möglicher taktischer Handlungen.
Es ist zu unterscheiden in:
- Mannschaftstaktik (S. 91)
- Gruppentaktik (S. 97)
- Einzeltaktik (S. 105)
- Taktik der Spielpositionen (S. 119)
- Taktik der Standardsituationen (S. 124)
- Taktik des Spieltages (S. 134).

Das taktische Verhalten in den einzelnen Spielsituationen hängt grundsätzlich davon ab, ob ein Spieler- und damit seine Mannschaft – in Ballbesitz ist, oder ob er den Ball erst vom Gegner zurückerobern muß.
Dementsprechend ist immer zu unterscheiden in:
- Angriffstaktik
- Abwehrtaktik.

Diese wiederum unterscheiden sich je nachdem, ob der in Angriff oder Abwehr agierende Spieler bzw. sein jeweiliger Gegenspieler selbst in Ballbesitz ist oder nicht.
Da alle taktischen Handlungen im Rahmen eines bestimmten Spielsystems ablaufen, werden diese anschließend beschrieben (siehe S. 137).

Taktische Aufgaben für Spieler und Führungsteam

Entsprechend der weiteren Fassung des Begriffes Taktik sind neben dem Trainer und den Spielern auch noch andere Mitglieder des Führungsteams einer Mannschaft für das erfolgreiche Taktieren eines Vereins mitverantwortlich.
Im folgenden sind die unterschiedlichen Aufgaben zusammengestellt, die im Zusammenhang mit der Planung und Vorbereitung des Wettkampfes auf den Vorstand, den Manager, den Arzt, den Trainer und die Spieler zukommen.

Vorstand, Manager, Arzt/Masseur, Trainer
- Reiseplanung bei Auswärtsspielen
- Vorbereitung von Trainingslager bzw. Übernachtung im Hotel
- Festlegung des Speiseplans und der Getränkeversorgung am Tag vor dem Wettkampf und am Wettkampftag
- Vorbereitung von leistungsfördernden Maßnahmen bei extremer Witterung (bei Kälte Strumpfhosen, Handschuhe, Stirnbänder; bei Hitze spezielle Getränkeversorgung, Eisbeutel)
- Auswahl und Bereitstellen der Spielkleidung (auch den äußeren Umständen angemessen z. B. helle Spielkleidung bei Nachtspielen)
- Treffen spezieller Maßnahmen bei Spielen im Ausland (z. B. Gesundheitsvorsorge durch Impfungen, rechtzeitige Anreise zur Akklimatisierung, in südlichen Ländern ausreichende Versorgung mit keimfreiem Wasser usw.).

Zusätzliche Aufgaben für den Trainer
- Analyse der gegnerischen Mannschaft (Aufstellung, Spielsystem, Spielweise, Stärken und Schwächen der einzelnen Spieler)
- Entwurf einer Spieltaktik in Abhängigkeit vom Gegner und den äußeren Umständen
- Festlegen der Mannschaftsaufstellung unter Berücksichtigung der Spieltaktik
- Steuerung des Vorstartzustandes der Spieler (Dämpfen oder Hochpuschen)
- Beratung der Spieler in Ausrüstungsfragen (Schuh, Stollenwahl)
- Überwachung des Aufwärmprogramms
- Versorgung mit Pausentee und Elektrolyt-Getränken (meist hat der Trainer dafür Helfer im Betreuerstab).

Zusätzliche Aufgaben für die Spieler selbst
- Analyse des voraussichtlich direkten Gegenspielers mit seinen Stärken und Schwächen
- mentale Einstellung auf das Spiel und den Gegner
- Testen der Platzverhältnisse und Festlegen der geeigneten Schuhe/Stollen
- Selbstregulation des Vorstartzustandes (z. B. durch autogenes Training).

Taktik und Taktiktraining

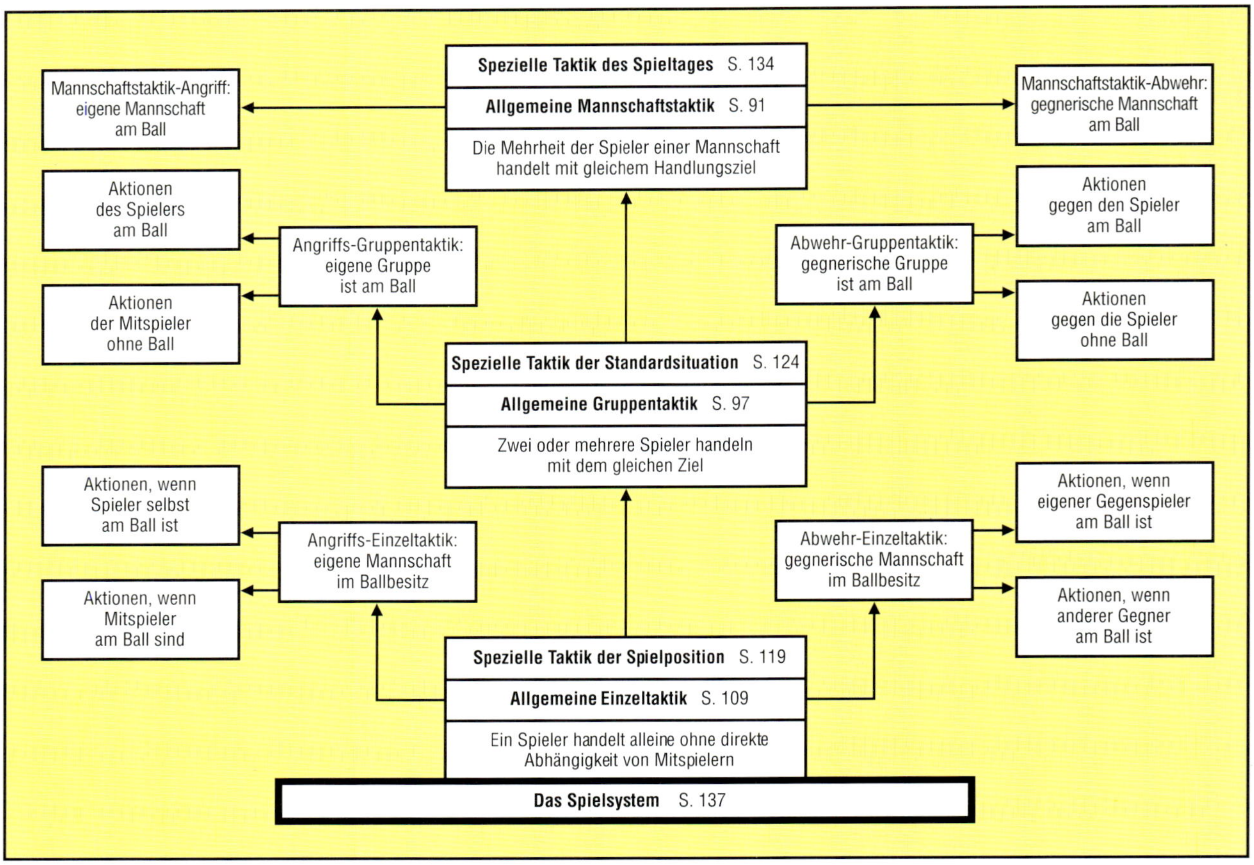

Schematischer Überblick über die unterschiedlichen Gruppen von taktischen Handlungen

Einflüsse auf die Taktik

Die Planung und Vorbereitung eines Wettkampfes, die Wahl der taktischen Marschroute für den Wettkampf und die Durchführung des Wettkampfes selbst durch die Mannschaft und den einzelnen Spieler wird von verschiedenen Komponenten beeinflußt.
Faktoren, welche die Taktik der gesamten Mannschaft beeinflussen:

- Das langfristige strategische Ziel einer Mannschaft und der augenblickliche Tabellenplatz
- die aktuelle Zielsetzung für das Spiel, z. B.: Sieg, hoher Sieg, mindestens ein Unentschieden, eventuell reicht auch knappe Niederlage (Europapokal)
- die aktuelle Verfassung der eigenen Mannschaft, z. B.: Psycho-physische Verfassung, Aufstellung
- die gegnerische Mannschaft mit ihren Besonderheiten wie: Tabellenstand, Aufstellung, System, Taktik, Stärken und Schwächen, Spielerpersönlichkeiten
- die Art des Spiels, z. B.: Trainingsspiel, Freundschaftsspiel, Punkt- oder Pokalspiel
- Tag und Zeitpunkt des Spiels, z. B.: Mittwoch – Samstag – Sonntagspiel, Tageslicht – Flutlichtspiel
- der Ort des Spiels, z. B.: Heim- oder Auswärtsspiel, Spiel auf neutralen Platz, Spiel im Ausland, unter ungewohnten klimatischen Verhältnissen, auf Trainingsplatz
- die äußeren Bedingungen wie: Wetter (Wind, Sonne, Temperatur), Bodenverhältnisse, evtl. Höhenlage
- die Ansprüche des Publikums
- die Art der Regelauslegung durch den Schiedsrichter.

Neben den genannten Faktoren, die für alle Spieler gleichermaßen gelten, wird jeder Spieler bei der Wahl seiner ganz persönlichen taktischen Marschroute noch zusätzliche Komponenten beachten, z. B.:

- Die persönliche Zielsetzung wie: Rehabilitation für schlechte Leistung, Stammplatz sichern, vor fremden Trainer (Spieleraufkäufer) spektakuläre Leistung zeigen, vor dem eigenen Publikum, der Presse glänzen wollen, usw.
- die eigene Tagesform
- die Stärken und Schwächen des direkten Gegenspielers.

In Abschnitt »Taktik des Spieltages« S. 134 wird auf diese Komponenten näher eingegangen werden.

Taktische Handlung – die taktischen Fähigkeiten

Für den Zuschauer sichtbar läuft eine taktische Handlung meist in wenigen Sekunden, oft nur in Sekundenbruchteilen ab. Er registriert dabei nur einen kleinen – eben den sichtbaren Teil der Handlung. Dieser Phase sind eine Reihe weiterer Phasen vorgeschaltet. Der Spieler muß sie alle fehlerlos durchlaufen, wenn die sichtbare Handlungsphase erfolgreich ablaufen soll.
Dafür sind, wie anschließend gezeigt werden wird, außer Technik und Kondition, zahlreiche andere Fähigkeiten nötig.

Ablauf einer taktischen Handlung

Taktische Handlungen können von einzelnen Spielern, von Spielgruppen oder von der ganzen Mannschaft ausgeführt werden. In der Abbildung unten wird das komplexe Geschehen, in dem geistige, psychische und physische Leistungen vom Spieler gefordert werden, modellhaft und exemplarisch dargestellt.
In Phase 1 wird von einer beliebigen Spielsituation ausgegangen; hier z. B. soll ein Mittelfeldspieler in Ballbesitz gekommen sein.
In Phase 2 benötigt der Spieler sensorische Fähigkeiten, wie zentriertes und peripheres Sehvermögen, Tast- und Muskelsinn, Gleichgewichts-, Raum- und Lageempfinden. Um diese seine potentiellen Fähigkeiten voll ausnützen zu können, muß er leistungsmotiviert und konzentriert sein.
In den Phasen 3 und 4 benötigt der Spieler Spielintelligenz in Form von Kenntnissen, Spielgedächtnis, Kreativität, vorausschauendes Denken, geistige Anpassungs-, Umstellungs- und Lernfähigkeit
In der Phase 5 wird der gefaßte Plan durch Willensfähigkeiten in konkretes Wollen umgeformt. Dazu benötigt der Spieler psychische Qualitäten wie Selbstsicherheit, Ruhe, Ausgeglichenheit, Aggressivität, Widerstandsfähigkeit gegen Streß und Störeinflüsse, Mut, Risikobereitschaft, Entschlußkraft und Zielstrebigkeit.
In der Phase 6 erst entsteht aus den bisherigen geistigen und psychischen Handlungen eine sichtbare motorische Spielhandlung. Dabei kommen die technischen Fertigkeiten, die konditionellen Fähigkeiten und die koordinativen Fähigkeiten zum Einsatz. Aber auch emotionale Qualitäten wie Selbstbeherrschung, Durchhaltevermögen, Mut usw. bestimmen den Erfolg der Aktion mit.
In den Phasen 7b und 7c sind zur kritischen Analyse von Ursache und Wirkung und zur Speicherung im Spielgedächtnis wiederum geistige Fähigkeiten nötig. Ohne emotionsfreie selbstkritische Distanz wird diese Phase wenig erfolgreich sein.

Schematisches Modell vom Ablauf einer taktischen Handlung mit praktischen Beispielen für die Phasen 1 bis 7

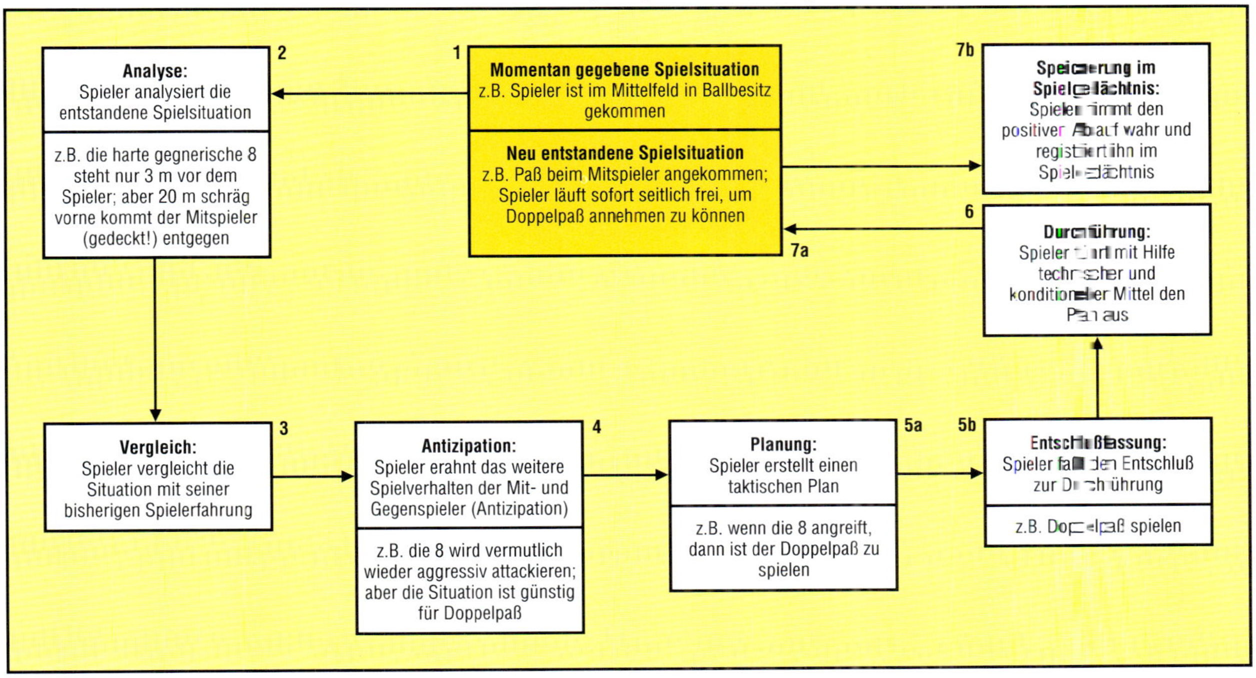

Taktik und Taktiktraining

Taktische Fähigkeiten

Zusammenfassend können folgende Gruppen von taktischen Fähigkeiten unterschieden werden:

Antriebsfaktoren
Bedürfnisse, Motive, Gefühle, Interessen, Einstellungen.

Sensorische Fähigkeiten
Peripheres Sehen, zentriertes Sehen, raumgebundenes Hören (Zuruf), Tastsinn, Gleichgewichtssinn.

Intellektuelle Fähigkeiten
Kenntnisse (Regeln, typische Spielsituationen und erfolgversprechende Lösungsmöglichkeiten), Konzentrationsfähigkeit, Spielgedächtnis, vorausschauendes Denkvermögen, planvolles Denken, Kreativität.

Wesens- und Temperamentsmerkmale
Z. B. Willensstoßkraft, Willensausdauer, Selbstsicherheit, Mut, Risikobereitschaft, Streßresistenz, Gewissenhaftigkeit, Durchsetzungsvermögen, Optimismus, Tatkraft.

Taktiktraining

Die taktische Handlungsfähigkeit des Spielers und damit der Mannschaft hängt – wie vorstehend gezeigt – von unterschiedlichen Grundfähigkeiten ab.
Diese Faktoren können nicht pauschal nach einer einheitlichen Methode trainiert werden. Prinzipiell ist zu unterscheiden in

- die Ausbildung von motivationalen und von emotionalen Fähigkeiten
- die Ausbildung von intellektuellen Fähigkeiten
- die praktische Ausbildung in der neben technischen und konditionellen Fähigkeiten auch alle anderen Fähigkeiten im praktischen Handlungsvollzug mitentwickelt werden.

Die folgenden Beispiele geben dem Trainer und dem Spieler Anregungen für ein gezieltes Taktiktraining. Dabei ist es nicht möglich, hier alle Methoden ausführlich zu beschreiben.

Verbesserung der Antriebsfaktoren

Die Bedürfnisse, Motive, Gefühle, Interessen und Einstellungen der Spieler sind unterschiedlich. Sie können nur in Einzelgesprächen ausgelotet und verbessert werden. Allgemeine Parolen, so wie sie in Spielersitzungen und Halbzeitansprachen üblich sind, können sie nur ergänzen. Die Spieler müssen auf den Zusammenhang zwischen Motivation und taktischer Handlungsfähigkeit hingewiesen werden. Die richtige Motivation wird meist durch wenige treffende Worte erreicht – häufig aber durch zu viele und vor allem zu komplizierte taktische Anweisungen zerstört.
Auch Übermüdung wirkt sich nachteilig auf die Konzentration aus. Deshalb ist das richtige Verhältnis von Belastung und Erholung im Training und eine sportliche Lebensweise eine Grundvoraussetzung, damit die nachfolgenden Faktoren wirksam werden können.
In der Motivation der Spieler zeigt sich die Meisterschaft des Trainers.

Im Gespräch mit den Spielern kann der Trainer taktische Anweisungen geben

Verbesserung der sensorischen Fähigkeiten

Wer jemals ein Spiel von taubstummen Spielern gesehen hat, kann abschätzen, welche Bedeutung ***alle*** Sinne für die Leistungsfähigkeit im Spiel haben.
Die Leistungsfähigkeit der Sinne ist zwar weitgehend erbmäßig festgelegt. Im Rahmen dieser Vorgaben können sie dennoch verbessert werden. Auch dies setzt einen sportlichen Lebenswandel (genug Schlaf, kein Alkohol und Nikotin) und die Beachtung des Prinzips der optimalen Relation von Belastung und Erholung im Training voraus.
Die Fähigkeit zu weiträumigem Sehen, wie es z. B. beim Konterspiel nötig ist, geht verloren, wenn überwiegend auf Kleinfeld und in Form kleiner Parteispiele trainiert wird.
Das sichere Einschätzen der Position des Gegenspielers und seiner geplanten Attacken mit Hilfe der taktilen Empfindungen (Tastsinn) wird durch Spiele auf engstem Raum und vor allem durch Über-gegen-Unterzahl-Spiele geschult.
Das schnelle Wahrnehmen von Spielsituationen kann durch Provokationsregeln (z. B. nur zwei Ballkontakte oder Direktspiel) gefördert und verbessert werden.
Der Muskelsinn (kinästhetisches Empfinden) wird z. B. verbessert, wenn der Trainer den Spieler zur bewußten Selbstkorrektur auffordert. Der Spieler wird dadurch gezwungen, seine Bewegungen und die Aktivitäten seiner Muskulatur bewußter zu erleben und zu registrieren.

Verbesserung der intellektuellen Fähigkeiten

Die ***Fähigkeit zu konzentrierter Aufmerksamkeit*** muß im Training immer weiterentwickelt werden. Z. B. kann nach ermüdenden Übungs- oder Spielformen vom Spieler noch ein sicheres Balljonglieren gefordert werden.
Die bereits erwähnten Parteispiele mit reduzierter Zahl von Ballkontakten entwickeln diese Fähigkeiten gleichermaßen.
Durch das Einführen neuer Übungs- und Spielformen wird der Spieler auch im Training zum ständigen konzentrierten Mitdenken, zum Umschalten und Neulernen angehalten. Die dabei erworbene Konzentrationsfähigkeit kommt dem Spieler im Wettkampf zugute.
Durch mentales Training (geistiges Vorstellungstraining) und autogenes Training kann die Konzentrationsfähigkeit weiterentwickelt werden. Die Methoden zum mentalen und autogenen Training können mit Hilfe der speziellen Fachliteratur erlernt werden (Literaturverzeichnis).
Die ***Schulung taktischer Kenntnisse*** ist einerseits eine Aufgabe des Trainers, andererseits muß auch der Spieler selbst durch geeignete Maßnahmen bemüht sein, seinen Horizont an taktischen Kenntnissen zu erweitern. Die Möglichkeiten dafür sind vielfältig. Einzelgespräche und Diskussionen in Verbindung mit Tafelarbeit werden vom Trainer durchgeführt. Analysen von Video- und Fernsehaufzeichnungen können ebenfalls zusammen mit dem Trainer vorgenommen werden. Der Spieler selbst kann in einer Art Beobachtungstraining (observatives Training) Spiele mit bestimmten Schwerpunkten analysieren (z. B. Aktionen des Mittelstürmers, Zweikampfverhalten des Libero, Zusammenspiel Vorstopper/Libero, Raumaufteilung, Positions- und Aufgabenwechsel im Mittelfeld, Umschalten von Angriff auf Abwehr, Standardspielzüge usw).
Das bereits erwähnte mentale Training als geistiges Vorstellungstraining kann vom Spieler auch zuhause durchgeführt werden. Dabei kann z. B. das Verhalten bei Standardsituationen, das Verhalten bei Doppelpaßsituationen, das Verhalten bei Zweikämpfen geistig durchgespielt werden.
Das ***Spielgedächtnis*** wird nicht durch bloßes Durchleben einzelner Spielsituationen verbessert. Wer überdauernde Spiel- und Wettkampferfahrung sammeln möchte, der muß sich nach dem Spiel einzelne Spielsituationen, ihre Entwicklung, ihren Verlauf noch einmal deutlich vor Augen führen. Dabei müssen Ursache und Wirkung der eingesetzten Mittel und die eigene Leistung selbstkritisch analysiert werden. Lob und Tadel durch den Trainer verstärken die Spielerfahrung noch, wenn sie in sachlicher Weise vorgebracht werden.

Verbesserung der Wesens- und Temperamentsmerkmale

Für viele taktische Handlungen sind Wesensmerkmale wie Mut, Risikobereitschaft, Ruhe, Selbstsicherheit und Verantwortungsbewußtsein unerläßlich.
Der Trainer hat dabei starke Vorbildwirkung.
Merke: »Der ängstliche Trainer hat ängstliche Spieler, der risikofreudige Trainer hat risikofreudige Spieler.«
Dem Spieler muß Vertrauen in seine eigene Leistung und seine Leistungsfähigkeit eingeimpft werden. Dafür sind die bereits erwähnten Einzelgespräche unumgänglich nötig. Dabei wird der Trainer den Spieler zu riskanten Aktionen, die für den Spielerfolg notwendig sind (Dribbling, lange Pässe, Torschüsse aus der zweiten Reihe) ermutigen. Gleichzeitig mit dieser Aufforderung zum Risiko muß er dem Spieler eine Risikoabsicherung geben; d. h., dem Spieler und seinen Mitspielern muß deutlich gemacht werden, daß der Trainer das risikofreudige Spiel auch dann gutheißt, wenn es einmal nicht den erhofften Erfolg hat.
Das ebenfalls dringend nötige ***Verantwortungsbewußtsein*** kann über Mitsprache und Mitverantwortung im Spieler geweckt werden. Die Spieler müssen durch den Trainer Aufgaben und Verantwortung im Spiel zugewiesen und übertragen werden.
Affekte, Kompensationsbedürfnis,

Taktik und Taktiktraining

Egoismus und Übermüdung blockieren das bewußte und damit auch das verantwortungsbewußte Handeln. Der Trainer sollte diesen negativen Tendenzen frühzeitig entgegenwirken.

Ruhe und Gelassenheit sind vor allem in entscheidenden Spielen wesentliche Leistungsfaktoren. Der Trainer kann sie durch positive Zurufe während des Spiels verbessern. Die Kritik ist im Spielverlauf und auch in der Halbzeit auf das notwendige Mindestmaß zu reduzieren und wenn überhaupt, dann in sachlichem Ton und in Form von Tips vorzubringen. Die Angst vor einer drohenden Niederlage oder gar dem Abstieg kann in vorbereitenden Gesprächen diskutiert werden. Bei der Frage nach den Konsequenzen einer Niederlage wird man zur Überzeugung kommen, daß sie (zumindest im Jugend- und Amateursport) nicht so dramatisch sind, so daß man Ruhe und Gelassenheit verlieren müßte.

Aus dieser inneren Sicherheit heraus wird der Spieler auch in der Lage sein, den Vorstartzustand und den darauf aufbauenden Streß zu bewältigen. Der Trainer kann auch hier in der Form des Einzelgespräches helfen. Konkrete Aufgabenzuteilungen (aufgabenzentrierte Anweisungen) lenken von imaginären Ängsten ab. Der Apell an das Teamwork läßt den Spieler spüren, daß er mit seiner Aufgabe im Spiel nicht alleine steht. Umfangreiches Aufwärmen in Verbindung mit Stretching und einer Entspannungsmassage bewirken eine gesamtheitliche psychosomatische Entspannung.

Aus den vorstehenden Beispielen wird deutlich, daß das Einzelgespräch zwischen Trainer und Spieler in vielfacher Weise die taktische Handlungsfähigkeit des Spielers beeinflussen kann. Das Einzelgespräch gehört deshalb mit zu den wichtigsten Instrumenten des Trainers bei der Führung von Spieler und Mannschaft. Die Prinzipien der richtigen Gesprächsführung werden bei BAUER/UEBERLE, Fußball-Faktoren der Leistung, Spieler- und Mannschaftsführung, detailliert behandelt.

Training der komplexen taktischen Handlungsfähigkeit in der Praxis

In der praktischen Ausbildung wird die komplexe taktische Handlungsfähigkeit meist in Verbindung mit technischen Elementen trainiert. Dazu eignen sich folgende Trainingsformen:

- Standardkombinationszüge (z. B. Steil-Quer-Kombination)
- Doppelpässe, Wandspiel
- Komplexübungen
- kleine Parteispiele (z. B. 1 plus 2 gegen 2)
- Trainingsspiel auf Klein- und Großfeld
- Freundschaftsspiele
- Punkt- und Pokalspiele.

Mit welcher der vorstehend genannten Formen trainiert wird, das hängt in erster Linie vom Leistungsstand der Spieler ab.

Bei leistungsstarken Spielern wird die taktische Handlungsfähigkeit meist durch Komplexübungen und Parteispiele verbessert. Da die Spieler bereits über ein großes Repertoire an taktischen Handlungen verfügen, genügt es, wenn bei Spielunterbrechungen Fehler korrigiert werden.

Im Anfänger- und Nachwuchstraining dagegen muß das richtige taktische Verhalten (z. B. im Verlauf einer Kombinationsform) Schritt um Schritt methodisch erarbeitet werden. Dazu sind folgende methodische Teilschritte nötig:

1. Schulung bzw. Verbesserung der technischen Elemente, die für den Ablauf der taktischen Handlung nötig sind.
2. Bekanntmachen der Kombinationsform durch Demonstration, Beschreibung, Erklärung.
3. Einüben der Kombinationsform zuerst ohne Gegner, dann mit Gegner (passiv, halbaktiv).
4. Bekanntmachen und Einüben einer Variante der Kombinationsform oder einer zweiten Kombinationsform in gleicher Weise.
5. Abwechselndes üben von zwei oder mehreren Grundformen bzw. Varianten mit aktivem Gegner (Gegenspieler weiß nicht, welche Variante gespielt wird).
6. Erproben der Kombinationsform in Komplexübungen oder in kleinen Parteispielen.
7. Anwenden der Kombinationsform in Übungs- und Trainingsspielen.
8. Anwendung in Wettkampfspielen.

Der Trainer muß seine Spieler immer wieder auffordern, die neu erlernten taktischen Handlungen im Wettkampf bewußt anzuwenden. Denn der Spieler neigt aus Sicherheitsgründen dazu im Wettkampf nur gefestigte Taktiken einzusetzen.

Mannschaftstaktik

> Darunter versteht man die zielgerichteten, planvoll aufeinander abgestimmten Angriffs- und Abwehrhandlungen aller Spieler einer Mannschaft.

Einzel- und gruppentaktische Handlungen fügen sich dabei zu komplexeren Handlungsmustern zusammen. Im mannschaftstaktischen Rahmen werden folgende Spielhandlungen ausgeführt:

Angriffstaktik – eigene Mannschaft in Ballbesitz

- Wechsel von Spieltempo und Spielrhythmus
- Wechsel des Spielraumes
- Wechsel der technischen Mittel
- Spiel auf Zeit
- Konterangriff
- Frontalangriff.

Abwehrtaktik – gegnerische Mannschaft in Ballbesitz

- Spielverzögerung (S. 94)
- Manndeckung, Raumdeckung, gemischte Deckung (S. 92)
- Forechecking in der gegnerischen Spielfeldhälfte (S. 95)
- Zurückfallenlassen in die eigene Spielfeldhälfte (S. 95).

Wechsel von Spieltempo und Spielrhythmus

Erfolgreiche Mannschaften setzen die technisch-taktischen Mittel im Verlauf des Spiels im ständigen Wechsel ein. Dadurch wird es dem Gegner schwerer gemacht, sich auf die Spielweise der eigenen Mannschaft einzustellen.
Der planvolle Wechsel von Tempo und Rhythmus des Spiels zeichnet Spitzenmannschaften aus.
Mannschaften, die nach der Balleroberung pausenlos mit schnellen Steilpässen angreifen, laufen leicht Gefahr, daß sie gegen Ende des Spiels nicht mehr genügend Kraft aufbringen, um den druckvollen Angriffen des Gegners zu widerstehen. Der Gegner kann sich auf eine derartige Spielweise problemlos einstellen und in Ruhe abwarten, bis die Gelegenheit zum Kontern kommt. Umgekehrt wird die gegnerische Mannschaft sehr häufig überrascht, wenn nach einem scheinbar planlosen Ballgeschiebe im Mittelfeld urplötzlich mit Durchbruchdribbling oder mit Steilpaß gespielt wird. Diese Art des Spiels ist übrigens charakteristisch für die brasilianische Nationalmannschaft; auch der FC Bayern pflegt seit vielen Jahren eine derartige Spielweise.

Wechsel des Spielraumes

Taktisch unerfahrene Mannschaften greifen in aller Regel auf der Spielfeldseite, auf der sie den Ball erobert haben, zum Gegenangriff an. Dabei laufen sie zwangsläufig in die dicht gestaffelten Abwehrreihen des Gegners, der bei seinem Angriff eben auf dieser Seite die größere Anzahl von Spielern versammelt hat.
Der Wechsel der Spielfeldseite, sollte grundsätzlich erst im gesicherten Raum des Mittelfeldes erfolgen, denn Querpässe vor dem eigenen Tor zählen zu den fußballerischen »Todsünden«, weil sie den Gegner immer wieder in gefährliche Schußposition bringen.

Wechsel der technischen Mittel

Der Wechsel von Spieltempo und Spielrhythmus ist häufig verbunden mit einem Wechsel der technischen Mittel. Die Mannschaften, die sich immer der gleichen Mittel bedienen, werden vom Gegner leicht ausgerechnet und können in der Regel erfolgreich bekämpft werden. Deshalb sollte das Spiel einer Mannschaft stets gekennzeichnet sein durch den Wechsel von:

- kurzen und langen Pässen
- Kombinationen und Dribblings
- Schüssen aus der zweiten Reihe und Doppelpaßkombinationen in den gegnerischen Strafraum; usw.

Durch das Einüben weiträumiger Spielzüge (siehe S. 101), bei denen diese Elemente bereits in gemischter Form angelegt sind, werden die Spieler auf den planvollen Wechsel der technischen Mittel vorbereitet.

Spiel auf Zeit

Wenn Mannschaften kurz vor Spielende knapp in Führung liegen oder vorübergehend durch Verletzungen oder Zeitstrafen zahlenmäßig dezimiert sind, dann versuchen sie, durch »Spiel auf Zeit« das Spiel ohne Gegentor über die Runden zu bringen. Neben der destruktiven Spielverzögerung (siehe unten) eignet sich dafür das sichere Kombinationsspiel im Mittelfeld oder in der gegnerischen Hälfte besonders gut. Dabei wird weniger in Richtung zum gegnerischen Tor kombiniert, als scheinbar ziel- und planlos im Mittelfeld hin und her gespielt. Wichtig ist dabei, daß sich die Spieler durch das langsame Spieltempo nicht selbst »einschläfern«. An den ballsichernden Kombinationen sollten möglichst viele Spieler der eigenen Mannschaft beteiligt werden; sie müssen deshalb ständig anspielbereit in Bewegung sein. Wenn die Spieler beim »Spiel auf Zeit« die Aufmerksamkeit und Konzentration verlieren, dann ist die Gefahr von Kontervorstößen durch den Gegner sehr groß.

Konterangriff und Frontalangriff

Nach der Balleroberung kann der Angriff auf das gegnerische Tor grundsätzlich in zwei unterschiedlichen Formen erfolgen:
Durch Konterangriff: Dabei werden lange Diagonal- oder Steilpässe in die Tiefe des vom Gegner geöffneten Spielfeldes gespielt oder das Mittel-

Taktik und Taktiktraining

feld wird mit einem Tempodribbling bis in die gegnerische Hälfte hinein überbrückt. Besonders wirkungsvoll sind Konterangriffe, wenn das Spiel mit dem Vorstoß in die gegnerische Hälfte zusätzlich auf die andere Spielfeldseite verlagert wird.
Durch Frontalangriff: Dabei wird das Spiel weniger schnell vorgetragen. Das Mittelfeld wird nicht durch weiträumige riskante Pässe, sondern durch sichere Ballstafetten über kurze Distanzen überbrückt. An Frontalangriffen sind in der Regel sehr viel mehr Spieler der angreifenden Mannschaft beteiligt als an Konterangriffen. Die Bindung zwischen den Abwehr-, Mittelfeld- und Angriffsspielern ist enger als beim Konterangriff.
Die Voraussetzungen, die Vor- und Nachteile der beiden Angriffsarten werden in der Tabelle einander in vergleichender Weise gegenübergestellt.

Konter- und Frontalangriff im Vergleich. Ziele, Aufgaben und Voraussetzungen, Vorteile und Nachteile

	Konterangriff	Frontalangriff
Ziele, Aufgaben und Voraussetzungen	Defensive Grundeinstellung stabile Abwehr mit ruhigem sicheren Torwart schnelles Umschalten von Abwehr auf Angriff laufstarke Mittelfeldspieler unverdrossen lauffreudige Stürmer	Sicheres Kombinationsspiel, gute Techniker enge Bindung aller Mannschaftsteile schnelle eigene Abwehrspieler und zuverlässig deckender Libero möglichst 3 Sturmspitzen
Vorteile	Viel Spielraum für eigene schnelle Stürmer Gegner wird durch eigene defensive Einstellung zu Fehlern verleitet eigene Angriffe aus gesicherter Abwehr, Chance, den Gegner zu überraschen	Ballsicherung durch Sicherheitspässe dadurch Steigerung der Spielfreude Spiel auf Zeit möglich günstig in Verbindung mit Forechecking
Nachteile	Stürmer sind auf sich alleine gestellt geringe Bindung der Mannschaftsteile riskante Steilpässe leicht abzufangen	Spielraum für Stürmer sehr eng Konter des Gegners gefährlich Zielstrebigkeit zum Tor des Gegners reduziert

Im Spitzenfußball werden die Stürmer eng gedeckt und aggressiv bekämpft

Mann-, Raumdeckung und gemischte Deckung

Die Taktik der Mann-, der Raumdekkung und der gemischten Deckung hat auch für die Gruppentaktik Bedeutung. Die Grundsätze dieser Taktik haben auch dann Gültigkeit, wenn sich alle Spieler einer Mannschaft am jeweiligen Deckungsverhalten mitbeteiligten.
Bei der ***Manndeckung*** muß sich jeder Spieler nach Ballverlust durch die eigene Mannschaft sofort zu seinem direkten Gegenspieler hin orientieren. Je näher der Gegner dem Ball und dem eigenen Tor ist, um so enger muß er gedeckt werden.
Wenn nur ein Spieler beim Umschalten auf Abwehr seinen Gegenspieler nicht abdeckt, kommt das gesamte Abwehrgefüge ins Wanken, weil sich dann in einer Art Kettenreaktion der jeweilige Nebenspieler nicht nur für den eigenen, sondern auch für den benachbarten gegnerischen Spieler verantwortlich fühlt.
Bei der ***Raumdeckung*** orientiert sich bei Ballverlust jeder Spieler sofort

zurück in seine eigene Zone. Mittelfeldspieler und Stürmer, die während des eigenen Angriffes in einer diagonalen Bewegung ihre Zone verlassen haben, können sich in Abstimmung mit ihren Nebenspielern (defensiver Positionswechsel) auch auf direktem Wege gerade nach hinten orientieren und vorübergehend in einer anderen Zone Deckungsaufgaben verrichten.

Bei der ***gemischten Deckung*** werden zusätzlich zu den Sturmspitzen häufig einzelne spielbestimmende Figuren des Gegners im Mittelfeld in enger Manndeckung bekämpft. Die für diese Aufgaben abgestellten Manndecker schalten sich vereinbarungsgemäß nur begrenzt in das eigene Angriffsspiel ein, so daß sie bei Ballverlust ihre direkten Gegenspieler sofort wieder in Manndeckung bekämpfen können.

Mann- und Raumdeckung im Vergleich.
Ziele, Aufgaben und Voraussetzungen; Vorteile und Nachteile

	Manndeckung	Raumdeckung
Ziele, Aufgaben und Voraussetzung	Jeder Spieler deckt einen bestimmten Gegenspieler (gegnerzentrierte Deckung) gute Ausdauerfähigkeit diszipliniertes Deckungsverhalten aller Abwehr- und Mittelfeldspieler	Jeder Spieler deckt die Gegenspieler in seiner Zone Übergeben/Übernehmen wenn Gegenspieler in andere Zone wechselt Bewegung aller Spieler in Richtung zum Ball Angriff auf ballbesitzenden Gegner durch 2 oder mehr Spieler gleichzeitig
Vorteile	Klare Aufgabenverteilung; keine Kompetenzprobleme Einstellung auf einen Gegner gegen technisch schwächere und gegen sensible Gegner erfolgreich Gegner beim Zweikampf mit Rücken zum Tor	Ökonomische Laufarbeit spart Energie gleiche Ausgangsposition aller Spieler für eigene Angriffe durch Staffelung gegenseitige Absicherung besser als bei Manndeckung dadurch besser gegen Wandspiel/ Doppelpaß
Nachteile	Laufwege werden vom Gegner bestimmt, dadurch Zerstörung der systemat. Ordnung der Abwehrspieler durch Positionswechsel anfällig gegen schnelle gegnerische Stürmer	Räume nur gedanklich vorgegeben an Nahtstellen anfällig für Dribbling anfällig gegen Spielverlagerung mit Seitenwechsel abwechselnde Gegenspieler Gegner kommt häufig unbedrängt in Ballbesitz.

Spielverzögerung durch destruktive Spielweise

Eine defensive Art des Spiels auf Zeit wird häufig von Mannschaften praktiziert, die gegen Ende des Spiels ein Unentschieden oder einen knappen Vorsprung über die Zeit retten wollen und nicht mehr genügend Kraft und spielerische Potenz besitzen, um in offensiver Weise durch Kombinationen selbst das Spiel zu bestimmen.
Sie versuchen dann durch destruktives Zerstören den Spielfluß des Gegners zu unterbrechen. Häufig wird dabei zu wenig attraktiven Spielmitteln gegriffen. Der Ball wird im »Kick-and-rush-Stil« planlos in Richtung gegnerisches Tor geschlagen; dies sollte zumindest in Form von diagonalen Flanken zu der Eckfahne der gegenüberliegenden Spielfeldseite erfolgen. Diese Bälle können von nachrückenden Spielern noch am ehesten erlaufen werden. Ein weiteres Mittel zur Zerstörung des gegnerischen Spiels sind Schläge ins Seitenaus und notfalls auch über die Torauslinie. In diesen Fällen hofft man, daß durch die Sekunden, die verstreichen, bis der Ball erneut im Spiel ist, sich das Abwehrgefüge wieder ordnet und konsolidiert. Grundsätzlich ist diese Spielweise zwar abzulehnen; zumindest im Sinne einer planvollen taktischen Handlung hat sie im modernen Fußball kaum noch eine Berechtigung. Mit einem technisch anspruchsvollen »Spiel auf Zeit« (siehe S. 91) kann meist der gleiche Effekt erzielt werden. Dennoch: der Zweck heiligt auch im Fußball die (regelbedingt erlaubten) Mittel. Deshalb ist in bestimmten Situationen auch eine erfolgreiche destruktive Spielweise zu akzeptieren.

Forechecking

Diese vom Eishockey übernommene Abwehrtaktik findet zunehmend mehr Eingang auch in die Fußball-Mannschaftstaktik.
Dabei kämpfen alle Spieler, wenn sie den Ball in der gegnerischen Hälfte verloren haben, noch in der gegnerischen Spielfeldhälfte sofort und in aggressiver Weise um die Rückeroberung des Balles.
Meist wird der ballführende Gegner dabei in Form des Pressings (siehe S. 105) durch zwei oder mehrere Spieler attackiert, während gleichzeitig die übrigen Stürmer und Mittelfeldspieler die Räume in der Nähe des Balles eng machen.
Diese Taktik funktioniert nur, wenn auch die Abwehrspieler bis an die Mittellinie aufrücken, so daß eine enge Bindung zwischen den Spielern aller Mannschaftsteile gewährleistet wird.

Zurückfallenlassen

Das andere Extrem zum Forechecking ist die Taktik des »Zurückfallenlassen«.
Dabei wird der ballbesitzende Gegenspieler nur mit hinhaltendem Widerstand attackiert, so daß möglichst viele eigene Spieler in die Zone vor dem eigenen Tor zurückeilen können. Dort wird ein dichtes Abwehrbollwerk aus mehreren Abwehrreihen aufgebaut. Wenn dann der Abwehrriegel geschlossen ist, wird versucht, den ballbesitzenden Spieler zur Seitenlinie hin abzudrängen oder ihn zu Querpässen vor der Abwehr zu verleiten.
Auch das Forechecking und das Zurückfallenlassen sind Formen des Abwehrverhaltens, die ihre spezifischen Vor- und Nachteile haben. Diese sind in der Tabelle einander gegenübergestellt.
Bei der Entscheidung für eine der beiden taktischen Lösungen sind stets die Voraussetzungen im Team mit zu beachten.

Forechecking/Pressing und Zurückfallenlassen im Vergleich. Ziele, Aufgaben und Voraussetzungen; Vorteile und Nachteile

	Abwehr mit Forechecking und Pressing	Abwehr mit Zurückziehen vors eigene Tor (=Zurückfallenlassen)
Ziele, Aufgaben und Voraussetzung	Schnelle Rückeroberung des Balles sofort nach Ballverlust noch in der Spielfeldhälfte des Gegners Angriff auf ballführenden Gegner durch mehrere Spieler (=Pressing) aggressive Einstellung aller Spieler enge Bindung aller Spieler schnelle Verteidiger zur Vermeidung von gegnerischem Konter	Absicherung des eigenen Tores bei Ballbesitz des Gegners verzögernde Scheinangriffe auf ballbesitzenden Gegner defensive Grundeinstellung Konterspiel aus der eigenen Abwehr
Vorteile	Schnelle Eroberung des Balles; kein Zeitschinden durch Gegner kurze Laufwege beim Umschalten auf Abwehr erfolgreich gegen technisch schwache Gegenspieler geeignet für Mannschaften, die mit Frontalangriffen spielen	Konterangriffe des Gegners werden leichter abgefangen, Raum für gegnerische Stürmer wird eng gemacht in Verbindung mit Raumdeckung sehr wirkungsvoll günstige Ausgangsposition für eigene Angriffe
Nachteile	Anfällig für Konterangriffe des Gegners eigene Stürmer ständig unter Druck	Gegner bleibt im Mittelfeld unbedrängt in Ballbesitz Gegner bestimmt Rhythmus des Spiels

SCHALKE

Gruppentaktik

Darunter versteht man die zielgerichteten und planvoll aufeinander abgestimmten Angriffs- und Abwehrhandlung von zwei oder mehreren Spielern zur erfolgreichen Lösung von Spielsituationen.

Durch die im Vergleich zum Einzelspiel komplexeren Spielsituationen werden zusätzliche Mittel und Fähigkeiten gefordert.
Häufig bilden sich im Spiel folgende Spielgruppen, die miteinander taktisch planvoll handeln:
- Torwart/ Libero/ Verteidiger
- Libero/ Vorstopper/Verteidiger
- Abwehrspieler/ Mittelfeldspieler
- Mittelfeldspieler/ Mittelfeldspieler
- Mittelfeldspieler/ Stürmer
- Stürmer/ Stürmer.

Für diese Gruppen entstehen in Abhängigkeit von ihren Positionen, dem Spielsystem, der Mannschaftstaktik und der Spielweise des Gegners vielfältige Spielsituationen.
Sie gestatten und erfordern im gruppentaktischen Rahmen folgende Spielhandlungen:

Angriffstaktik – Aktionen des Spielers am Ball
- Standardkombinationen einleiten durch kurze Pässe
- Doppelpaß einleiten durch direkten oder verzögerten Paß
- Ball übergeben
- Abspiel antäuschen, dann dribbeln
- Seiten-/ Flügelwechsel einleiten durch langen Paß .

Aktionen der Mitspieler
- Zur Standardkombination anbieten
- zum Doppelpaß anbieten
- Ball übernehmen
- Positionen in der Breite und Tiefe des Raumes wechseln
- Gegner aus den von ihm gedeckten Räumen locken
- Gegner hinterlaufen

Aktionen aller Spieler einer Gruppe
- Flügelspiel
- Spielverlagerung
- Spiel gegen Überzahlabwehr
- Abseitsfalle überwinden

Abwehrtaktik – gegen den Gegenspieler am Ball
- Tackeln und Absichern
- Übergeben und Übernehmen des Gegenspielers
- Tackling durch zwei oder mehrere Spieler (= Pressing)
- verzögerndes Tackling
- Absichern des Torhüters bei Flanken, (Nach-)Schüssen.

Gegen die Gegenspieler ohne Ball
- Positionswechsel stören
- Doppelpässe durch Raumdeckung unterbinden
- Tiefenstaffelung der Mittelfeld- und Abwehrspieler
- Positionsverschiebung in Richtung zum Ball .

Gegen die gesamte gegnerische Gruppe
- Raumdeckung
- Gemischte Deckung
- Abseitsfalle stellen

In der vorstehenden Systematik wurden die gruppentaktischen Handlungen aus Gründen der Übersichtlichkeit in Aktionen einzelner Spieler (z. B. Aktionen des Spielers am Ball) oder gegen einzelne Spieler (z. B. Aktionen gegen den ballbesitzenden Gegner) aufgelistet. Einige dieser Aktionen werden auch unter Einzeltaktik behandelt (z. B. Zuspiel und Freilaufen).
Im folgenden wird das Zusammenwirken der Einzelspieler im gesamtheitlichen Geschehen von gruppentaktischen Handlungen noch näher beschrieben.

Gruppen-Angriffstaktik

Wechsel der Spielpositionen

Der Wechsel der Spielposition bringt immer auch einen Wechsel der Aufgaben mit sich, die mit der jeweiligen Position verbunden sind. Im modernen Fußballspiel werden die Positionen gewechselt
- In der Breite des Raums, z. B. zwischen den Sturmspitzen oder zwischen den Mittelfeldspielern,
- in der Tiefe des Raums, z. B. zwischen Mittelfeldspieler und Sturmspitze oder zwischen Abwehrspieler und Mittelfeldspieler (s. Abb.).

Der Positionswechsel bringt der Mannschaft am Ball folgende taktische Vorteile:
- Durch den Positionswechsel werden (vorausgesetzt die Abwehrspieler gehen mit den wechselnden Spielern mit) kurzfristig mindestens zwei freie Räume geschaffen, in die der Zuspieler Pässe schlagen kann.
- Die Abwehrspieler werden in Positionen gelockt und damit mit Aufgaben konfrontiert, mit denen sie weniger Erfahrung haben als auf ihrer Stammposition.
- Das statische Abwehrgefüge wird zumindest vorübergehend gestört, die gegnerische Abwehr muß sich neu formieren.
- Die Abwehrspieler müssen sich auf die Verlagerung der Aktionen konzentrieren; darunter leidet die Konzentration auf den direkten Gegenspieler.

Wenn die gegnerische Abwehr in Raumdeckung operiert, bringt der Positionswechsel immer dann Probleme mit sich, wenn sich die Angreifer an die Nahtstellen zwischen zwei Zonen hin bewegen. Für die Abwehr höchst problematisch wird es, wenn zwei Spieler gleichzeitig in eine Zone eindringen.

Die Position kann in Form eines Ringtausches auch zwischen drei oder mehr Spielern gewechselt werden. Dabei gilt grundsätzlich, daß am Ende des Positionswechsels wieder alle Spielräume besetzt sein sollen. Beim Positionswechsel sind die grundsätzlichen Forderungen, die auf S. 112 für das Freilaufen gestellt werden, mit zu beachten.

Kurzpaßkombinationen
Für einfache Kombinationsformen mit Pässen über 5 bis 15 m gibt es eine Reihe unterschiedlicher taktischer Varianten. Da sie in jedem Spiel immer wieder vorkommen, werden sie auch als Standardkombinationen bezeichnet. Sie können mit zwei und mit drei Spielern ausgeführt werden. In den Abbildungen auf S.100,101 werden die wichtigsten Kombinationen in Zweier-Gruppen und in Dreier-Gruppen graphisch dargestellt.

Wandspiel und Doppelpaß
Wandspiel und Doppelpaß sind Weiterentwicklungen der Standardkombinationen, sie wurden als Gegenmittel zur engen Manndeckung entwickelt. Mit ihrer Hilfe können sich die Stürmer auch gegen Abwehrspieler, die eng decken und aggressiv bereits bei der Ballannahme stören, durchsetzen. Die Begriffe Wandspiel und Doppelpaß werden meist gleichsinnig verwandt; häufig wird aber auch wie folgt unterschieden:

- Wandspiel = Kombination mit zwei Pässen
- Doppelpaß = Kombination mit drei Pässen.

In der Abbildung wird ein ein Doppelpaß (gemäß obiger Definition) skizziert.
Die Grundform des Doppelpasses kann in vielfältiger Weise variiert werden. Insbesondere kann der zweite Paß verzögert gespielt werden, so daß der Abwehrspieler im unklaren darüber bleibt, ob der Spieler nun selbst den Weg zum Tor sucht oder noch einmal abspielt.
Eine besonders wirkungsvolle Variante des Doppelpaßspieles entsteht dann, wenn der dritte Paß nicht auf den Spieler gespielt wird, mit dem der Doppelpaß eröffnet wurde, sondern auf einen dritten Spieler geschlagen wird (siehe Abb. S. 99).

Positionswechsel zweier Spieler
– in der Breite (oben) und
– in der Tiefe (unten)
des Spielraumes

1

2

3

4

5

6

7

8

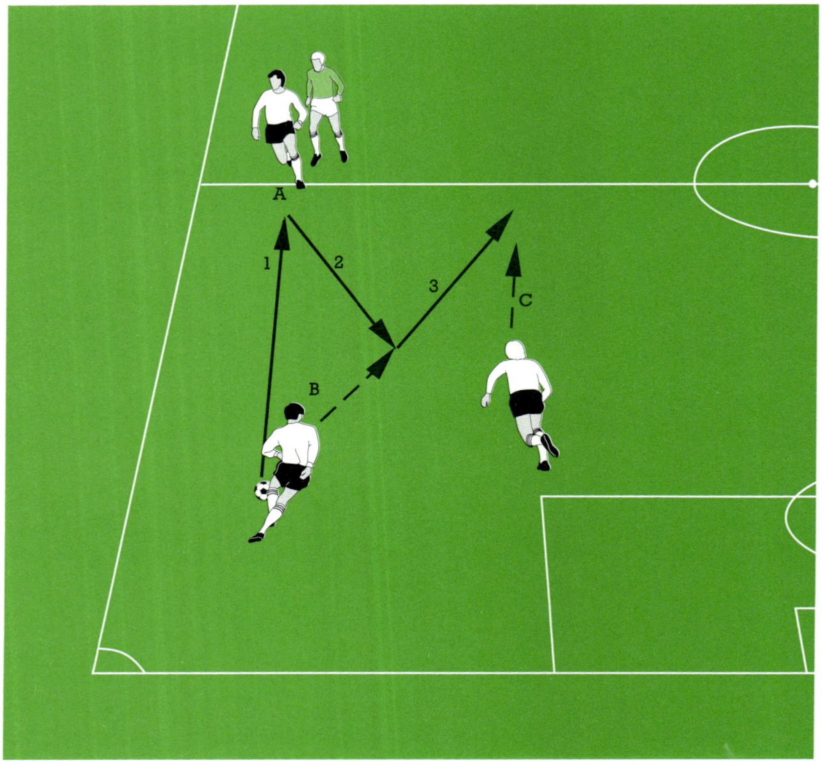

Das Doppelpaßspiel mit einem dritten Spieler als Anspielstation bringt ein zusätzliches Überraschungsmoment für den Gegner

Hinterlaufen
Eine wirkungsvolle Variante im modernen Fußballspiel ist das sog. Hinterlaufen. Dabei wechselt der zuspielende Spieler nach dem Abspiel die Position in der Breite und in der Tiefe des Raumes, der zweite Spieler verzögert das Abspiel und spielt dann verdeckt auf den nach vorne laufenden Zuspieler.
Zum Ablauf siehe Abbildung.

Das »Hinterlaufen« wird im modernen Fußballspiel häufig angewandt

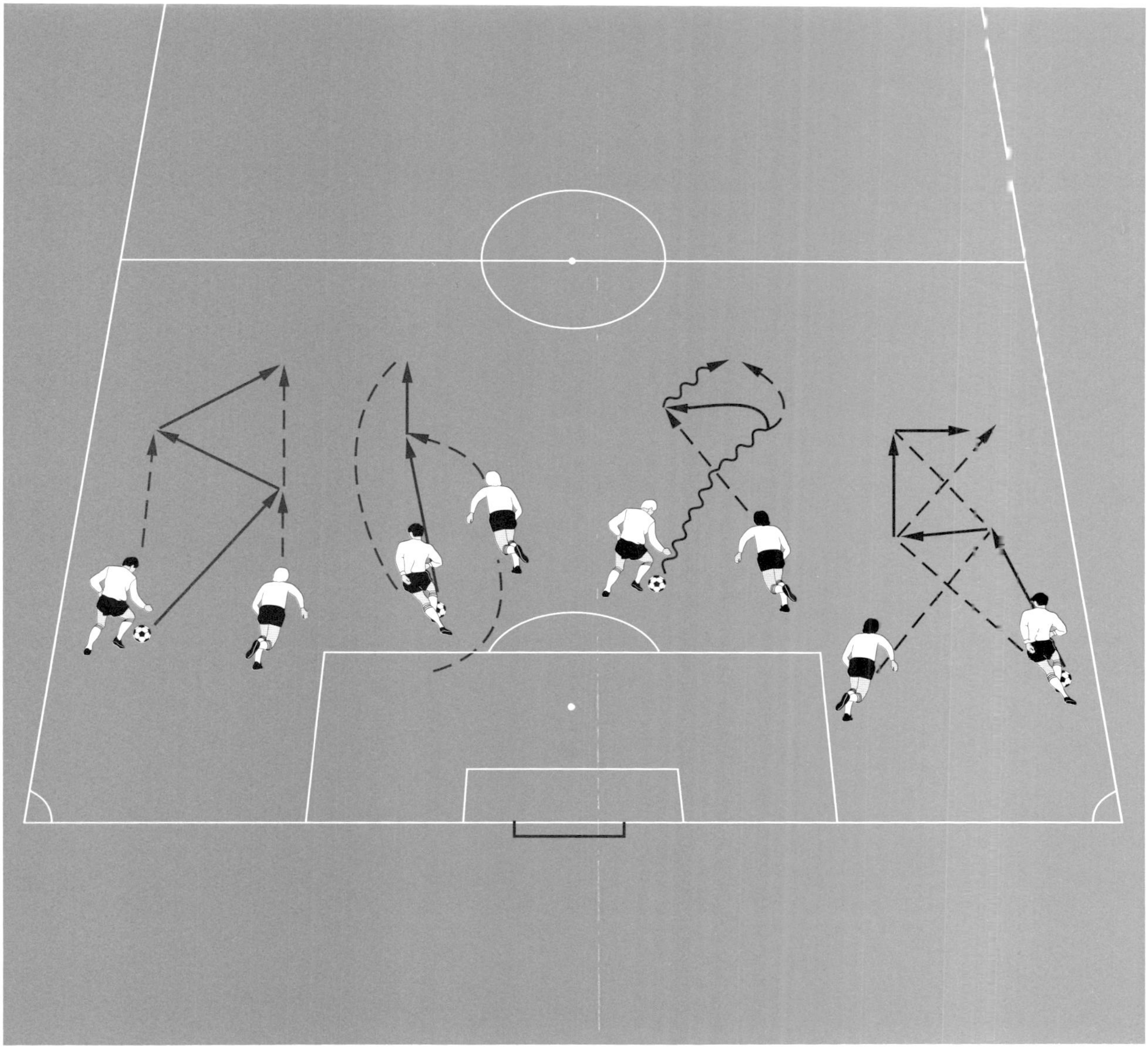

Weiträumiges Kombinieren

Mit weiträumigen Kombinationen kann der tiefe Raum bis zum gegnerischen Tor besonders schnell überbrückt werden. Da die Fehlerquellen bei diesen Kombinationen besonders groß sind, sollten sie im Training in schematischen Formen erarbeitet und bis zur Automatisation perfektioniert werden. In den Abbildungen werden zahlreiche geeignete Kombinationsformen für Zweier- und gleichermaßen für Dreier-Gruppen vorgestellt.

Typische Standardkombinationen (hier für 2er-Gruppen) werden auch zum Training technischer Fertigkeiten durchgeführt. Im Spiel werden sie in vielfältigen Varianten miteinander kombiniert

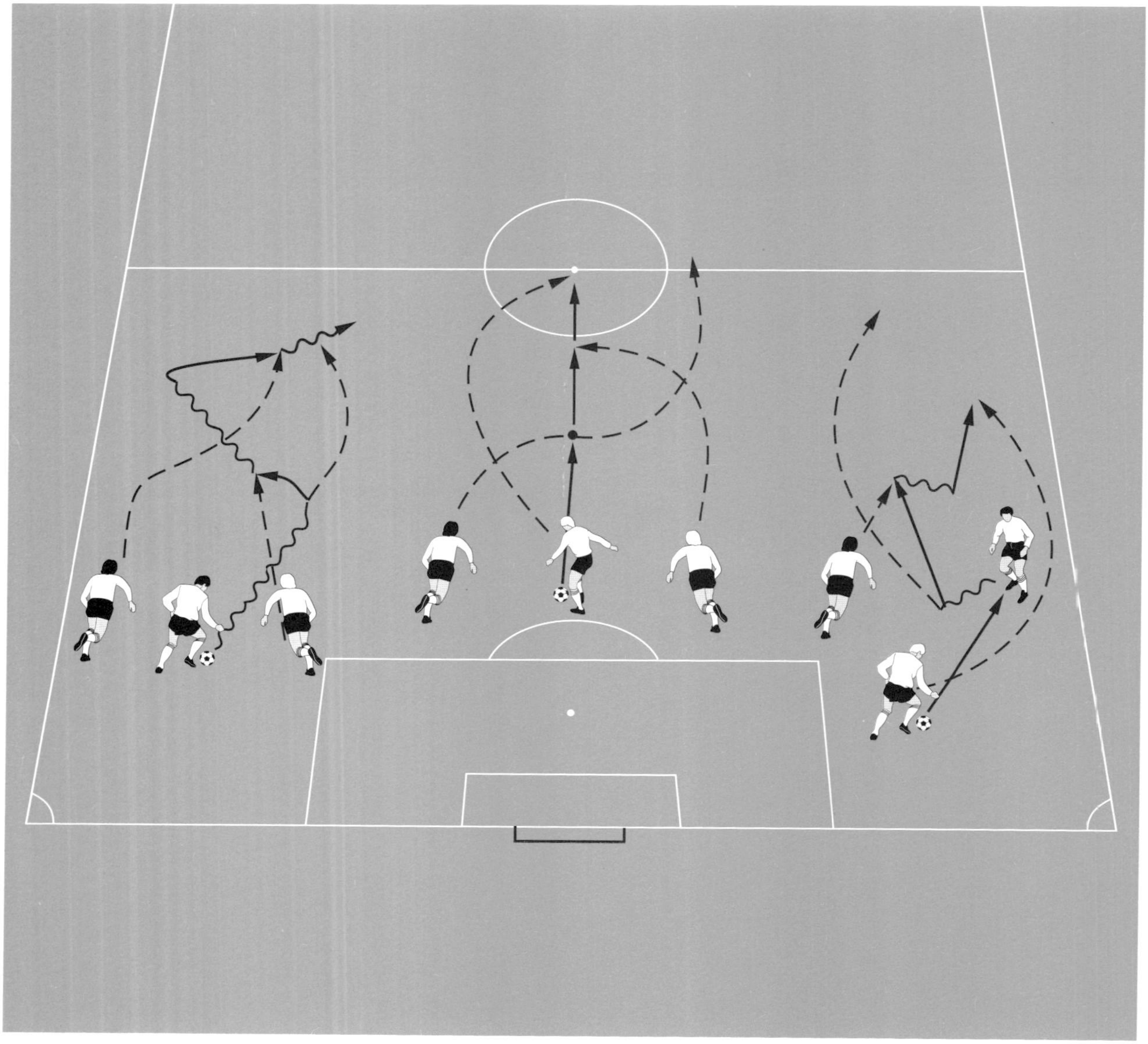

Die Standardkombinationen für 3er-Gruppen entwickeln das Gefühl für das Spiel ohne Ball, für den Paß in den »freien Raum« und für die variable Nutzung des Spielraumes

Das Spiel über die Flügel
Im modernen Fußballspiel wird der Raum vor dem Tor durch ein mehrfach gestaffeltes Abwehrbollwerk massiv abgeschirmt. Am gefährlichsten sind deshalb Angriffe, die von rechts oder links über die Flügel vorbereitet werden. Das Ziel ist dabei, den Ball über den weniger dicht abgedeckten Raum am Flügel vorzutreiben und von dort möglichst scharfe Pässe in den Rücken der gegnerischen Abwehr auf die vorrückenden Innenstürmer zu spielen. Da der Libero bei diesen Aktionen zur Unterstützung der Verteidiger häufig seine zentrale Position verläßt, findet der genaue Paß oder die präzise Flanke in der Mitte häufig einen ungedeckten Mitspieler.

Zu jeder Grundform der weiträumigen Kombinationen auf der Seite rechts gibt es zahlreiche Varianten. Sie bereichern das taktisch variantenreiche Flügelspiel ▷

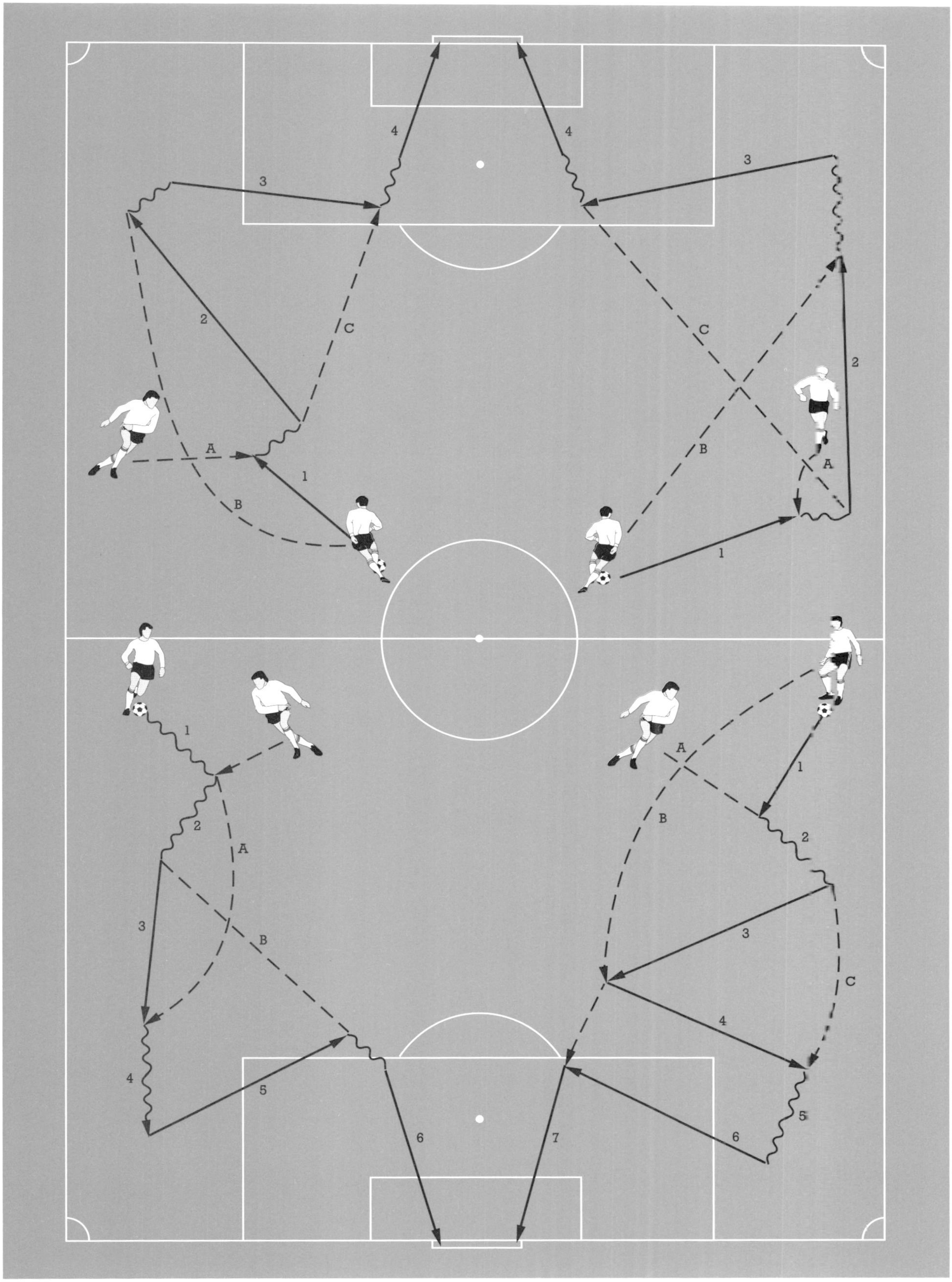

4
4
3
3
2
C
C
2
A
B
B
A
1
1
1
1
2
A
A
B
2
3
B
3
C
4
4
5
5
6
6
7

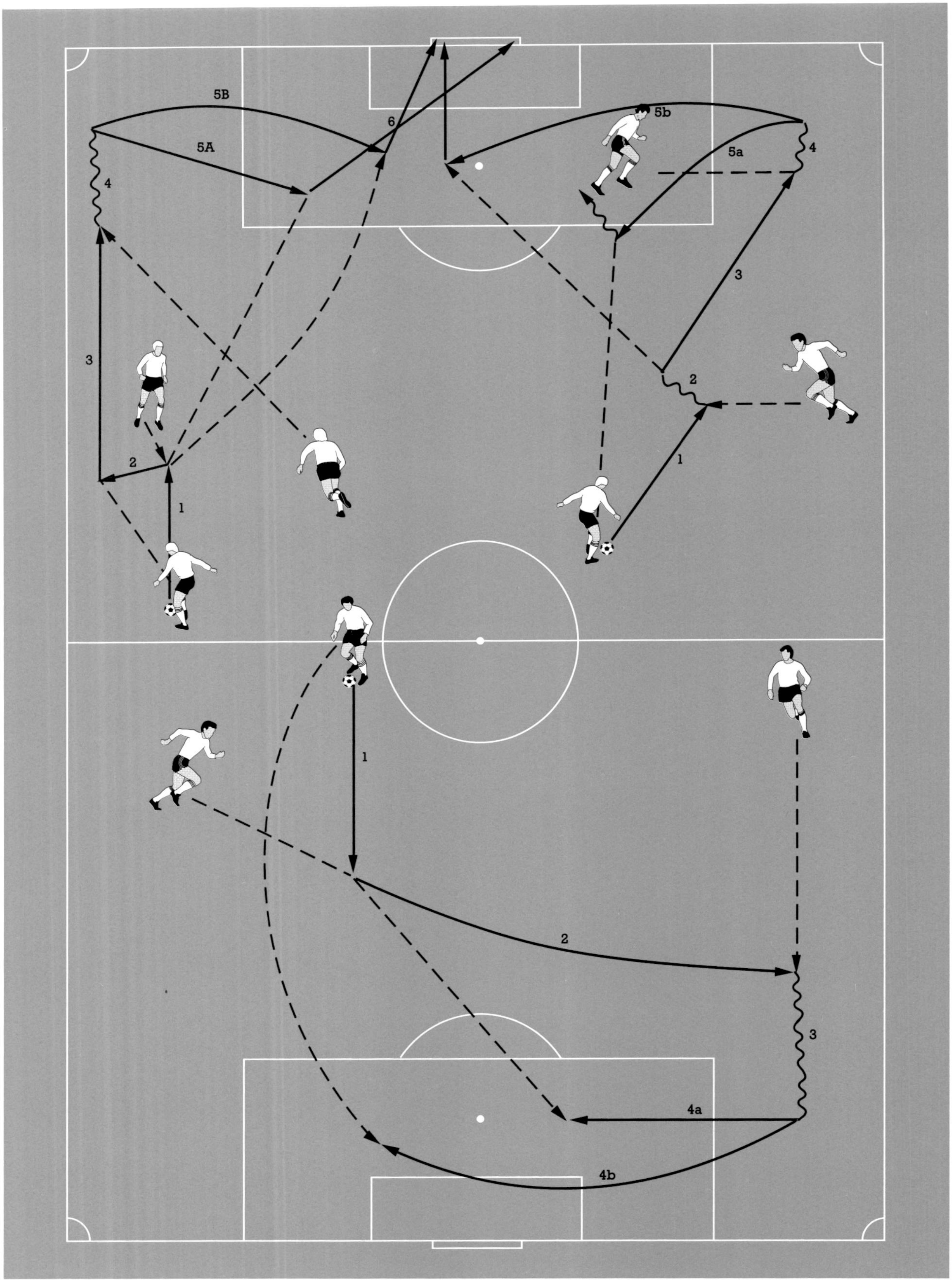
5B
5A
6
4
3
2
1
5b
5a
4
3
2
1
1
2
3
4a
4b

Spielverlagerung und Flügelwechsel
Bei der heute üblichen Spielweise wird der ballführende Angreifer bereits im Mittelfeld von zwei und mehr Gegenspielern attackiert. Dadurch soll ein planmäßiges und zielgenaues Abspiel unterbunden werden. Zwangsläufig entsteht bei dieser Spielweise auf der gegenüberliegenden Spielfeldseite für die abwehrende Mannschaft ein personelles Defizit (dies obwohl heute im Mittelfeld mit fünf und zum Teil mit sechs Spielern operiert wird). Der Pressing-Situation, in die sich der Mann am Ball häufig versetzt sieht, kann er sich durch einen Rückpaß entziehen. Der Spieler im Rückraum sollte dann mit einem diagonalen Flankenball das Spiel auf die gegenüberliegende Spielfeldseite verlagern. In Deutschland wird diese Spielweise vom FC Bayern seit vielen Jahren meisterhaft praktiziert. Dabei wird der Wechsel von einer Spielfeldseite zur anderen auch mehrfach hintereinander innerhalb einer Angriffsaktion ausgeführt. Erst dann, wenn der Gegner die zermürbende Laufarbeit nicht mehr mitvollzieht, wird das Spiel durch präzise Steilpässe auf die Spitzen in die Nähe des gegnerischen Strafraumes verlagert.

Überwinden der Abseitsfalle
Die Abseitsfalle ist ein wirkungsvolles gruppen- und mannschaftstaktisches Abwehrmittel (siehe S. 108). Gegen die Abseitsfalle gibt es drei wesentliche taktische Gegenmittel:
● Hohe Flanken als Flügelwechsel, in den Rücken der nach vorne aufrückenden Abwehrspieler. Da der Ball dabei relativ lange und für den Gegner unerreichbar unterwegs ist, haben Mittelfeldspieler, die aus dem nicht abseitsgefährdeten Rückraum kommen, gute Chancen in Ballbesitz zu kommen.
● Durchbruchdribbling aus dem Rückraum. Dabei versucht ein durch Rückpaß ins Spiel gebrachter Mittelfeldspieler mit Hilfe eines explosiven Durchbruchdribblings die aufrückenden Abwehrreihen zu durchbrechen.
● Wandspiel und Doppelpaß auf engstem Raum. Dabei hat das Wandspiel mit verzögertem Abspiel durch die Sturmspitze oft die größte Aussicht auf Erfolg.

Gruppen-Abwehrtaktik

Absichern des Vordermannes
Sowohl im Mittelfeld wie in der Verteidigungslinie kann der Angriff auf den ballbesitzenden Gegenspieler in aggressiver Weise nur dann ohne großes Risiko durchgeführt werden, wenn der attackierende Spieler im Rückraum wenigstens durch einen Mitspieler abgesichert wird. Die Situation ist typisch für das Zusammenspiel zwischen Libero und Vorstopper und für die unter dem Begriff Pressing bekannt gewordene Spielweise im Mittelfeld. Dabei ist wichtig, daß
● der absichernde Spieler in der Tiefe des Raumes einen Abstand von 2 bis max. 3 m einhält und
● sich die beiden Spieler den Raum rechts und links vom ballbesitzenden Angreifer aufteilen.
Der angreifende Spieler sollte dabei den Weg nach innen abschirmen, der etwas zurückversetzte sichernde Spieler den Weg nach außen.

◁ *In der 3er-Gruppe sind die Variationsmöglichkeiten für Spielzüge noch vielfältiger. Auf der linken Seite sind einige Beispiele dafür dargestellt*

Das Absichern des Vorstoppers durch den dahinter postierten raumdeckenden Libero zeigt das rechte Bild. Der Libero postiert sich seitlich zurückversetzt in der Tiefe des Raumes ▷

Taktik und Taktiktraining

Übergeben und Übernehmen des Gegenspielers
Der Gegenspieler kann grundsätzlich in zwei verschiedenen Spielsituationen übergeben und übernommen werden.
Einmal, wenn der Spieler gegen eine raumdeckende Mannschaft die Zone eines Spielers verläßt. Dabei wird im Bereich der Nahtstellen zwischen den beiden Zonen übergeben. Dies ist für die Abwehr immer wieder risikoreich; deshalb einigen sich die Spieler heute meist darauf, innerhalb des Strafraumes oder kurz zuvor nicht mehr zu übergeben, sondern in diesen gefährlichen Räumen mit ihren Gegnern mit zu wechseln.
Übernommen muß ein gegnerischer Spieler auch dann werden, wenn er seinen direkten Gegenspieler ausgespielt hat. Dabei ist wichtig, daß der ausgespielte Spieler so schnell wie möglich wieder in den Rücken seines Mitspielers gelangt, um diesen im Zweikampf seinerseits wieder abzusichern.
Bei Mannschaften, die in Manndeckung operieren, ist das übernehmen von durchbrechenden Spielern primär Aufgabe des Liberos. Der Libero darf dabei nicht zu schnell und zu weit nach vorne rücken, weil er sonst die Bindung zum übrigen Abwehrblock verliert. Es genügt, wenn er den gegnerischen Spieler etwa 20–25 m vor dem Tor am Torschuß hindert. Aggressiv stören kann er erst dann, wenn der ausgespielte Mitspieler ihn wieder im Rückraum absichert.

Tiefenstaffelung der Mittelfeld- und Abwehrspieler
Bei der oben geschilderten gruppentaktischen Bewegung ist wichtig, daß sich die einzelnen, in Richtung zum Ball vorrückenden Spieler auch in der Tiefe staffeln und sich dadurch gegenseitig absichern. Auf diese Art und Weise wird der Gegenspieler am Ball, wenn er sich zum Durchbruchdribbling entschließt, immer wieder durch neue Abwehrspieler am Durchbruch gehindert.

Verschieben der Positionen in Richtung zum Ball
Bereits Sepp Herberger hat 1954 von der damaligen Nationalmannschaft gefordert, daß sie in Ballnähe mehr Spieler versammeln müsse als der Gegner. Diese Forderung hat heute bei raumdeckenden Mannschaften verstärkte Gültigkeit. Das Motto des modernen Abwehrspiels lautet: »Schnelles Rückerobern des Balles!« Zu diesem Zweck wird – wie bereits geschildert – der gegnerische Spieler am Ball von mehreren Abwehrspielern unter Druck gesetzt. Dies ist nur dann dauerhaft mit Erfolg möglich, wenn sich alle Mitspieler der abwehrenden Mannschaft ebenfalls in Richtung zum Ball hin bewegen. Die Abbildung zeigt die ziehharmonikaartige Bewegung aller Spieler in Richtung zum Ball.

Mit der Ballabgabe verlagern die Spieler ihre Positionen in Richtung zum Ball, die ballnahen Gegner werden enger gedeckt

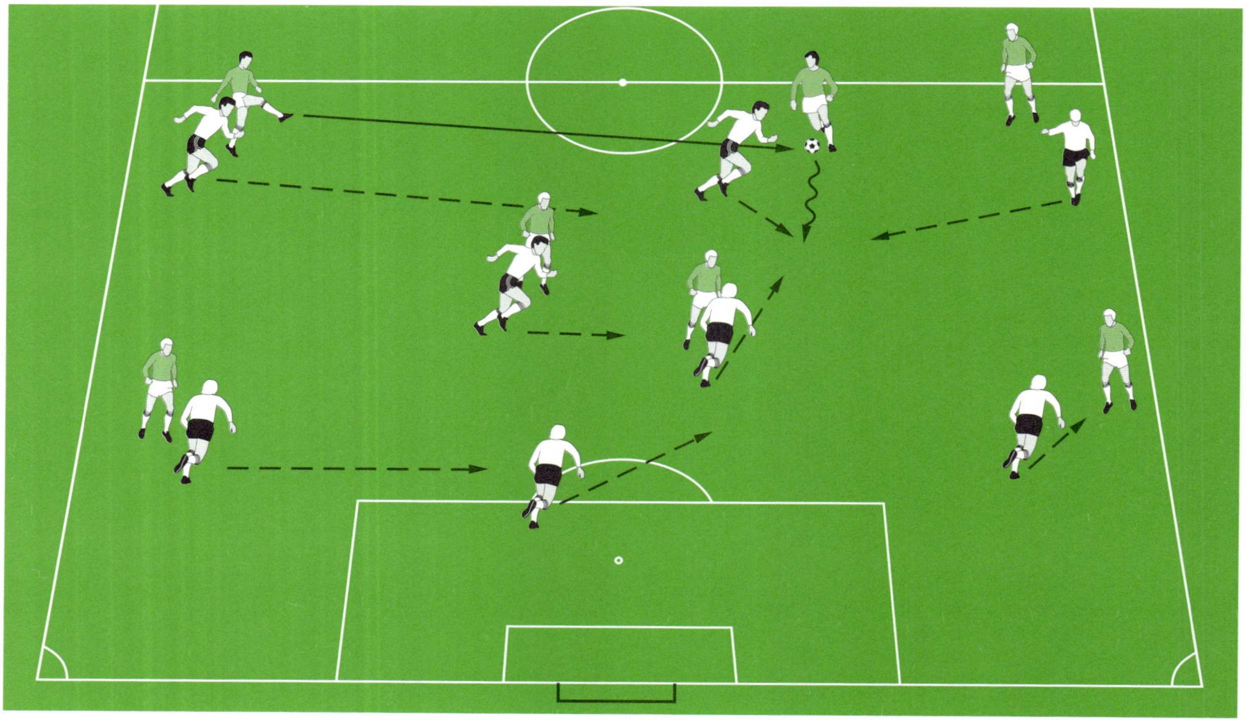

Raumdeckung
Später bei der Einzeltaktik wird auf Mann- und Raumdeckung als prinzipiell unterschiedliche Deckungsarten verwiesen. Während die Manndeckung auch durch einen einzelnen Spieler mit Erfolg praktiziert werden kann, ist das Verhalten der Spieler in der Raumdeckung in der Regel nur im gruppen- oder mannschaftstaktischen Rahmen erfolgreich zu praktizieren.

Dabei wird jedem Spieler ein bestimmter Raum (Zone) zugewiesen, für den er im Abwehrverhalten verantwortlich ist. Dort hat er jeden Gegenspieler, der in diesem Raum mit oder ohne Ball eindringt, direkt zu bekämpfen. Wechselt der Gegner aus diesen Raum in eine andere Zone, so geht er gleichzeitig in den Verantwortungsbereich eines anderen Abwehrspielers ein (Übergeben und Übernehmen).

Beide Deckungsarten, die Mann- und die Raumdeckung, haben ihre spezifischen Vor- und Nachteile. Sie stellen an die Mannschaften, die sich ihrer bedienen ganz spezifische Ansprüche. In der Tabelle auf S. 94 werden die Voraussetzungen sowie die Vor- und Nachteile der beiden Deckungsarten einander gegenübergestellt.

Raumdeckung: Die Abbildung zeigt eine von vielen Möglichkeiten der Aufteilung des Abwehrraumes in Zonen (Beispiel 3:5:2-System)

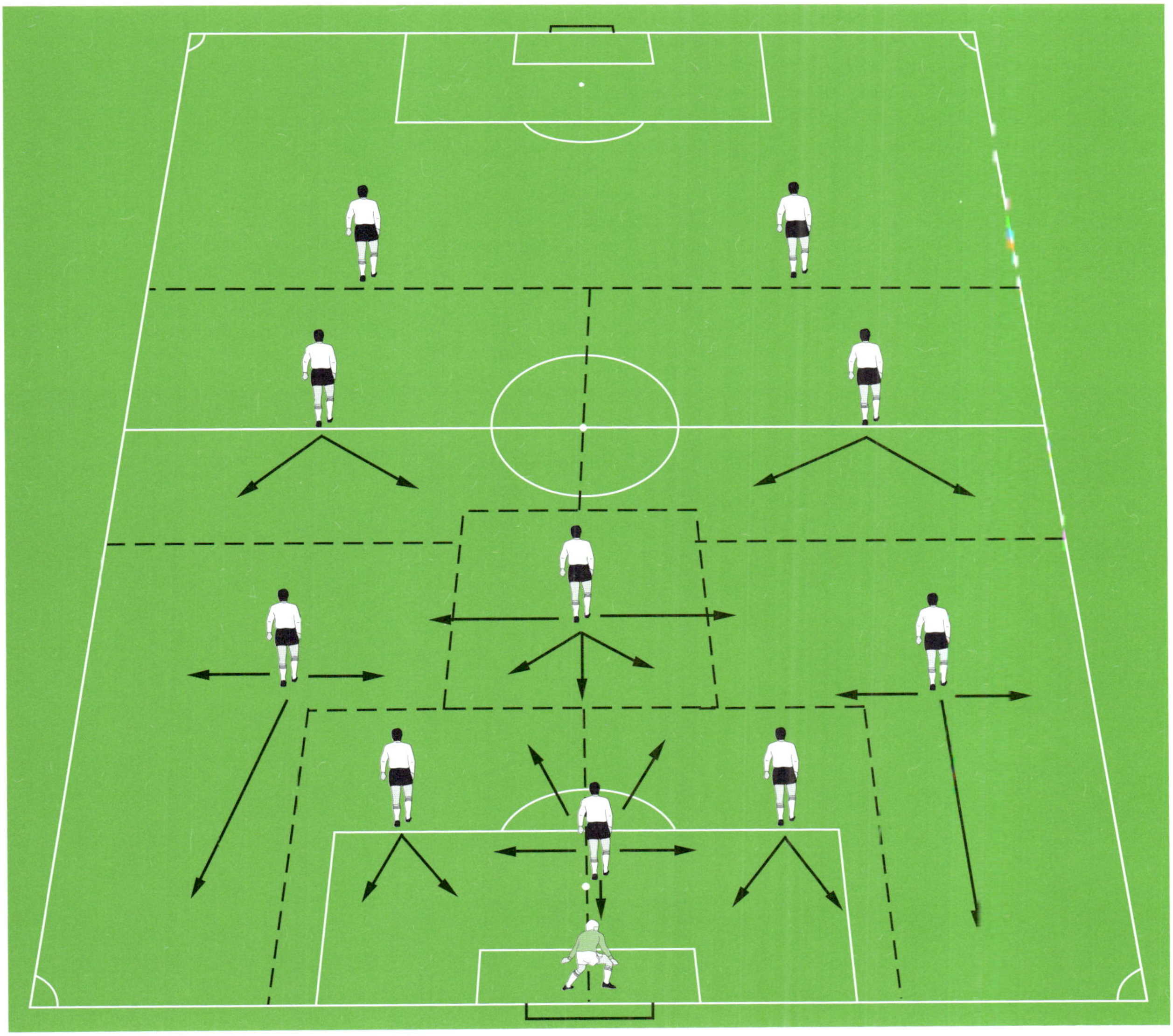

Gemischte Deckung
Nachdem in der ersten Hälfte der 80er Jahre eine »Raumdeckungs-euphorie« Platz gegriffen hat, wird heute national und international überwiegend ein gemischtes Deckungsverfahren praktiziert.
Dabei werden die gegnerischen Sturmspitzen zumindest ab der Mitte der eigenen Spielfeldhälfte in strenger Manndeckung gedeckt und die übrigen Spielräume in Raumdeckung abgeschirmt. Dies klingt theoretisch sehr einfach, ist aber in der Praxis mit erheblichen Schwierigkeiten verbunden. Wenn nämlich die gegnerischen Sturmspitzen ihre Grundpositionen ständig wechseln, dann werden immer wieder neue und andere Räume frei, die in Raumdeckung abgeschirmt werden müssen. Dies setzt bei den Mittelfeld- und Abwehrspielern ein großes Laufpensum und hohe geistige Flexibilität voraus. In den beiden Abbildungen wird an einem Beispiel dargestellt, wie die wechselweise eröffneten Räume durch den Libero und durch die Mittelfeldspieler abgeschottet werden können.

Stellen der Abseitsfalle
Die aggressive Abseitsfalle, an deren Aufbau alle Abwehrspieler in gleicher Weise beteiligt sind, ist heute zu einem wirkungsvollen taktischen Mittel der Abwehr geworden. Dabei wird das Signal für das gemeinsame Vorrücken der Abwehrspieler nicht mehr wie früher durch einen Spieler (z. B. dem Libero) gegeben. Vielmehr ist die Entwicklung typischer Spielsituationen das Zeichen für die Abwehrspieler zum aggressiven gemeinsamen Aufrücken in Richtung zur Mittellinie. Dadurch wird die Abseitslinie schlagartig um einige Meter nach vorne verlagert; die gegnerischen Stürmer werden gezwungen, diese Bewegung, die für sie einen Rückzug bedeutet, mitzumachen. Infolge dieser Bewegung werden die Angriffsaktionen gestoppt, Kombinationen müssen auf dem Umweg über Rückpässe erst wieder neu eingeleitet werden.
In folgenden Situationen kann die Abseitsfalle mit großer Aussicht auf Erfolg gestellt werden:

- Wenn Eckbälle oder Freistöße von der Seite durch den Torhüter oder durch Abwehrspieler ins Feld zurückgespielt werden.
- Wenn Freistöße aus der Mitte des Spielfeldes abgewehrt und ins Spielfeld zurückgeschlagen werden.
- Wenn der Gegenspieler am Ball im Mittelfeld durch Pressing bekämpft wird und er den Ball zur Sicherung zurückpassen muß.

In den genannten Fällen rücken die Verteidiger, wie bereits beschrieben, aggressiv nach vorne.
Für die Absicherung der risikoreichen Abseitsfalle ist wichtig, daß einige Mittelfeldspieler in einer Art Scherbewegung den aufrückenden Abwehrspielern in Richtung zum eigenen Tor entgegenlaufen. Sie können beim Scheitern der Abseitsfalle dann schneller eingreifen als die Abwehrspieler.

Vorbereitung der Abseitsfalle beim Freistoß durch die holländischen Spieler

Einzeltaktik

Unter allgemeiner Einzeltaktik versteht man die zielgerichteten und planvoll aufeinander abgestimmten Angriffs- und Abwehrhandlungen eines Spielers, die er – unabhängig von den speziellen Aufgaben seiner Spielposition – ausführt, um typische Spielsituationen erfolgreich zu lösen.

Folgende Angriffs- und Abwehrhandlungen werden von dem einzelnen Spieler ausgeführt:

Einzel-Angriffstaktik – Spieler selbst in Ballbesitz

- An- und Mitnahme des Balles in die Bewegung
- Passen/ Zuspielen
- Flanken
- Torschuß – kurze/ große Distanz
- Dribbling zur Ballsicherung
- Dribbling zum Durchbruch

Mitspieler am Ball

- Freilaufen
- Anbieten .

Einzel-Abwehrtaktik – Gegenspieler in Ballbesitz

- Tackling
- Zurückweichen/ Verzögern
- Abdrängen zur Seite
- Tor abschirmen
- Pässe auf gefährlich postierte Gegner abblocken .

Gegenspieler nicht in Ballbesitz

- Manndeckung
- Raumdeckung/ individuell
- Zuspiel abblocken/ abfangen (s. oben)
- bei Annahme stören .

Viele der einzeltaktischen Handlungen wurden bereits in Kapitel Technik behandelt, dort allerdings ausschließlich unter dem Aspekt des technomotorischen Ablaufes der Bewegung. Hier soll gezeigt werden, was bei der Anwendung der jeweiligen Techniken unter taktischen Gesichtspunkten zu beachten ist.

Einzel-Angriffstaktik

An- und Mitnahmen des Balles
Der An- und Mitnahme des Balles sollte, zumindest wenn der Gegner in Ballnähe ist, immer eine Täuschung vorausgehen. Der Ball sollte grundsätzlich in einen Spielraum mitgenommen werden, aus dem heraus eine wirkungsvolle Anschlußhandlung (z. B. Torschuß, Zuspiel) erfolgen kann. Beides, die Täuschung und das anschließende Mitnehmen des Balles kann nur dann wirkungsvoll sein, wenn der Spieler unmittelbar bevor er in Ballbesitz gelangt, seine eigene Spielposition und die seiner Mit- und Gegenspieler richtig wahrnimmt.
Bei der Annahme ist der taktische Leitsatz »Körper zwischen Mann und Ball« zu beachten. Dazu muß der annehmende Spieler den Ball mit dem rechten und mit dem linken Bein gleichermaßen sicher beherrschen.

Passen und Zuspielen
Von der Qualität des Passes hängt die Sicherheit und der Erfolg des gesamten Kombinationsspiels ab. Ein Zuspiel kann flach und hoch, scharf und weich, mit und ohne Effet, mit und ohne ansignalisierte Ausholbewegung geschlagen werden.
Aus dieser Vielzahl von Möglichkeiten wird deutlich, daß die Art des Zuspiels taktisch der jeweiligen Spielsituation angepaßt werden kann.
Für das Zuspiel sind folgende Grundregeln zu beachten:

- Zeitpunkt, Richtung und Flugbahn des Zuspiels wird von dem sich freilaufenden Spieler und nicht von dem Mann, der den Paß spielt, bestimmt. Der Mann am Ball muß aus den Bewegungen des Mitspielers erkennen, wohin und wie er den Paß spielen soll.
- Die Art des Zuspiels und damit der Kombinationen sollte im Verlaufe des Spiels ständig variiert werden. Auf ein stereotyp gleichartiges Kombinationsspiel kann sich der Gegner rasch einstellen und taktische Gegenmittel entwickeln. Auf einen ständigen Wechsel von Steil- und Querpässen, Vorwärts- und Rückwärtspässen, Lang- und Kurzpässen, Pässen exakt in den Fuß oder in den freien Raum kann sich der Gegner nur sehr schwer einstellen.
- Die Witterungs- und Platzverhältnisse spielen für das Zuspiel eine große Rolle. Bei schwerem Morastboden oder tiefem Schneeboden sind hohe und weite Pässe taktisch zweckmäßiger. Dagegen ist bei einem glatten, nassen Rasen ein Kurzpaßspiel genau in den Fuß zu empfehlen.
- Das Zuspiel soll den Mitspieler auf der dem Gegner abgewandten Seite erreichen.
- Wenn Pässe auf einen Stürmer eine Torschußsituation vorbereiten sollen, soll der Ball möglichst auf das starke Schußbein gespielt werden.

Flanken
Flanken sind übermannhohe Pässe, die entweder als exaktes hohes Zuspiel gedacht sind oder mehr oder weniger »blind« in den gefährlichen Raum vor dem gegnerischen Tor geschlagen werden.
Grundsätzlich gelten für das Flanken die gleichen Gesichtspunkte wie für das Zuspiel. Einige gesonderte Aspekte sind zusätzlich zu beachten:

- Mit Effet geschlagene Flanken sind vom Mitspieler schwerer anzunehmen, aber vom Gegner auch schwerer zu berechnen. Wenn im Training regelmäßig Flanken mit Effet geschlagen werden, kann dies zu einer wichtigen taktischen Waffe werden.
- Eckstöße, die als Flanken mit starker Effetwirkung hin zum oder weg vom Tor geschlagen werden, können den gegnerischen Torhüter in arge Verlegenheit bringen.
- Die Spielverlagerung im Mittelfeld sollte grundsätzlich in Form von Flanken erfolgen. Dadurch wird verhindert, daß Gegenspieler evtl. unsauber geschlagene Bälle in der Mitte des Spielfeldes abfangen und einen Kontervorstoß einleiten können.

● Flanken vor das gegnerische Tor sollten möglichst scharf und knapp über Kopfhöhe geschlagen werden. Die früher üblichen »Bogenlampen« (hohe Flugbahn mit am Ende senkrecht abfallender Flugkurve) sind für die Torhüter und die gegnerischen Abwehrspieler heute kaum noch eine Gefahr.

Torschüsse aus kurzer und großer Entfernung vom Tor

Torschüsse aus großer Distanz sind für Spieler und Zuschauer sicher spektakulär. Sie werden von den Spielern im Torschußtraining auch am häufigsten geübt.
Tatsächlich fallen die meisten Tore aus sehr viel kürzeren Distanzen von innerhalb dem 16-m-Raum (bei der Europameisterschaft 1988 wurden 33 von 34 Toren so erzielt).
Der Torschuß kann dabei mit dem Kopf, dem Außen-, Innen- und dem Vollspann ausgeführt werden, auch mit der Innenseite, der Spitze und der Hacke des Fußes sind Torschüsse, wenn sie aus kurzer Distanz und überraschend ausgeführt werden, erfolgreich.
Der Erfolg eines Torschusses hängt weniger von der Härte, als von der Präzision des Schusses ab. Dazu gehören neben der Technik vor allem Intuition, gute Nerven und sehr viel taktische Routine.
Aus taktischer Sicht können für den Torschuß folgende Empfehlungen gegeben werden:

● Torschüsse aus kurzen Distanzen (bis etwa 11 m) sollten als präzise Zielstöße in die ***Ecke*** eines Tores plaziert werden. Dazu wird der Torpfosten – nicht der Torwart! – anvisiert.

● Torschüsse aus größeren Distanzen sollten mit scharfen, wuchtigen Stößen in die rechte oder die linke ***Hälfte*** geschossen werden. Dazu wird die Lücke zwischen Torwart und Torpfosten anvisiert.

● Aus kurzer Distanz sind Torschüsse um so gefährlicher, je überraschender sie für den Torhüter abgefeuert werden. Deshalb sollte bei Schüssen aus kurzer Entfernung die Ausholbewegung so weit wie möglich unterdrückt werden. Ein kurzes Zuspiel sollte möglichst direkt, d. h. ohne Annahme des Balles verwandelt werden.

● Jeder Torhüter hat eine schwächere Seite (sehr häufig die linke !). Schüsse in die schwächere Ecke sind besonders erfolgversprechend.

● Bei Torschüssen, die als Anschlußhandlung auf ein Dribbling folgen, sollte die Schußrichtung und der Zeitpunkt des Stoßes angetäuscht werden. Große Aussicht auf Erfolg haben »verdeckte Schüsse«; dabei wird noch vor Beendigung des Dribblings meist aus der Drehung geschossen. Häufig wird dem Torwart dadurch die Sicht auf den Ball und die Schußbewegung genommen.

● Bei Schüssen aus dem Dribbling sind die Stellung und die Bewegung des Torhüters zu berücksichtigen. Schüsse aus spitzem Winkel sollten möglichst flach und mit Effet in die lange Ecke geschlagen werden.

● Wenn der Torhüter zu weit vor dem Tor steht, kann er auch durch Hebebälle überspielt und überlistet werden.

● Durch Finten vor dem Schuß wird der Torhüter zu Fehlreaktionen verleitet; er kann auf dem »falschen Fuß« vorbei ausgespielt werden.

● Bei glattem, nassem Rasen sind flache Schüsse oder sog. »Aufsetzer« für einen Torhüter besonders schwer zu berechnen.

Übungs- und Spielformen zum Torschuß aus kurzen Distanzen

● Zielstöße aus dem Lauf auf das Tor, von innerhalb des Strafraums; mit wechselnden Anlaufrichtungen und Abständen zum Tor beim Schuß; der Trainer signalisiert hinter dem Tor stehend die Torecke.

● Wie oben, aber mit situationsangepaßter Auswahl der Technik, z. B. Zielstöße, Dribblings, Heber, Scharfschüsse (der Torwart wird aufgefordert, seine Position im/vor dem Tor zu verändern).

● Wie oben, aber mit zusätzlicher Reaktionsleistung durch Verwertung eines Zuspiels, das unmittelbar nach dem ersten Torschuß erfolgt; das Zuspiel für den Nachschuß im Wechsel flach oder hoch, aus kurzer oder langer Distanz.

● Spiel 2 gegen 1 oder 2 gegen 2 oder 2 gegen 3 oder 3 gegen 3 auf ein Tor; auch mit Simulation einer Nachschußsituation; das Zuspiel für den Nachschuß kann auch durch einen neutralen Zuspieler als Flanke vom Flügel geschlagen werden. Das Spiel 2 gegen 2 / 3 gegen 3 kann auch mit Aufgabenwechsel nach Ballverlust gespielt werden.

● Weitere Spielformen:
1 plus 1 gegen 1 plus 1 auf zwei kleine Tore. Torwart plus 2 gegen 2 plus Torwart auf Jugendtore. Torwart plus 3 gegen 3 mit zwei Neutralen (im Rückraum und auf dem Flügel), auf ein Tor mit Aufgabenwechsel nach Ballverlust. Beliebige Mannschaften auf zwei Tore, in ½ Spielfeld, mit diversen Provokationsregeln wie z. B.: mit Tabuzone für Abwehrspieler auf dem Flügel, nur ein Ballkontakt, Tore nur nach Ablegen als Direktschuß, Tore nur mit dem Kopf u. a. m.

Dribbling zur Ballsicherung

Zur Sicherung des Ballbesitzes wird aus folgenden Gründen gedribbelt:

● Der ballbesitzende Spieler hat im Moment keine Abspielmöglichkeit, weil seine Mitspieler gedeckt sind oder zu weit entfernt sind.

● Ein Mitspieler ist in Abseitsposition gelaufen; das Abspiel muß durch Dribbling so lange verzögert werden, bis er die Abseitsposition wieder verlassen hat.

● Die eigene Mannschaft ist stark unter Druck; ihr kann man durch scheinbar planloses Dribbeln im Mittelfeld oder noch besser in der gegnerischen Spielfeldhälfte etwas Luft verschaffen.

Die taktischen Grundsätze für die Ausführung des Dribblings zur Ballsicherung werden im nächsten Abschnitt behandelt.

Dribbling zum Durchbruch

Das Durchbruchdribbling wird in folgenden Situationen angewandt:

- Kontervorstoß aus dem Mittelfeld oder aus der Abwehr in freie Räume der gegnerischen Spielfeldhälfte
- Gegenmittel gegen eine vom Gegner aufgebaute Abseitsfalle
- Risikodribbling in den gegnerischen Strafraum mit der Absicht, den Gegner zum Foulspiel zu verleiten und damit einen Strafstoß für die eigene Mannschaft herauszuholen.

Bei beiden Formen des Dribblings sind zahlreiche taktische Gesichtspunkte zu beachten:

- Durch Dribbling und Passen sollen Torschußsituationen vorbereitet werden. Ein Paß ist immer schneller als der schnellste Spieler mit Ball. Deshalb sollte grundsätzlich nicht gedribbelt werden, wenn in Richtung zum gegnerischen Tor ein eigener Mitspieler günstig postiert ist.
- Zu Spielbeginn sollte aus verschiedenen Gründen wenig gedribbelt werden. Einmal ist der gegnerische Abwehrspieler zu Beginn noch besonders aggressiv, zum anderen muß auch der dribbelnde Spieler zuerst selbst richtig in Schwung kommen. Häufig finden Spieler, die zu Beginn mehrere Zweikämpfe verloren haben, für den Rest des Spiels nicht mehr zu ihrer gewohnten Spielform.
- Nicht auf einen Gegenspieler zudribbeln, sondern in die Freiräume rechts und links von ihm dribbeln.
- Möglichst nicht aus dem Stand, sondern aus dem Lauf dribbeln.
- Das Dribbling immer mit Finten einleiten.
- Die Finte im richtigen Abstand und zum richtigen Zeitpunkt ansetzen; in der Regel wird die Finte zu spät und zu nahe am Gegner ausgeführt.
- Wenn das Dribbling eine Spielverlagerung durch einen langen Paß vorbereiten soll, dann wird in die Gegenrichtung gedribbelt. Dadurch wird der Gegner aus dem späteren Aktionsraum heraus gelockt.
- Grundsätzlich sollte beim Dribbling der Gegner genau beobachtet werden. Dadurch kann auf seine Abwehrreaktion noch reagiert und die Richtung des Dribblings verändert werden.

Entschlußkraft und Spielfreude sind dem dribbelnden Spieler ins Gesicht geschrieben

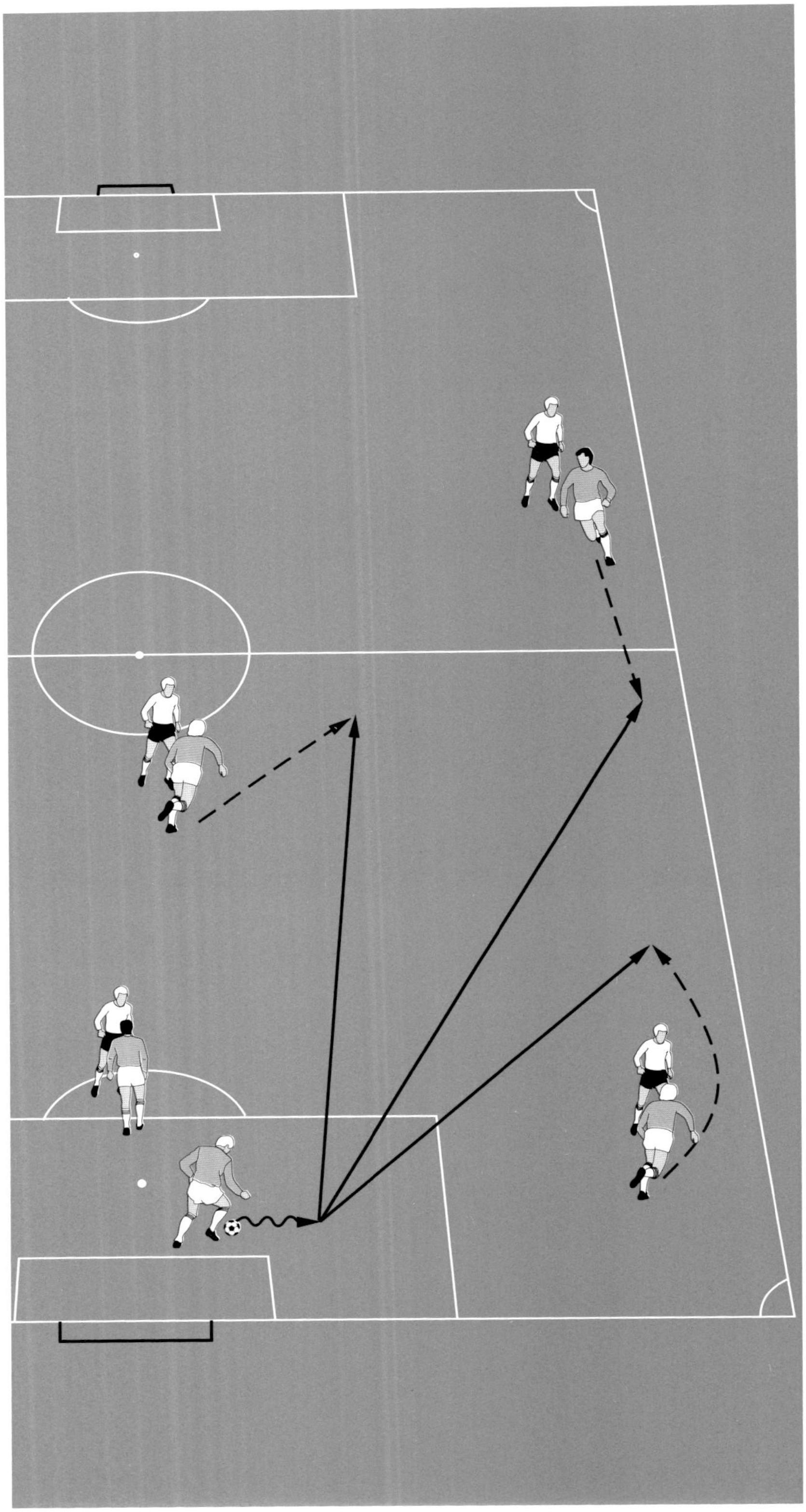

Freilaufen und Anbieten
Üblicherweise läuft sich ein Spieler frei, um sich einem Mitspieler für ein Zuspiel anzubieten. Es gibt aber noch weitere Veranlassungen, um sich freizulaufen:

- Freilaufen, um mit einem Nebenspieler die Positionen zu tauschen (Positionswechsel in der Breite des Raums)
- Freilaufen, um einem Mitspieler einen Raum für ein Durchbruchdribbling zu eröffnen (Positionswechsel in der Tiefe des Raumes)
- Freilaufen, um einen manndeckenden Gegenspieler aus seinem Aktionsraum zu locken und damit Lücken in das Abwehrgefüge zu reißen
- Freilaufen, um eine bestimmte Kombination anzutäuschen und dem Mitspieler eine überraschende andere Aktion zu ermöglichen.

Beim Freilaufen sind folgende drei Aspekte wichtig:

Der Zeitpunkt (wann?)
Das Freilaufen sollte in dem Augenblick erfolgen, in dem der Zuspieler durch einen Blickkontakt signalisiert, daß er spielbereit ist. Läuft sich ein Spieler früher frei, wird er wieder gedeckt werden, noch bevor der Paß gespielt wird; läuft er später frei, so ist der abwehrende Spieler beim Tackling gegenüber dem Freilaufenden im Vorteil.
Das richtige Timing für das Freilaufen ist vor allem bei direkten Kombinationen von großer Bedeutung.
Bei neu zusammengestellten Mannschaften oder Spielerpaarungen (z. B. Mittelfeldspieler als Zuspieler, Sturmspitze als freilaufender Spieler) dauert es oft Wochen und Monate, bis die nötige Feinabstimmung in Zeit und Raum »sitzt«.
Auch der Neueinbau von Spielern braucht aus diesem Grund seine Zeit.

Freilaufen im eigenen Abwehrraum in Richtung zur Seitenlinie

Die Form (wie?)
Das Freilaufen erfolgt entweder durch einen überraschenden Antritt oder noch besser durch eine vorausgehende Schrittfinte nach rechts mit Start nach links (bzw. umgekehrt). Dabei sollte man immer versuchen, in den Rücken des Gegenspielers zu laufen, so daß dieser nicht gleichzeitig den Ball und seinen Gegner beobachten kann.

Die Richtung (wohin?)
Die Frage nach dem Wohin ist besonders schwierig zu beantworten, weil es für jede der unzähligen Spielsituationen immer mehrere erfolgversprechende Möglichkeiten gibt. Sepp Herberger hat vor mehr als 50 Jahren formuliert: »Hin zum Mann am Ball!« – und gleichzeitig gefordert: »Man muß auch wegbleiben können.« Dies gilt uneingeschränkt noch im modernen Fußball unserer Tage. Die folgenden taktischen Grundregeln machen das Freilaufen variantenreich und für den Gegner schwer durchschaubar:

● In der eigenen Spielfeldhälfte bietet man sich dem ballbesitzenden Abwehrspieler in Richtung zur Seitenlinie an.

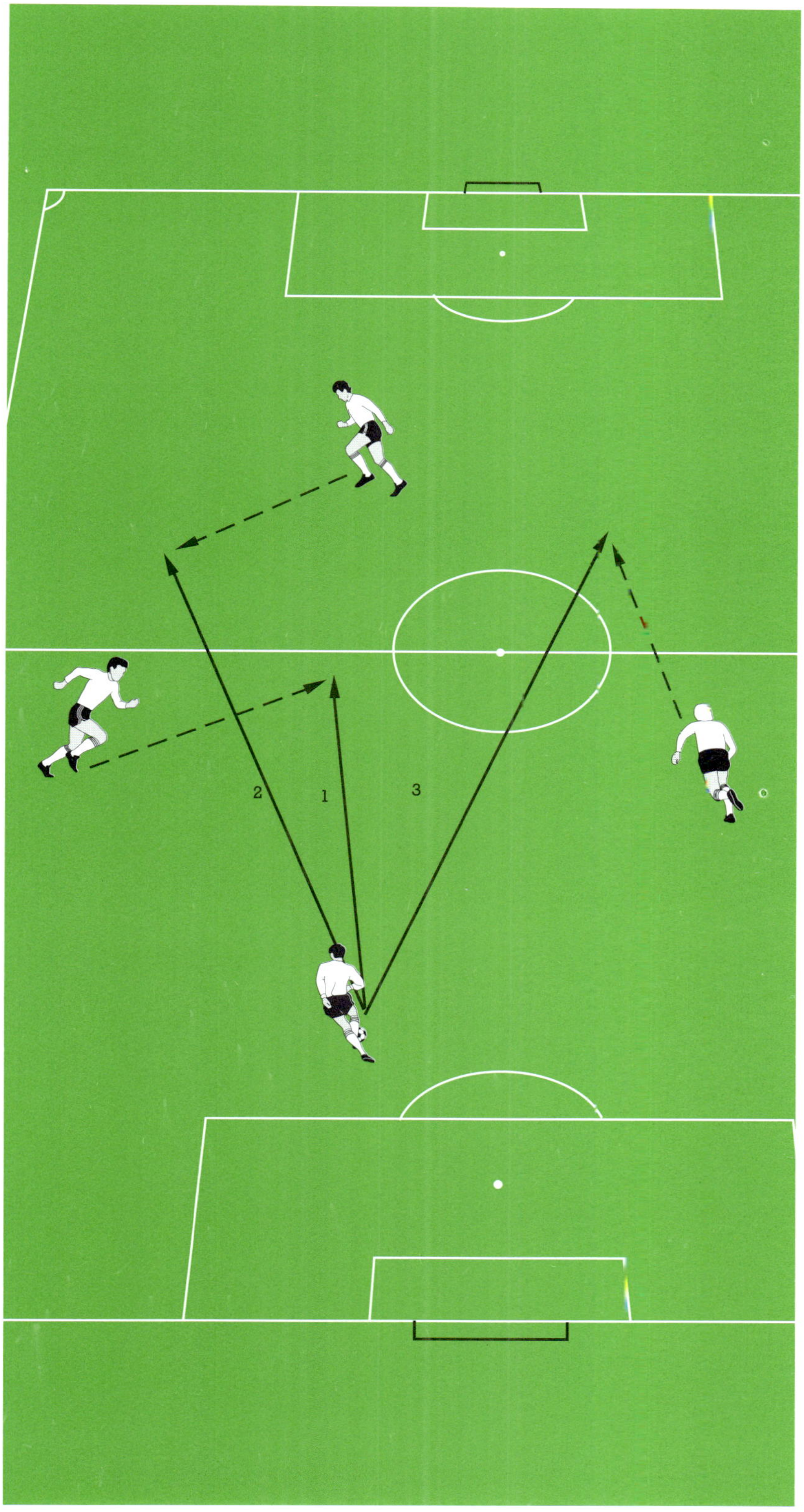

Freilaufen im Mittelfeld auf diagonalen Laufwegen

● Im Mittelfeld versucht man, durch Laufen auf diagonalen Laufwegen in den Rücken der gegnerischen Mittelfeldspieler zu kommen.

● In der Sturmspitze läuft man in Abhängigkeit von der Position des Liberos und der Entfernung zur Tor-Aus-Linie frei. Auch die Abseitsgrenze ist zu beachten. Als Stürmer muß man sich deshalb oft quer oder schräg zurück ins eigene Mittelfeld freilaufen.

● Wenn sich mehrere Spieler gleichzeitig freilaufen, sollten die Aktionen so aufeinander abgestimmt sein, daß der Mann am Ball Abspielmöglichkeiten nach vorne, nach rechts und links und auch nach hinten erhält.

In der Abbildung rechts wird der Idealfall konstruiert: Dem Mann am Ball bieten sich nach allen Seiten Abspielmöglichkeiten

Das Freilaufen in der Sturmspitze kann in die Breite und die Tiefe des Raumes erfolgen

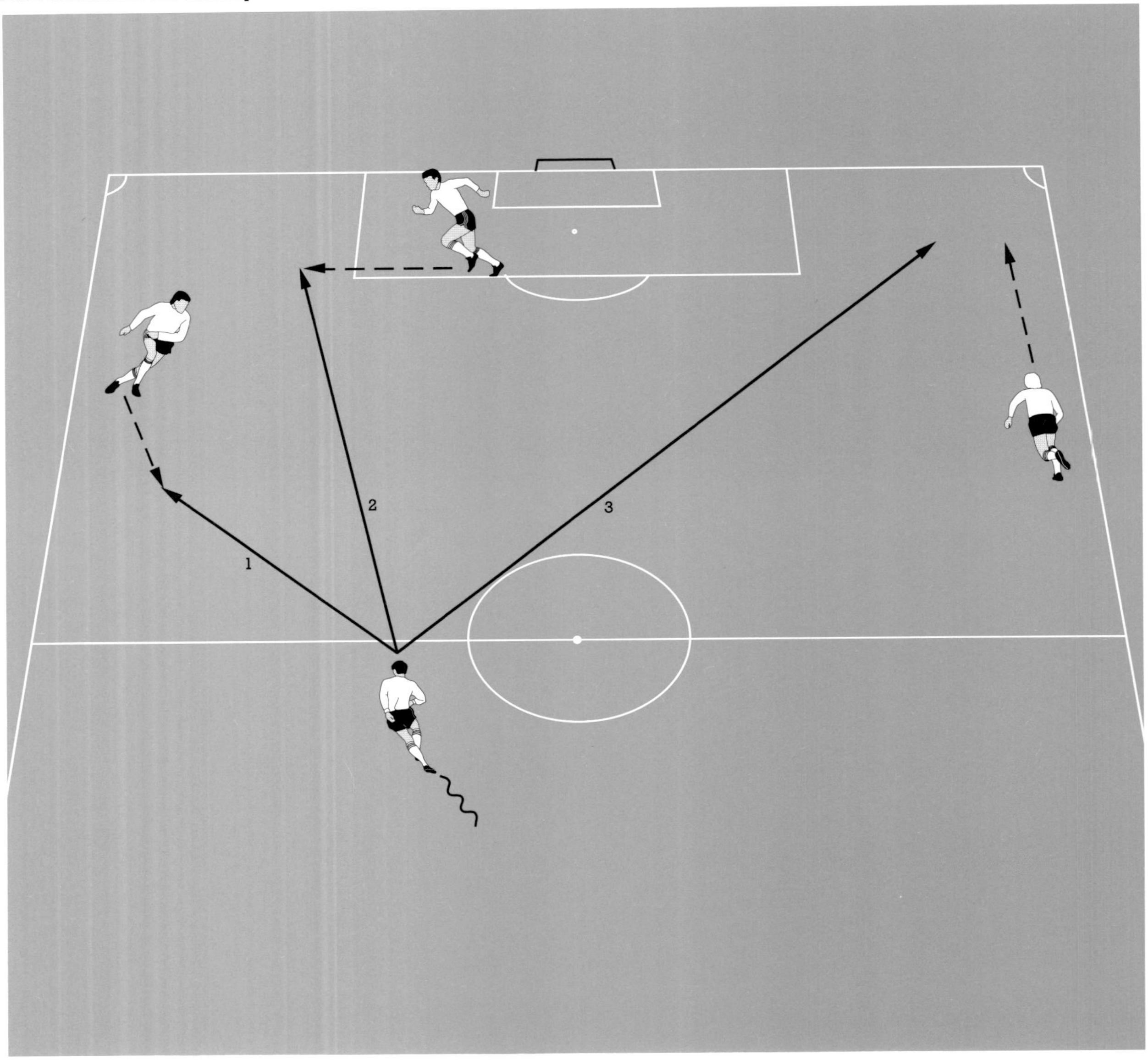

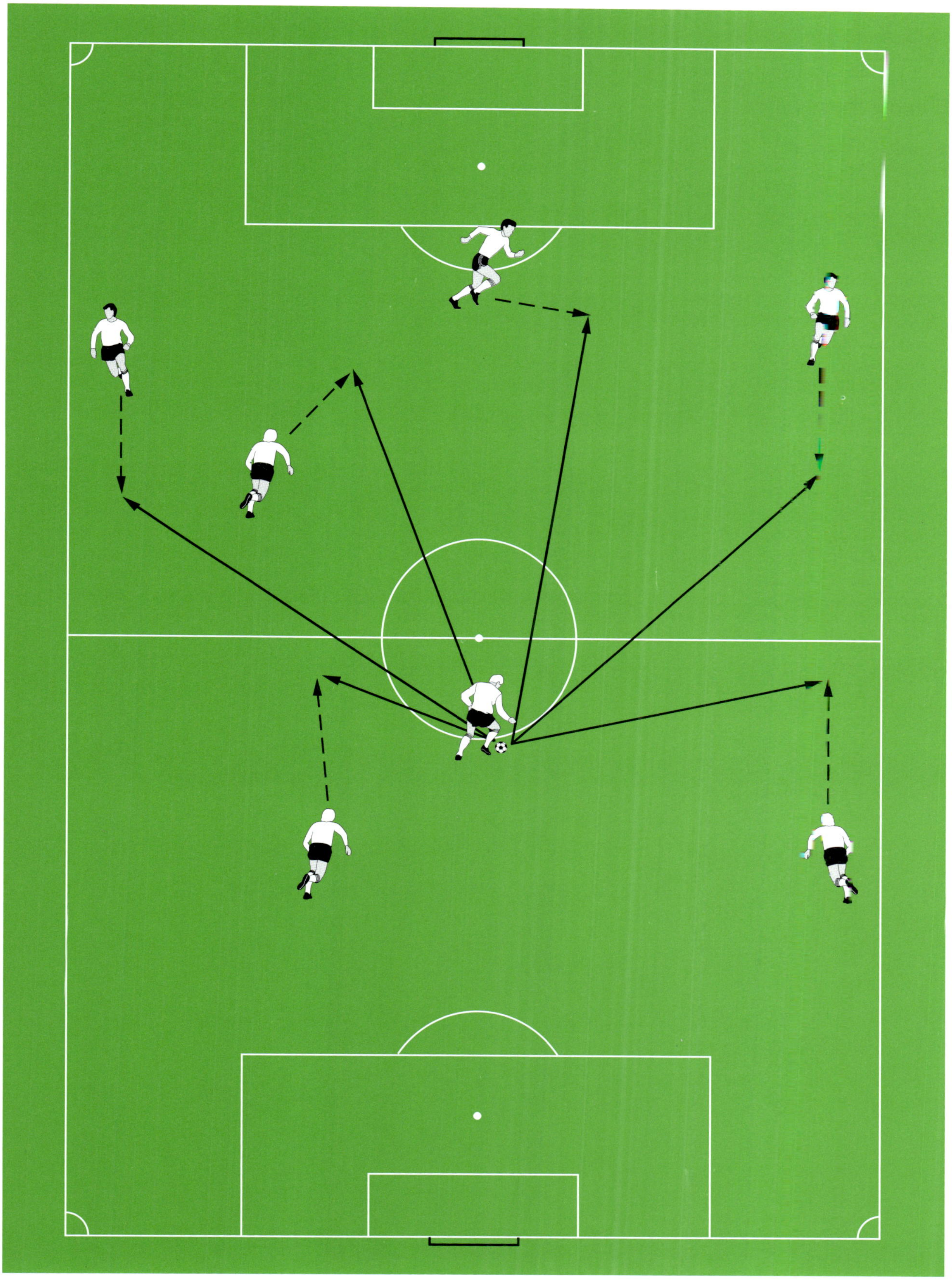

Einzel-Abwehrtaktik

Tackling

Der taktisch gut geschulte Spieler tackelt ***nicht zum erstmöglichen, sondern zum bestmöglichen Zeitpunkt.***
Für die Ballabnahme eignen sich folgende Zeitpunkte besonders gut:

● Der Augenblick, kurz bevor der gegnerische Spieler versucht, ein Zuspiel anzunehmen: dabei springt der manndeckende Abwehrspieler in Form des Prelltacklings entschlossen nach vorne und bringt den Ball in Besitz bzw. stößt ihn aus der Gefahrenzone.

● Der Augenblick, in dem der gegnerische Spieler versucht, den Ball an- und mitzunehmen: in diesem Augenblick steht er auf einem Bein und ist mit der Annahme voll beschäftigt, so daß er sich gegen die gegnerische Attacke weniger zur Wehr setzen kann.

● Wenn der gegnerische Spieler bereits in Ballbesitz ist, sollte der Moment abgewartet werden, in dem er den Ball kurze Zeit vom Fuß prallen läßt.

In diesem weniger günstigen Fall muß der Abwehrspieler die Situation durch zusätzliche taktische Maßnahmen vorteilhafter gestalten. Wichtig ist dabei, daß er:

● im Abstand von 2–3 m das Lauftempo des dribbelnden Spielers aufnimmt

● nicht frontal, sondern von der Seite auf den Angreifer zukommt; dabei blockiert er dem dribbelnden Spieler den Durchbruch nach einer Seite völlig ab und drängt ihn in Richtung auf sein eigenes stärkeres Spielbein ab

● durch Angriffsfinten den dribbelnden Spieler zu Fehlreaktionen veranlaßt und damit eine günstige Möglichkeit für ein Spreiz- oder Gleit tackling schafft.

Grundsätzlich ist dabei zu beachten, daß mit Spreiz- oder Gleittackling nur dann agiert werden sollte, wenn der Ball mit nahezu 100%iger Sicherheit getroffen wird. Im anderen Fall wäre der dribbelnde Spieler kaum mehr einzuholen, da der Abwehrspieler bei seinem Start aus der Bodenlage erst einen großen Rückstand wettmachen müßte.

Zurückweichen und Verzögern

Wenn die gegnerische Mannschaft in Überzahl durch das Mittelfeld auf das eigene Tor zustürmt, dann muß der ballbesitzende Spieler verzögernd attackiert werden. Während ein Abwehrspieler den dribbelnden Spieler mit hinhaltender Taktik attackiert, decken die restlichen Abwehrspieler zwischen den gegnerischen Sturmspitzen solange in Raumdeckung, (besser: Zwischenraum-Deckung), bis aus dem Mittelfeld Verstärkung zurückkommt und damit zumindest wieder die Gleichzahl der Spieler hergestellt ist.
Der attackierende Abwehrspieler sollte dabei grundsätzlich so angreifen, daß er den Paß auf den gegnerischen Stürmer, der am gefährlichsten postiert ist (meist der Mittelstürmer), abblockt.
Im Zurückweichen wird der Abwehrspieler den ballbesitzenden Spieler ständig attackieren, damit dieser nicht planvoll abspielen kann.

Dribbeln und Tackeln sind die Urelemente des Spiels

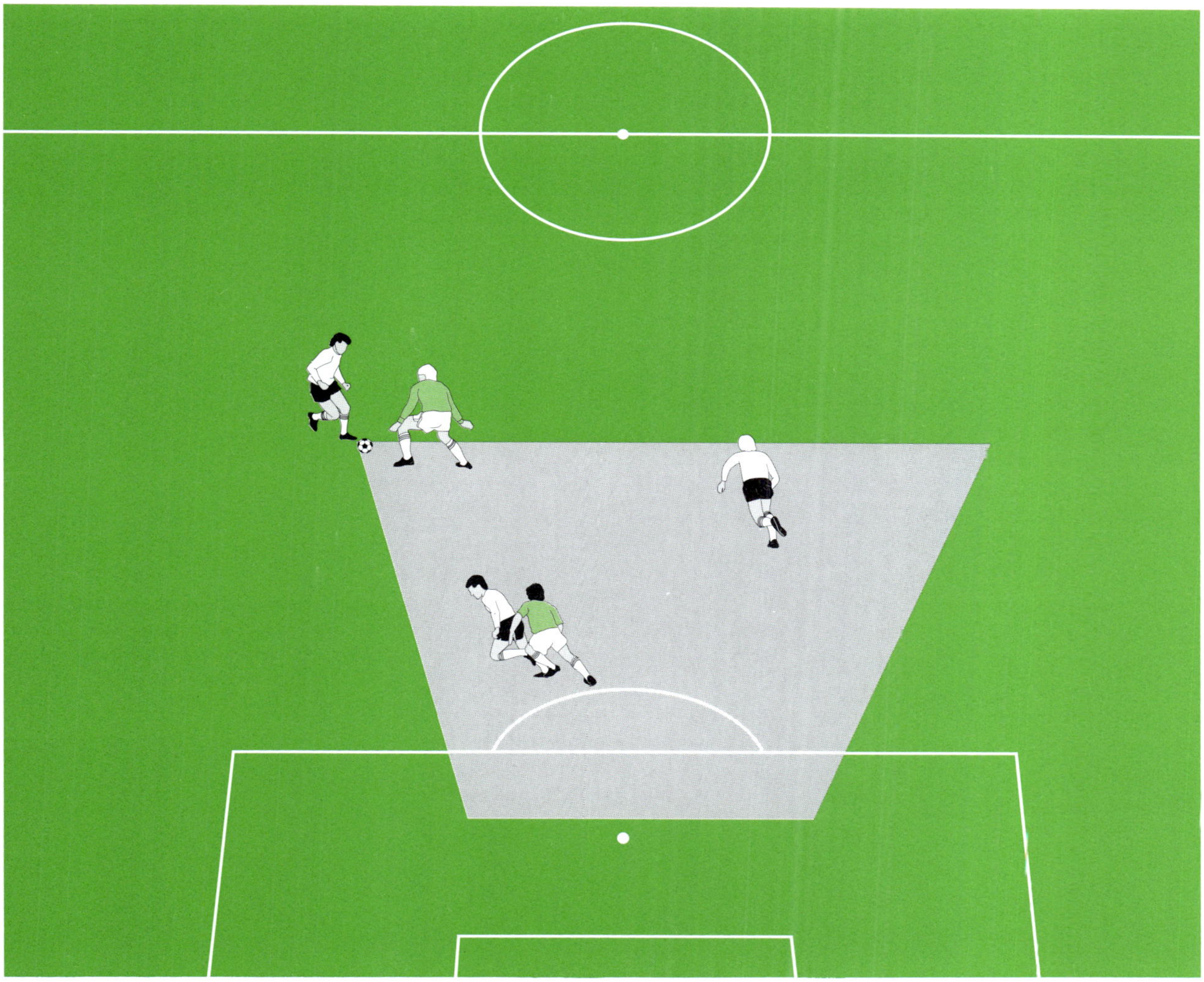

Bei Überzahl des Gegners wird mit »hinhaltendem Widerstand« angegriffen; gleichzeitig wird das Zuspiel auf einen Gegner im Rückraum abgeblockt

Zur Seite abdrängen
Bereits beim Tackling wurde auf diese Taktik verwiesen. Wenn ein Abwehrspieler im Mittelfeld auf sich alleine gestellt ist und keine Chance sieht, den ballbesitzenden Gegenspieler erfolgreich zu tackeln, so muß er zumindest den Durchbruch des dribbelnden Spielers in Richtung zum Tor verhindern. Dabei gibt man dem dribbelnden Spieler auf seiner starken Spielbeinseite den Raum frei, drängt ihn aber immer mehr zur Seitenlinie hin ab.

Abschirmen des Tores
Wenn der Gegenspieler am Ball in gefährlicher Nähe des Tores ist, so ist das Abblocken eines gefährlichen Torschusses wichtiger als das möglicherweise schnelle aber risikoreiche Zurückerobern des Balles.

In diesem Fall bezieht der Abwehrspieler so Position zwischen dem Gegenspieler und dem Tor, daß er das stärkere Schußbein seines Gegenspielers abdeckt. Der Spieler wird dann zum Dribbling mit dem schwächeren Bein oder zu Quer- und Rückpässen veranlaßt. Dabei ergeben sich für andere Abwehrspieler Gelegenheiten zur Rückeroberung des Balles.

Taktik und Taktiktraining

Abblocken von gefährlichen Pässen
Was soeben für den Torschuß gesagt wurde, gilt sinngemäß auch für das Abblocken gefährlicher Pässe. Wenn der Gegner z. B. in der eigenen Hälfte einen Ball erobert hat, wird er versuchen, möglichst schnell von Abwehr auf Angriff umzuschalten. Dabei bieten sich ihm meist nur ein oder zwei günstige und für den Gegner dann gefährliche Abspielmöglichkeiten an. Der attackierende Gegenspieler sollte sich bei seinem Angriff deshalb so postieren, daß diese Pässe zumindest nicht zielgenau gespielt werden können. Der aggressive Angriff zur Ballrückeroberung kann erst dann erfolgen, wenn die besonders gefährlichen Gegenspieler wieder sicher abgedeckt sind.

Manndeckung
Die Manndeckung wird auch gegnerzentrierte Deckung genannt. Dabei hat es ein Abwehrspieler in aller Regel mit einem bestimmten Gegenspieler zu tun. Dieser kann entweder eng gedeckt (Pressdeckung) oder »locker« in einem Abstand von 3–5 m bewacht werden.
Bei der engen Deckung sollte tatsächlich mit Körperkontakt beschattet werden; dabei ist es dem Angreifer schwerer möglich, den Abwehrspieler zu überlaufen, als wenn zwischen den beiden Spielern ein geringer Abstand gehalten wird.
Grundsätzlich sollte der deckende Spieler seine Position so beziehen, daß er:
- zwischen dem Gegner und dem eigenen Tor steht
- den Gegenspieler und den Ball im Auge behalten kann
- auf der dem Ball näher gelegenen Seite schräg hinter dem Gegenspieler steht.

Zwischen-Raumdeckung
Durch einzelne Spieler wird nur dann in Raumdeckung agiert, wenn der Gegner in Überzahl angreift. Dabei wird zwischen zwei Gegnern Position bezogen; sie werden beide »bewacht«.
Der Gegner, der dem eigenen Tor und dem Ball näher ist, muß dabei enger abgeblockt werden.
Wird der Ball auf einen der beiden Gegner gespielt, so wird dieser in Manndeckung attackiert.

Die Position der manndeckenden Abwehrspieler in Abhängigkeit von der Spielposition und dem Ort des Balles. Der raumdeckende Libero steht auf der ballnahen Seite im Rückraum

Taktik der Spielpositionen

Die im Abschnitt Einzeltaktik beschriebenen Aufgaben für den einzelnen Spieler und die taktischen Lösungsmöglichkeiten gelten in allgemeiner Weise für alle Spieler, unabhängig davon, auf welchen Positionen sie spielen.
In Abhängigkeit von der Spielposition hat jeder Spieler zusätzliche Aufgaben und spezifische taktische Möglichkeiten.
Die Angriffs- und Abwehrtaktiken der Spielpositionen hängen sehr stark von der jeweiligen Gruppen- und Mannschaftstaktik ab. Umgekehrt summieren sich die taktischen Handlungen der einzelnen Spielpositionen auch zu diesen komplexen taktischen Konzepten. Deshalb sind gruppen- oder mannschaftstaktische Konzepte des Trainers, die zu wenig die individuelle Handlungsfähigkeit der Spieler auf den einzelnen Spielpositionen berücksichtigen, von Anfang an zum Scheitern verurteilt.

Taktik des Torwarts

Die Taktik des Torwarts unterscheidet sich besonders markant von der Einzeltaktik der Feldspieler. Regelbedingt nimmt der Torwart eine Sonderstellung innerhalb der Mannschaft ein, die spezifische taktische Verhaltensweisen mit sich bringt:
Folgende Aspekte der Torhütertaktik sind von besonderer Bedeutung:

- Die Orientierung im Tor und im Strafraum
- die Grundposition beim Torschuß,
- das Fangen und/oder Fausten
- die Ballabnahme gegen dribbelnde Stürmer
- der Torwart als Angriffsspieler
- der Torwart als Dirigent seiner Abwehr
- der Torwart beim Strafstoß
- das Stellen der Mauer beim Freistoß.

Orientierung im Tor und im Strafraum
Das Stellungsspiel des Torwarts wird wesentlich von seiner Fähigkeit, sich im Tor- und Strafraum richtig zu orientieren, beeinflußt.
Der Torwart muß seine Stellung im und vor dem Tor ständig verändern, um dem Wechsel der Spielsituationen und den unterschiedlichen Ballflugwegen gerecht zu werden. Bei seinen Bewegungen aus dem Tor heraus hat er das von ihm zu verteidigende Gehäuse einmal im Rücken (wenn der Ball in der Mitte vor dem Tor ist), einmal zu seiner Rechten (wenn der Gegner über die rechte Seite angreift) und einmal zu seiner Linken (wenn der Gegner von links kommt).
Aus den verschiedensten Stellungen zum Tor muß er immer wieder – meist rückwärts laufend – in die Mitte des Tores zurückfinden. Da er dabei voll auf den Ball konzentriert ist, muß er sich bei seinem Rückzug an den Torraum- und Strafraumlinien orientieren.
Viele Torhüter ziehen (verbotenerweise) zusätzlich eine Hilfslinie von der Mitte des Tores senkrecht ins Spielfeld, an der sie sich hauptsächlich orientieren.
Besonders schwierig wird die Orientierung für den Torhüter bei Standardsituationen wie Freistoß und Eckstoß, wenn der Strafraum von Mit- und Gegenspielern, dicht besetzt ist. Er muß sich oft in Bruchteilen von Sekunden zum Herauslaufen entschließen und dabei zielsicher und gewandt zu dem Punkt starten, wo er beispielsweise eine Flanke am erfolgreichsten abfangen kann.

Grundposition beim Torschuß
Unter den Torhütern gibt es die berüchtigten »Flieger«, die mangelndes Stellungsspiel meist durch spektakuläre Paraden wettzumachen versuchen.
Der gute Torwart steht intuitiv immer richtig, d. h. dort, wo er die besten Abwehrchancen hat.
Folgendes ist entscheidend für die Position des Torwarts:

Der Torhüter bezieht in der Mitte des möglichen Schußwinkels seine Position

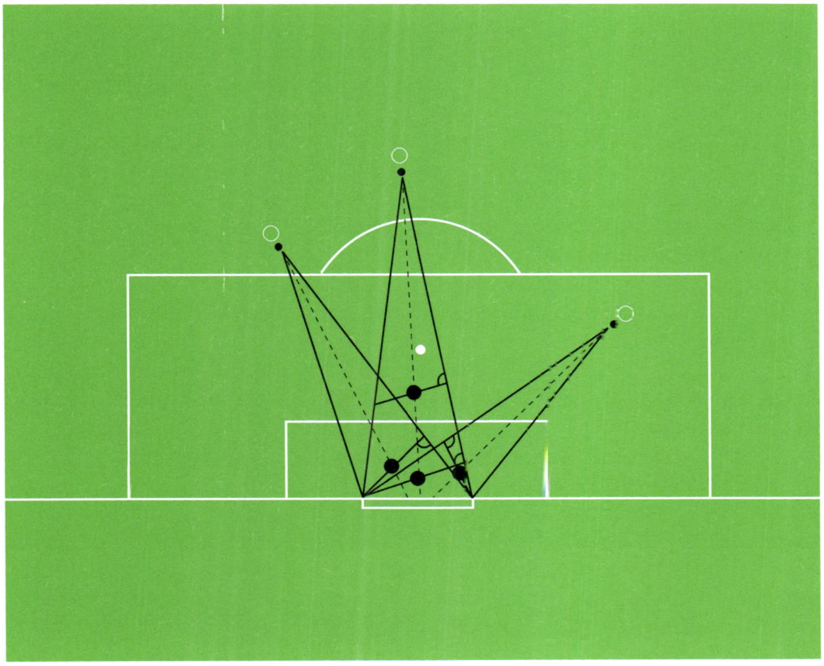

Die Entfernung des Balles vom Tor

Dafür gelten folgende Grundregeln:

● Wenn der Ball in der gegnerischen Hälfte ist, rückt der Torwart bis an die Strafraumgrenze vor, um Steilpässe abzuwehren.

● Wenn der Ball in der eigenen Hälfte bis etwa 25 m vor dem Tor ist, bleibt der Torwart auf der Linie, um nicht von Weitschüssen mit fallender Flugkurve überspielt zu werden.

● Wenn ein Gegenspieler mit dem Ball am Fuß an und in den 16-m-Raum vordringt, kommt ihm der Torwart winkelverkürzend entgegen. Dabei muß er seine Vorwärtsbewegung beenden, wenn der Gegenspieler zum Schuß ansetzt.

Merke: Wenn der Torwart sein Tor verläßt, sollte er seinen Körperschwerpunkt stets nach vorne auf den Vorderfuß verlagern. Aus dieser Position kann er am schnellsten reagieren.

Der Winkel der Ballflugrichtung und der Laufrichtung des Angreifers zum Tor

Dafür gelten folgende Grundregeln:

● Wenn der Torschütze in einem Streubereich von etwa 45 Grad rechts und links vom Tor auf das Tor zuläuft, bezieht der Torwart eine der Positionen, die in der Abbildung dargestellt sind.

● Wenn der Gegenspieler in sehr spitzem Winkel aufs Tor zuläuft, zieht sich der Torwart von der oben dargestellten Winkelhalbierenden etwas in Richtung zur Torlinie hin zurück. Von dort kann er Effetbälle in die lange Ecke besser abfangen und er steht auch bei Flanken und Rückpässen günstiger.

Die Position des eigenen Abwehrspielers

Dafür gelten folgende Grundregeln:

● Solange der eigene Abwehrspieler mit dem ballbesitzenden Gegner im Zweikampf ist, bleibt der Torwart auf seiner Grundposition im Tor.

● Wenn der Abwehrspieler im Zweikampf einen Teil des Tores abdeckt, kann der Torwart etwas in Richtung zur offenen Seite des Tores rücken, um diesen Raum noch sicherer abzuschirmen.

Fangen und Fausten

Bei Eckbällen und Flanken nach Flügelangriffen muß sich der Torwart häufig blitzartig für das Fangen oder das Fausten der hocheinfliegenden Bälle entscheiden.

Dafür gelten folgende Grundregeln:

● Bälle, die sicher und unbedrängt aufgenommen werden können, sollen vom Torwart gefangen werden.

● Bei nassem Boden und nassem Ball ist im Zweifelsfall das Fausten dem Fangen vorzuziehen.

● Wenn der Torwart im dichtbesetzten Strafraum mit dem Körper nicht voll unter den Ball kommen kann, ist die Faustabwehr sicherer als das Fangen.

● Die Reichweite mit einem Arm ist größer als mit beiden Armen zusammen, deshalb sollten Bälle, die nur ganz knapp erreicht werden, gefaustet werden; das gilt auch bei Schüssen aufs Tor, die auf der Linie abgewehrt werden.

● Bälle, die von rechts in den Strafraum geschlagen werden, sollen mit der rechten Hand nach links weit diagonal aus dem Strafraum heraus gefaustet werden und umgekehrt.

Eine Variante des Faustens ist das Verlängern des Balles mit der flachen Hand; damit können hohe Bälle über die Querlatte und Bälle, die flach in eine Ecke kommen, um den Pfosten gelenkt werden.

Hechten

Bereits eingangs wurde erwähnt, daß der gute Torwart aufgrund seines Stellungsspiels nur selten zum Hechten gezwungen wird. Wenn dies unumgänglich ist, dann sollte dem Absprung ein Kreuzschritt vorausgehen. Beim Sprung nach rechts beginnt dabei das linke Bein vorne über das rechte Standbein kreuzend die Laufbewegung; das rechte Bein setzt mit einem Nachstellschritt nach und beginnt die Absprungbewegung.

Der Torwart beim Strafstoß

Die Taktik des Torwarts beginnt beim Pfiff des Schiedsrichters. Der Torwart sollte sich grundsätzlich nie an den Diskussionen um die Berechtigung eines Strafstoßes beteiligen. Je gelassener und souveräner er auftritt, desto mehr beeindruckt er den Schützen.

In Spielklassen, in denen die Strafstoßschützen bekannt sind, macht es sich für einen Torwart bezahlt, wenn er über die Strafstoßausführungen Buch führt.

Beim Schuß selbst sollte sich der Torwart ausschließlich auf das Schußbein und den Ball konzentrieren; das kann Aufschlüsse über die vom Spieler gewählte Ecke geben. Der Schütze wird beim Anlauf versuchen, den Torwart durch unterschiedliche Finten zu irritieren. Der Torwart kann seinerseits durch Täuschbewegungen des Oberkörpers und durch Schwenken der ausgebreiteten Arme versuchen, den Schützen zu täuschen.

Das blinde und häufig frühzeitige Hechten in eine Torecke bringt langfristig keinen Erfolg. Zumindest bei unterklassigen Mannschaften mit schwächeren Strafstoßschützen ist es sinnvoller, aus einer ruhigen Mittelposition heraus auf weniger plaziert geschossene Bälle nach rechts und links gleichermaßen zu reagieren.

Stellen der Mauer beim Freistoß

Durch eine gut postierte Mauer kann die Gefahr beim Freistoß wesentlich verringert werden. Die Meinungen darüber, wer die Mauer postieren soll, gehen auseinander. Sie kann entweder von einem Spieler, der unmittelbar hinter dem Ball steht und über den Ball in Richtung auf den kurzen Torpfosten visiert, eingewiesen werden. Die meisten Torhüter wollen die Mauer aber selbst vom Torpfosten aus einweisen. Zu diesem Zweck müssen sie die günstige Position in der Tormitte verlassen; dies kann bei einer schnellen Ausführung des Freistoßes zum Torerfolg für den Gegner führen. Die Anweisungen, die der Torwart beim Einweisen gibt, müssen laut, klar und verständlich zugerufen werden. Am besten werden sie mit Namensnennung des jeweils an der Außenseite der Mauer postierten Spielers im Befehlston aber ohne Hektik zugerufen. Grundsätzlich wird die Mauer ca. ½ m über die direkte Linie Ball – Torpfosten hinaus postiert.

Der Torwart als Dirigent der Abwehr

Der Torwart ist innerhalb der Hierarchie einer Mannschaft meist als Spielerpersönlichkeit anerkannt. Er sollte seine Position ausnützen, um die Abwehr von hinten zu dirigieren. Wenn der Torwart das Spiel aufmerksam mitverfolgt, kann er besser als jeder andere Abwehrspieler Schwächen in der Deckungsarbeit einzelner Spieler und im gesamten Deckungsgefüge erkennen. Wenn der Torwart und seine Abwehrspieler aufeinander eingestimmt sind, genügt es, wenn der Torwart lediglich den Namen eines Spielers zuruft, dessen Deckungsarbeit im Moment nicht optimal ist.

Torwart als Angriffsspieler

Der Torwart sollte der erste Angriffsspieler seiner Mannschaft sein. Dabei hat er je nach der augenblicklichen Spielsituation eine Vielzahl von Möglichkeiten, den Ball wieder neu ins Spiel zu bringen:

- Durch schnellen gezielten Abwurf auf einen Mitspieler in der eigenen Spielfeldhälfte
- durch weite, gezielte Abschläge in die Tiefe des gegnerischen Spielfeldes
- durch kurzen Abwurf auf einen Verteidiger, der ihm den Ball noch einmal zurückspielt.

Die Abschläge auf die Sturmspitzen sollten so geschlagen werden, daß sie im Abstand von etwa 5 m vor dem Stürmer aufspringen. Die Flugkurve des abspringenden Balles ist für den Stürmer günstiger als für den hinter ihm postierten Abwehrspieler.

Elfmeterschießen: Das dramatische Ende eines spannenden Spieles. Der Torwart im Mittelpunkt

Taktik des Libero

In Deutschland agiert der Libero meist hinter der Abwehrkette der Verteidiger. Er hat dabei die Aufgaben, die der junge Franz Beckenbauer als erster Mann im deutschen Fußball mit dieser Position verbunden hat. Das sind folgende Funktionen und Aufgaben:
Dirigent der Abwehr: Dadurch, daß der Libero nach hinten abgesetzt ist, hat er das Spielgeschehen vor sich gut im Auge; er kann – ähnlich wie der Torwart – aus dieser Position heraus das Stellungsspiel und die Aktionen seiner Vorderspieler durch Zurufe steuern.
Absichern der Vorderleute: Bereits bei der Gruppentaktik (siehe S. 105) wurde diese Taktik angesprochen. Der Libero bewegt sich hinter der Abwehrkette meist auf Höhe des Balles. Wenn einer seiner Vorderspieler im Zweikampf versucht, den Ball zurückzuerobern, sichert ihn der Libero ab. Dabei ist der Abstand zwischen Libero und Verteidiger um so enger, je näher der gegnerische Spieler dem eigenen Tor kommt. Im günstigsten Falle steht der Libero 2 bis höchstens 3 m hinter dem Verteidiger.
Abschirmen der freien Räume und der Gassen: Pässe werden nicht nur auf die gedeckten Sturmspitzen, sondern vor allem auch in die freien Räume (in die Gasse) gespielt. Durch die raumdeckende Position des Libero – er hat keinen direkten Gegenspieler – kann er diese Bälle leichter abfangen. Erfahrene Liberos lassen die Gasse für einen Paß bewußt offen, um das Zuspiel in den freien Raum zu erleichtern – ja zu provozieren. Aufgrund ihrer Spielerfahrung und ihres guten Auges ist es ihnen dann meist möglich, die Bälle vor den gegnerischen Stürmern abzufangen.
Durch Pässe eigene Angriffe einleiten: Dank der zurückgezogenen Position hat es der Libero oft leichter als alle anderen Spieler seiner Mannschaft, Gegenangriffe unbedrängt einzuleiten. Nach Franz Beckenbauer hat es nun auch Augenthaler beim FC Bayern in dieser Hinsicht zu einer gewissen Meisterschaft gebracht. Er fordert und erhält von seinen Mitspielern immer wieder kurze Rück- und Querpässe, die er je nach Spielsituation für kurze oder lange Angriffspässe verwertet.
Selbst mit in die Sturmspitze vorrücken: Immer wieder greift der moderne Libero in das Angriffsspiel seiner Mannschaft ein. Sei es um Überraschungsmomente ins Spiel zu bringen, sei es, weil seine Mannschaft im Rückstand liegt. Da der Libero keinen direkten Gegenspieler hat, kann er häufig bis weit in die gegnerische Hälfte eindringen, bevor er von einem Gegenspieler angegriffen wird. Nach Möglichkeit sollte der Vorstoß in die gegnerische Hälfte auf der Seite erfolgen, auf der ein gegnerischer Mittelfeldspieler durch seine Manndeckungsaufgaben in seiner Aktion gebunden ist, oder dort wo der Gegner offensichtliche Abwehrschwächen hat.

In anderen Ländern spielt der Libero als zweiter Innenverteidiger in der Vierer-Abwehrkette. Das geht häufig so weit, daß sich die beiden Innenverteidiger in der raumdeckenden und absichernden Funktion wechselweise ablösen. Sinnvoll scheint diese Art des Liberospiels nur in einer Vierer-Abwehrkette.
Im 3-5-2-System muß der Libero u. a. wechselweise auch die freien Räume rechts und links von den beiden Verteidigern absichern.

Taktik der Verteidiger

In Abhängigkeit von der Mannschaftstaktik spielt der Verteidiger in Mann- oder in Raumdeckung (siehe S. 94). Entsprechend unterschiedlich ist auch sein gesamtes taktisches Verhalten.
Deutlich unterschiedlich ist das taktische Verhalten zwischen dem Innenverteidiger (= Vorstopper) und dem oder den beiden Außenverteidigern.
Der bzw. die Innenverteidiger bekämpfen schwerpunktmäßig die Sturmspitze in der Mitte des Feldes vor dem eigenen Tor. Diese Funktion ist so wichtig, daß sie sich nur selten in das eigene Angriffsspiel einschalten oder andere Abwehraufgaben übernehmen.
Anders der Außenverteidiger. Er wechselt, wenn der Ball auf der gegenüberliegenden Seite gespielt wird, von seiner angestammten Position weg in Richtung zum Tor, um den Libero bei der Deckung des gefährlichen Raumes vor dem Tor zu unterstützen. Dabei kann er seinen direkten Gegenspieler nahe der Seitenlinie ungedeckt lassen, denn wenn der Ball durch Flügelwechsel zu seiner Seite verlagert wird, hat er genügend Zeit, um sich wieder zu seinem Gegenspieler hin zu orientieren.
Moderne Außenverteidiger greifen viel häufiger als früher entlang der Seitenlinie mit in das Angriffsspiel ihrer Mannschaft ein. Erfolgreich ist diese Taktik vor allem dann, wenn der Gegner nur mit drei Abwehrspielern (3-5-2-System) spielt oder wenn der eigene Außenstürmer durch einen Wechsel in die Mitte des Spielfeldes seinen Verteidiger aus dem Raum nahe der Seitenlinie lockt.
Der Vorstoß des Verteidigers kann sowohl bei Konter- als auch bei Frontalangriffen erfolgen.
Grundsätzlich sollte der Verteidiger seine Vorstöße durch sichere Aktionen (Flanke, Schuß aufs Tor) abschließen und sich nicht in riskante Dribblings mit der Gefahr des Ballverlustes einlassen.

Taktik der Mittelfeldspieler

Mit unterschiedlicher Gewichtung haben alle Mittelfeldspieler Aufgaben in Angriff und Abwehr zu erfüllen. Sie sind für den schnellen Wechsel von Abwehr auf Angriff und von Angriff auf Abwehr, so wie er im

modernen Spiel gefordert wird, verantwortlich.
Auch die Verlagerung des Spiels von einer Spielfeldseite zur anderen und der Wechsel des Spielrhythmus zählt zu ihren Aufgaben (siehe S. 91).
Mannschaften, die mit vier und mehr Mittelfeldspielern spielen, praktizieren im Mittelfeld häufig eine sogenannte »Pärchen-Bildung«. Von den beiden Spielern kann sich immer nur einer offensiv in das Angriffsspiel einschalten.
Die Raumverteilung bei den Mittelfeldspielern kann, wie bereits erwähnt, äußerst unterschiedlich sein. Einige Beispiele dafür werden in den Abbildungen auf S. 118 dargestellt.
Bei eigenen Tempogegenstößen sollten die Mittelfeldspieler öfter diagonale Laufwege wählen. Sie bewegen sich dabei immer wieder in Randgebiete von Abwehrzonen und entziehen sich dadurch auf elegante Weise stets aufs Neue dem Zugriff der raumdeckenden gegnerischen Spieler. Durch den diagonalen Laufweg wird auch das Stellungsspiel des gegnerischen Liberos erschwert.
Der moderne Mittelfeldspieler muß vor allem auch Stürmerqualitäten besitzen. Von ihm wird erwartet, daß er:

- mit dem Ball dynamisch bis in den gegnerischen Strafraum eindringt
- weite Wege in den freien Raum auf den Flügel geht
- von dort Flanken und Pässe in den Rücken der Abwehr spielt
- durch Fernschüsse aus der zweiten Reihe eine defensiv eingestellte Abwehr zum frühzeitigen Angreifen zwingt.

Der Torschuß ist die »Würze« des Spiels, bei ihm gehen die Intuition des Spielers und sein taktisches Kalkül eine enge Verbindung ein

Taktik der Sturmspitzen

Die Sturmspitzen sind heute häufig auf sich alleine gestellt – und dies im Kampf gegen eine oft in Überzahl spielende Abwehr. Meist werden sie durch Steilpässe ins Spiel gebracht. Sie müssen sich dann gegen die Überzahl von Abwehrspielern durchsetzen oder den Ball solange unter Kontrolle halten, bis Mittelfeldspieler zu ihrer Unterstützung nach vorne rücken. In beiden Fällen können sie die schwierige Aufgabe nur mit großem technischen Geschick und gewandter, beidbeiniger Ballführung lösen. Der engen Deckung durch den direkten Gegenspieler kann sich die Sturmspitze durch Positionswechsel und Ausweichen auf den Flügel entziehen.
Als Mittel gegen die Überzahl der Abwehr kann sich eine der beiden gedeckten Sturmspitzen zum Libero hin bewegen. Dadurch werden der Verteidiger und der Libero durch einen Stürmer auf engstem Raum gebunden. Durch diese Taktik wird für die nachrückenden Mittelfeldspieler freier Raum zum Durchbruch geschaffen.
Mannschaften, die mit zwei Sturmspitzen spielen, können durch folgende Taktiken Unruhe in das Abwehrgefüge des Gegners bringen:
Positionswechsel in der Sturmspitze von rechts nach links und von links nach rechts zur unmittelbaren Einleitung eines Kombinationsspiels
Positionswechsel in der Tiefe des Raumes: Dabei startet ein Spieler schräg rückwärts, der andere schräg vorwärts, so daß der Mitspieler im Mittelfeld eine kurze und eine weite Abspielmöglichkeit erhält
Übergeben und Abblocken: Auf engem Raum unmittelbar vor dem Tor kann die dribbelnde Sturmspitze den Ball an den Nebenspieler übergeben und dabei gleichzeitig einen attackierenden Abwehrspieler mit abblocken
Positionswechsel zur Annahme einer Flanke: Wenn vom Flügel Flanken vorbereitet werden, dann laufen die beiden Spitzen in einer Kreuzbewegung auf den kurzen und den langen Torpfosten zu. Kurz geratene Bälle werden von den auf dem kurzen Pfosten startenden Spieler, zu lang geratene Bälle von dem auf den langen Pfosten zustartenden Spieler angenommen und verwandelt.

Taktik der Standardsituationen

Zwischen 25 und 30 Prozent aller Tore entstehen aus Standardsituationen. Sie sollten deshalb in der praktischen Trainingsarbeit und im theoretischen Unterricht intensiv geschult werden.
Mannschaften, die bei Standardsituationen ihre technischen und konditionellen Stärken gezielt zum Einsatz bringen (z. B. weite Einwürfe bis in den Strafraum) können daraus große Spielvorteile ziehen.
Bei Standardsituationen ist grundsätzlich zu unterscheiden zwischen

- der Taktik der ballbesitzenden Angreifer und
- der Taktik der abwehrenden Mannschaft.

Die Angreifer haben dabei den taktischen Vorteil, daß sie den Ball ohne Bedrängung durch den Gegenspieler und ohne unmittelbaren Zeitdruck ins Spiel bringen können. Dieser Vorteil wird leider noch zu wenig genutzt.

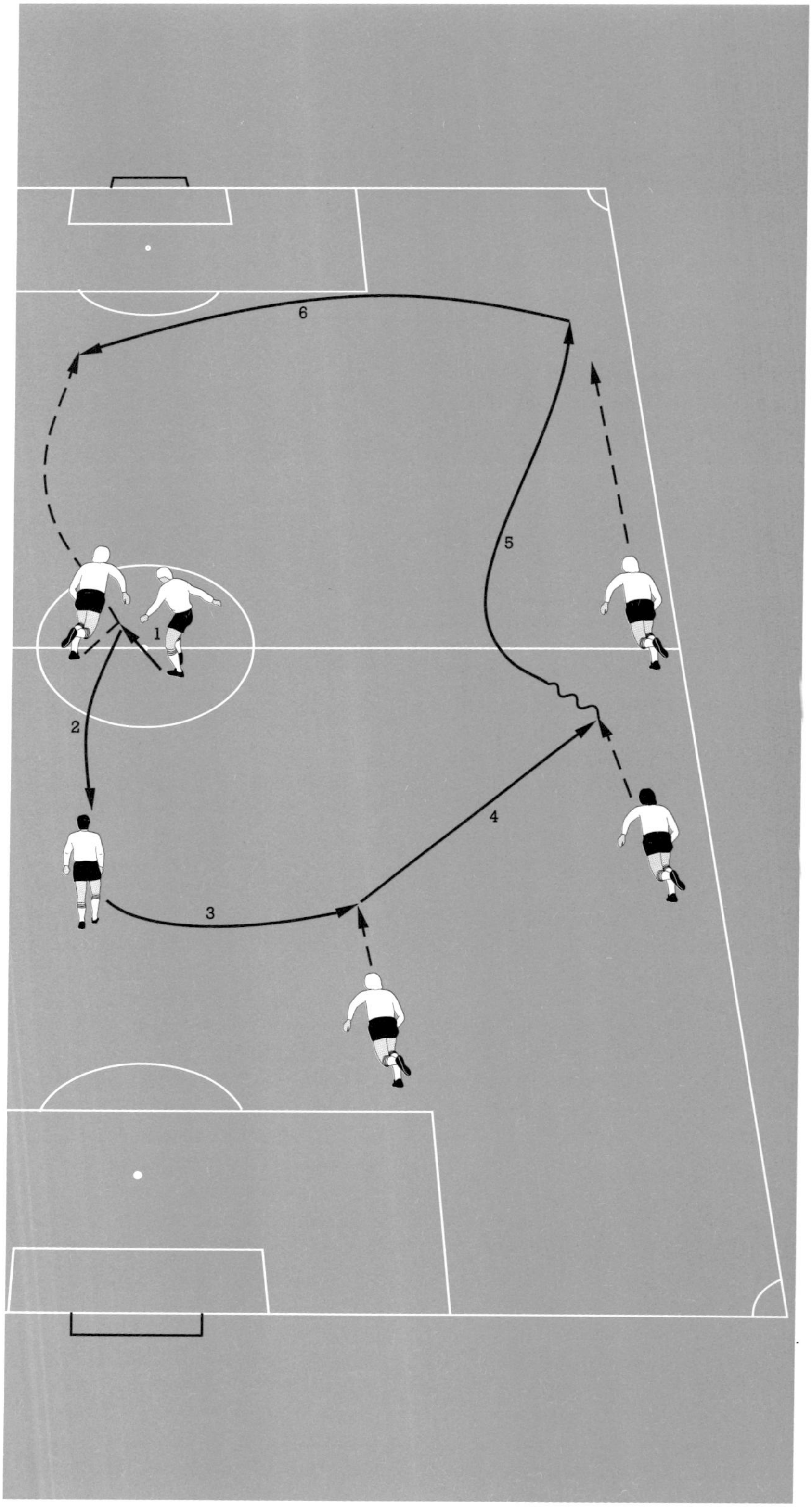

Der Anstoß zu Beginn einer Halbzeit dient primär der Ballsicherung

Taktik beim Anstoß

Angriffstaktik beim Anstoß

Die Situation für die anstoßende Mannschaft ist unterschiedlich, je nachdem ob der Anstoß zu Beginn einer Spielhälfte oder nach einem Torerfolg durch den Gegner erfolgt. Beim ***Anstoß zu Beginn einer Halbzeit*** sollte der Ball nach dem ersten regelbedingten Paß nach vorne sofort steil zurück gespielt werden. Ein Paß in die gegnerische Spielfeldhälfte wäre taktisch unklug, weil der Gegner diese Spielhälfte in Überzahl beherrscht. Durch den Rückpaß wird der Gegner aus seiner Hälfte gelockt, so daß sich dieses Mißverhältnis zugunsten der ballbesitzenden Mannschaft verändert. Außerdem erhalten durch den Rückpaß zu den eigenen Mitspielern mehrere Spieler die Gelegenheit, durch das unbedrängte Kombinieren die Anfangsnervosität abzulegen.
Beim ***Anstoß nach einem Torerfolg der gegnerischen Mannschaft*** ist die Situation aus psychologischen Gründen völlig anders. Die gegnerischen Spieler bejubeln meist noch den Torerfolg und sind noch nicht voll auf den gegnerischen Anstoß konzentriert. Häufig hat sich die jubelnde Spielertraube beim Anstoß noch nicht völlig aufgelöst, haben die gegnerischen Abwehrspieler ihre Positionen noch nicht bezogen.
In dieser Situation sollte der Anstoß in Form eines Konterangriffs ausgeführt werden. Dabei wird der Ball mit schnellen steilen Pässen in die vom Gegner noch nicht besetzten freien Räume gepaßt oder gedribbelt. Besonders wirkungsvoll ist es, wenn nach einem Tempodribbling nahe der Seitenlinie eine präzise Flanke auf die mit nach vorne stürmenden Mitspieler geschlagen wird.

Der überraschende Konteranstoß nach gegnerischem Torerfolg

Abwehrtaktik beim Anstoß

Aus der soeben geschilderten Variante des Anstoßes mit Konterdurchbruch wird deutlich, wie wichtig die konzentrierte Abwehrarbeit aller Spieler beim gegnerischen Anstoß ist.

Die abwehrende Mannschaft sollte ihren taktischen Vorteil, nämlich die dichte Besetzung der eigenen Spielfeldhälfte nicht leichtfertig dadurch vergeben, daß zu viele Spieler zu rasch nach vorne rücken. Es genügt, wenn zwei oder höchstens drei Spieler in die gegnerische Hälfte eindringen und durch aggressives »Pressing« den jeweils ballbesitzenden Gegenspieler bekämpfen.

Mit großer Aussicht auf Erfolg können die beiden Sturmspitzen, die bei der Ausführung des gegnerischen Anstoßes an der Schnittlinie zwischen Mittellinie und Anstoßkreis stehen, den Rückpaß abfangen. Dazu müssen sie sofort mit der Ausführung des Anstoßes aggressiv in die gegnerische Hälfte sprinten. Der Gegner rechnet selten mit einer derart konsequenten Abwehrarbeit, er ist überrascht und verliert nicht selten den Ball bereits nach den ersten Kontakten.

Die Taktik zur schnellen Balleroberung beim Anstoß des Gegners: Die beiden Sturmspitzen starten sofort in die gegnerische Spielfeldhälfte, um den Rückpaß abzufangen

Vier verschiedene Möglichkeiten zur Ausführung des Eckstoßes

Taktik beim Eckstoß

Angriffstaktik beim Eckstoß
Die Ausführung des Eckstoßes und damit die Position der Angreifer hängt von folgenden Gegebenheiten ab:

- Eigene Stärken; z. B. guter Eckstoßschütze, starker Kopfballspieler, Experte für Schüsse aus der zweiten Reihe, variantenreicher Dribbler
- Stärken des Gegners, z. B. strafraumbeherrschender Torwart, großgewachsene und kopfballstarke Abwehrspieler
- äußere Bedingungen wie Sonnenstand, Wind und Bodenverhältnisse.

Grundsätzlich gilt für das Angriffsverhalten beim Eckstoß:

- Je mehr Spieler im gegnerischen Torraum versammelt sind, um so schwieriger wird es für den Torwart, Bälle außerhalb des Tores abzufangen. Deshalb sollten wenigstens zwei Angreifer – es können auch kopfballschwächere Spieler sein – im Torraum für Unruhe sorgen.
- Eckstöße, die mit Effet auf das Tor zu oder vom Tor weg geschlagen werden, sind für den Torwart schwer zu berechnen.
- Scharfe schußartige Eckstöße sind von der Abwehr schwerer zu berechnen und abzuwehren, als sog. »Bogenlampen«.
- Auf stereotyp gleiche Eckstoßausführungen kann sich der Gegner relativ schnell einstellen, deshalb sollten im Spielverlauf mehrere Varianten zum Einsatz kommen. Günstig ist es dabei, wenn der Eckballschütze die beabsichtigte Variante durch ein vereinbartes Zeichen an seine Mitspieler signalisiert.

Im folgenden werden einige erfolgreich erprobte Varianten aufgeführt.

Der lange Eckstoß
Er wird mit Effet vom Tor weg auf die Höhe des hinteren Torpfostens, zwischen dem Strafstoßpunkt und dem Torraum geschlagen. Er ist vor allem zu empfehlen, wenn der gegnerische Torwart stark im Abfangen von Flanken ist und einige Kopfballspezialisten in den eigenen Reihen stehen.

Der Eckstoß auf die vordere Ecke des Torraumes
Dabei wird der Ball scharf in Kopfhöhe nach innen geschlagen. Gut ist die Variante dann, wenn der Gegner insgesamt kopfballstärker ist und die Variante nur gelegentlich als Überraschungsmoment eingestreut wird.
Bei der Ausführung läuft ein Mitspieler gleichzeitig zum vereinbarten Punkt am Torraum; von dort kann er den Ball mit dem Kopf nach hinten verlängern

Der kurze Eckstoß

Dabei wird der Ball nur wenige Meter zu einem entgegenkommenden Mitspieler gespielt. Dieser sollte möglichst rasch entlang der Torlinie in den Strafraum eindringen. Bei der Ausführung ist darauf zu achten, daß der Gegner nach dem ersten Paß keine Chance hat, die Abseitsfalle zu stellen. Die Variante hat gegenüber anderen Eckstoßvarianten den Vorteil, daß der Ball mit der Ausführung sicher in den eigenen Reihen bleibt. Sie empfiehlt sich vor allem auch dann, wenn ein guter Dribbler zielstrebig in den gegnerischen Strafraum eindringt.

Der Eckstoß als Rückpaß

Dabei wird der Ball tief ins Mittelfeld zurückgespielt. Dort kann er entweder ballsichernd in den eigenen Reihen gehalten werden oder durch einen Experten für Schüsse aus der zweiten Reihe mit Torschuß abgeschlossen werden. Die Variante eignet sich insbesondere gegen Ende des Spiels für Mannschaften, die knapp in Führung liegen, weil sowohl durch das Ballhalten im Mittelfeld als auch durch den Schuß aus der zweiten Reihe wertvolle Zeit gewonnen und das Spiel so über die Zeit gerettet werden kann.

Abwehrtaktik beim Eckstoß

Die verteidigende Mannschaft kann den taktischen Vorteil der Angreifer vor allem durch folgende Defensivtaktiken ausgleichen:

Absicherung des Tors und des Torwarts

Das geschieht durch einen oder zwei Verteidiger: Dazu postiert sich ein Verteidiger im Tor direkt neben dem vorderen Torpfosten (so, daß er dem Torwart die Sicht nicht versperrt.); zusätzlich kann sich ein zweiter Verteidiger in gleicher Weise am hinteren Torpfosten postieren. Wenn der Torwart zum Abfangen von Flanken das Tor verläßt, rücken die beiden Abwehrspieler gleichzeitig in Richtung Tormitte und decken auf diese Weise die beiden Torhälften ab.

»Abschotten« des 6-m-Raumes

Erfahrungsgemäß werden die meisten Kopfballtore bei Eckstößen von Positionen knapp innerhalb und knapp außerhalb der Torraumlinie erzielt. Deshalb sollte die vordere

Diese Grundpositionen nehmen die Spieler der abwehrenden Mannschaft ein

Torraumlinie durch drei Abwehrspieler besetzt werden. Wenn der Eckstoß in den Torraum geschlagen wird, können diese Spieler den Torwart beim Abfangen der Flanken absichern; wenn der Eckstoß in den davor liegenden Teil des Strafraumes geschlagen wird, können die Spieler in der Vorwärtsbewegung den Ball mit guter Aussicht auf Erfolg in das Mittelfeld hinein abwehren.

Abblocken der Eckstoß-Ausführung
Häufig rückt ein Abwehrspieler bis auf 9 m an den Eckstoßviertelkreis heran, um eine präzise Ausführung des Eckstoßes und insbesondere die kurze Eckstoßvariante zu verhindern.

Sonderbewacher für kopfballstarke Gegenspieler
Die kopfballstarken Gegenspieler sind meist bereits zu Spielbeginn bekannt. Wenn bei der Ausführung großgewachsene Spieler aus der eigenen Abwehr nach vorne kommen, dann stellen sie immer einen Gefahrenherd für die abwehrende Mannschaft dar. Diese Spieler werden von den kopfballstärksten Spielern der eigenen Mannschaft in enger Manndeckung abgeblockt. Diese dürfen sich dabei nicht durch fintierende Antritte vor der Ausführung des Eckstoßes zu Fehlreaktionen verleiten lassen.
Wenn der gegnerische Angreifer zum Kopfstoß hochspringt, muß der abwehrende Spieler auf alle Fälle mitspringen, auch wenn er selbst keine Chance mehr für sich sieht, an den Ball zu kommen. Nur so können gefährlich plazierte Kopfstöße vermieden werden.

Aufbauen der Abseitsfalle
Mit der ersten Abwehr eines Eckstoßes ist die Gefahr für die verteidigende Mannschaft noch lange nicht beseitigt. Wenn der Ball aus dem Strafraum abgewehrt wird und bei einem Gegenspieler landet, muß dieser sofort von möglichst zwei Abwehrspielern gleichzeitig angegriffen werden. Dieser Angriff ist für die gesamte Mannschaft das Signal, um schlagartig nach vorne zu rücken. Dadurch wird die Abseitsgrenze aus dem gefährlichen Bereich vor dem Tor nach vorne verlagert.

Der Eckstoß sorgt immer wieder für Hochspannung bei den Spielern und den Zuschauern, denn die Chancen zum Torerfolg sind dabei groß

Einleiten von Konterangriffen
Bei Eckstößen gibt der Gegner seine defensive Grundposition meistens auf. In der gegnerischen Spielfeldhälfte sind nur wenige Spieler versammelt. Dies ist eine ideale Gelegenheit, um überfallartige Konterangriffe einzuleiten. Der Angriff kann entweder vom Torwart gestartet werden, wenn er den Ball abgefangen hat. Dafür eignen sich weite Abschläge in die Tiefe des gegnerischen Spielfeldes besonders gut. Aber auch mit gezielten Abwürfen auf die beiden Spieler, die rechts und links vor den Strafraumecken auf abgewehrte Bälle warten, können schnelle Gegenangriffe eingeleitet werden.

Grundpositionen der verteidigenden Spieler
Die Art, mit der der Eckstoß von den Angreifern ausgeführt wird, ist der abwehrenden Mannschaft in der Regel nicht bekannt. Deshalb werden Positionen bezogen, aus denen heraus alle beschriebenen Abwehrtaktiken mit Erfolg praktiziert werden können (vgl. Abb. S. 128).

Bei einem wohl aufeinander abgestimmten Verhalten aller Spieler kann der Einwurf in vielen unterschiedlichen Varianten ausgeführt werden; hier werden vier Beispiele gezeigt

Taktik beim Einwurf

Angriffstaktik beim Einwurf

Beim Einwurf gelten im Grunde die gleichen Forderungen, die bereits für das Kombinationsspiel genannt wurden:

- Ein oder mehrere Spieler laufen sich gleichzeitig frei.
- Die freilaufenden Spieler öffnen sich durch Positionswechsel, bei denen sie ihre manndeckenden Gegenspieler in andere Zonen mitziehen gegenseitig die Räume (siehe Abb.).
- Die freilaufenden Spieler bestimmen Art, Zeitpunkt und Richtung des Einwurfes.
- Im Gegensatz zum üblichen Kombinationsspiel ist beim Einwurf die Abseitsregel außer Kraft. Dies ermöglicht das Freilaufen in den Rücken der gegnerischen Abwehr. Es ist auch ein Mittel, mit dem eine Massierung der gegnerischen Abwehrspieler um den einwerfenden Spieler herum vermieden werden kann.
- Die Richtung, in die der Ball beim Einwurf gespielt wird, hängt vor allem davon ab, in welcher Höhe des Spielraumes der Einwurf erfolgt.

Im wesentlichen sind dabei vier verschiedene Situationen zu unterscheiden:

Einwurf tief in der eigenen Spielfeldhälfte:

Um Querpässe vor das eigene Tor zu vermeiden, sollte der Einwurf grundsätzlich entlang der Seitenlinie nach vorne oder auch nach hinten gespielt werden (siehe Abb.).Keinesfalls sollte der Ball als Querpaß in die Mitte der eigenen Spielfeldhälfte geworfen werden.

Einwurf im Mittelfeld – Gegner war im Angriff:

Die Sturmspitzen laufen sich in Richtung zum einwerfenden Spieler frei, ein Mittelfeldspieler startet hinter deren Rücken nach vorne in den frei gemachten Raum (siehe Abb.).

Einwurf im Mittelfeld – Gegner ist in der Defensive:
Die auf gleicher Höhe mit dem einwerfenden Spieler postierten Mittelfeldspieler starten nach vorne und ziehen dabei ihre Gegenspieler mit. In den frei gemachten Raum laufen sich Abwehrspieler oder hintere Mittelfeldspieler von hinten kommend nach vorne frei (siehe Abb.).

Einwurf vor dem gegnerischen Tor:
Wegen der außer Kraft gesetzten Abseitsregel können die Sturmspitzen ganz nach vorne in den Torraum eindringen, die Mittelfeldspieler lauern bis unmittelbar vor der Ausführung des Einwurfes außerhalb des Strafraumes. Der Einwurf wird in Richtung auf den Strafstoßpunkt ausgeführt, gleichzeitig starten die Mittelfeldspieler nach vorne und versuchen, den Zuwurf zu verwandeln.

Abwehrtaktik beim Einwurf
Die Abwehrspieler verhalten sich beim Einwurf prinzipiell gleich wie bei üblichen Kombinationen. D. h., die Gegenspieler werden in unmittelbarer Nähe des Balles in enger Manndeckung abgeblockt und ihre Bewegungen manndeckend mit vollzogen.
Ferner ist darauf zu achten, daß sich weiter entfernte gegnerische Angreifer nicht ungedeckt hinter die Abseitslinie bewegen können.

Taktik beim Freistoß

Angriffstaktik beim Freistoß
Dem Regelwerk entsprechend können Freistöße ***direkt oder indirekt*** ausgeführt werden.
Bei Freistößen ***im Mittelfeld*** sollte der primäre taktische Vorteil (eigene Mannschaft ist im Ballbesitz) genutzt werden. Dazu wird der Ball durch kurze, sichere und schnelle Pässe in den eigenen Reihen gehalten. Nur in wenigen Fällen sind weiträumige Steilpässe, die immer die Gefahr des Ballverlustes mit sich bringen, zweckmäßiger.

Gut geschulte Mannschaften verfügen über ein großes Repertoire von Freistoßvarianten. Hier nur vier Beispiele von vielen Möglichkeiten

Durch die raffinierte Ausführung des Freistoßes werden auch gut gestellte Mauern überlistet

Für die Ausführung des Freistoßes ***nahe dem gegnerischen Tor*** gibt es zahlreiche unterschiedliche Varianten. Grundsätzlich kann der Freistoß entweder schnell und für den Gegner überraschend ausgeführt werden. Dies ist allerdings nur möglich, wenn der Schiedsrichter den Ball freigegeben hat. Wenn die schnelle Ausführung nicht möglich ist, sollte der Freistoß in Ruhe geplant und ohne Zeitdruck durchgeführt werden. Dafür gibt es folgende Möglichkeiten:

Der direkte Schuß aufs Tor:
Jede Mannschaft hat Spieler in ihren Reihen, die durch gezieltes Training ihre potentielle Schußstärke zu einer gefährlichen Freistoßwaffe entwickeln können. Bälle, die mit Effet scharf und plaziert um die Mauer herum oder über die Mauer in die Torecken gezirkelt werden, können vom Torwart sehr häufig erst spät erkannt werden; sie sind für ihn deshalb besonders gefährlich.

Indirekte Ausführungen:
Bei der Ausführung von indirekten Freistößen (auch der direkte Freistoß kann selbstverständlich in indirekter Weise ausgeführt werden) sollten grundsätzlich drei Angreifer an der Ausführung beteiligt werden. Ein Spieler steht dabei zur Freistoßausführung am Ball, ein zweiter und ein dritter Spieler stehen rechts und links von ihm in kurzen Abständen. Durch diese Grundposition kann die Ausführung des Freistoßes vielfältig variiert und für den Gegner angetäuscht werden. Einige Möglichkeiten der Ausführung sind in den Abbildungen dargestellt. Bei allen Varianten ist es günstig, wenn sich rechts und/oder links von der gegnerischen Mauer eigene Spieler postieren, um dem Torwart den Blick auf den Ball zusätzlich zu verbauen.

Abwehrtaktik beim Freistoß
Das Abwehren gegnerischer Freistöße kann dann erfolgreich sein, wenn sich alle Spieler einer Mannschaft in klar vorgegebenen Funktionen daran beteiligen. Das Einnehmen der Abwehrpositionen muß so schnell wie möglich, aber ohne Hektik erfolgen. Der Ablauf erfolgt nach folgendem Handlungsplan, der im Training immer wieder bis zur Automatisation geübt werden muß:

- Der dem Ball am nächsten stehende Spieler postiert sich in einigen Metern Abstand vom Ball so, daß die schnelle direkte Ausführung des Freistoßes verhindert wird. Gleichzeitig formiert sich die Mauer mit den vorweg festgelegten Spielern nach einer vorbestimmten Ordnung. Dabei werden die größten Spieler an den Ecken der Mauer postiert.
- Der Torwart oder ein Feldspieler (der hinter dem Ball steht) weisen die Mauer mit deutlich verständlichen, prägnanten Zurufen ein.
- Die restlichen Spieler decken die Räume rechts und links von der Mauer ab.

Bei indirekt ausgeführten Freistößen sollte die Mauer nach der ersten Ballberührung entweder nach vorne rücken, um den Winkel zu verkürzen, oder sich sofort wie auf Kommando auflösen und auf Manndeckung umschalten.

Freistöße aus spitzem Winkel
zwischen dem Strafraum und der Seitenlinie sind besonders gefährlich, weil die Bälle dabei noch raffinierter als beim Eckstoß in den Raum unmittelbar vor dem Tor geschlagen werden können. Deshalb sollte auch bei diesen Freistößen eine Mauer aus mindestens drei Abwehrspielern gebildet werden. Die Aufstellung der restlichen Spieler entspricht der Grundordnung beim Eckstoß (siehe Abb.).

Taktik beim Strafstoß

Angriffs- und Abwehrtaktik beim Strafstoß

Auf Strafstoß wird bekanntlich dann entschieden, wenn im Strafraum ein Foulspiel erfolgt, das sonst mit direktem Freistoß geahndet wird. Auch der Strafstoß könnte – was in der Regel nicht genützt wird – indirekt ausgeführt werden. Der Ball muß dabei allerdings nach vorne gespielt werden.
Die Abseitsregel ist bei der Ausführung des Strafstoßes nicht außer Kraft. Deshalb sollten sich die Angreifer nicht näher der gegnerischen Torlinie postieren als der letzte Abwehrspieler des Gegners oder knapp hinter dem auf dem 11-m-Punkt ruhenden Ball. Nur aus diesen Positionen können sie Bälle, die vom Torpfosten oder vom Torwart ins Feld zurückprallen, aufnehmen und weiterspielen, ohne daß ihre Position als Abseits gewertet wird. Die sinnvolle Grundordnung für Angreifer und Abwehrspieler ist aus der Abbildung zu ersehen. Die Spieler beider Parteien formieren sich dabei so entlang des Strafraumes, daß zurückprallende Bälle von Abwehrspielern und Angreifern gleichermaßen günstig erlaufen werden können.

Training von Standardsituationen

Aus den vorstehenden Ausführungen wird deutlich, daß die Standardsituationen zahlreiche Möglichkeiten für taktisch kluges Handeln bieten.
Durch theoretischen Unterricht und systematisches praktisches Üben der jeweiligen Situation können die einzelnen Spieler und die gesamte Mannschaft ihr taktisches Handlungsgeschick in Standardsituationen erheblich verbessern. Dies gilt sowohl für das Verhalten der Abwehrspieler als auch der Angreifer.
Viele Trainer scheuen häufig davor zurück die Standardsituationen intensiv zu üben, weil sie glauben, daß die Spieler dabei konditionell zu wenig belastet würden. Dies gilt nur bedingt, denn das Training von Standardsituationen kann auch vor oder nach der eigentlichen Trainingszeit eingeplant werden.
Gegen Ende der zweiten Wettkampfperiode kann es verstärkt eingeplant werden, weil das Training in dieser Zeit ohnehin mit geringerer Intensität durchgeführt werden sollte und weil gerade zu dieser Zeit oft Entscheidungsspiele anstehen, in denen die Beherrschung von Standardsituationen besonders wichtig ist.
Die rein technische Ausführung von Eckstößen und Freistößen kann durch einzelne Spieler auch im Sondertraining verbessert werden.

Die Grundpositionen der Angreifer und Abwehrspieler bei der Ausführung des Strafstoßes

Taktik und Taktiktraining

Taktik des Spieltages

Die allgemeine Mannschaftstaktik, Gruppentaktik und Individualtaktik wird unter den speziellen Bedingungen des Spieltages meist noch variiert und ergänzt.
Die Komponenten, die bei der Wahl der Taktik von der gesamten Mannschaft und den einzelnen Spielern zu beachten sind, wurden bereits auf S. 86 im Überblick dargestellt. Einige wichtige Aspekte werden hier noch vertieft.

Langfristiges Ziel und aktueller Tabellenplatz

Das langfristige sportliche Ziel für eine Mannschaft wird im allgemeinen durch die Vereinsführung, den Trainer und die Mannschaft gemeinsam festgelegt. Die aktuelle Taktik wird die Relation zwischen dem momentanen Tabellenstand und diesem Ziel mit berücksichtigen. Wenn z. B. mit einer jungen Mannschaft der Aufstieg in eine höhere Spielklasse in zwei oder drei Jahren geplant ist und die Mannschaft gegen Ende der laufenden Saison einen sicheren Tabellenplatz einnimmt, dann wird sie mit einer anderen taktischen Marschroute (risikoreich, offensiv) ins Spiel gehen, als wenn sie am Tabellenende steht.

Aktuelles Tagesziel

Jugend- und Amateurmannschaften sollten immer mit dem Vorsatz ins Spiel gehen, dieses möglichst hoch zu gewinnen. Damit ist die Taktik klar vorgegeben.
Von den Europapokalspielen her ist bekannt, daß im Leistungsfußball andere Tagesziele die Taktik erheblich verändern können.
Wenn bereits ein Unentschieden oder sogar eine knappe Niederlage für das Weiterkommen ausreichen, dann wird oft eine defensive Taktik gewählt. Es kommen mehr Abwehrspezialisten zum Einsatz, das Spielsystem wird verändert, die Abwehrspieler werden zu diszipliniertem Abwehrspiel aufgefordert und anderes mehr.

Aktuelle Verfassung der eigenen Mannschaft

Die aktuelle Leistungsfähigkeit der eigenen Mannschaft schwankt aus den unterschiedlichsten Gründen. Spieler sind verletzt oder gesperrt oder haben persönliche Formkrisen, neue Spieler müssen eingebaut werden, eine Sieges- oder Niederlagenserie hebt oder drückt die Stimmung zusätzlich, Konflikte innerhalb der Mannschaft dämpfen die Leistungsbereitschaft.
Diese Fakten muß der Trainer erkennen und ihnen bei der Mannschaftsaufstellung (siehe S. 15) und bei der Festlegung der Taktik gerecht werden.

Gegnerische Mannschaft

Es gibt nur wenige Spiele, bei denen eine Mannschaft so deutlich stärker ist als der Gegner, daß sie zu Recht behaupten kann: »Was kümmert uns der Gegner, der soll sich taktisch nach uns richten.« In aller Regel ist es günstig, wenn man über den Gegner möglichst viele Informationen hat.
Der Gegner kann, so wie die eigene Mannschaft auch, aus den oben erwähnten Gründen eine schwankende Tagesform haben. Darauf kann man sich vorausplanend kaum einstellen. Viele spielbestimmenden Faktoren sind dagegen oft schon vorher bekannt oder können vermutet werden, so daß man die eigene Taktik darauf abstimmen kann.
Der gute Trainer gewinnt durch die fachkundige Beobachtung des Spielverlaufs bereits zu Beginn des Spiels wichtige Eindrücke, die er in taktische Tips ummünzt und durch Zurufe oder in der Halbzeit an die Spieler weitergibt.
Bei dieser aktuellen Spielanalyse werden bei der gegnerischen Mannschaft vor allem folgende Punkte registriert:

- Aufstellung
- Spielsystem
- Gruppen- und Mannschaftstaktik
- besondere Varianten bei Standardsituationen
- besonders starke/schwache Spieler
- konditionelle Gesamtverfassung einzelner Spieler.

Art des Spiels

Auch wenn im Fußball grundsätzlich ein Sieg angestrebt werden sollte, so wird man Sieg, Unentschieden und Niederlage doch unterschiedlich werten, je nachdem ob es sich um ein Trainingsspiel, Freundschaftsspiel, Punkt- oder Pokalspiel handelt. Eine Niederlage in einem Punktspiel kann durch konzentrierte Spielleistungen in den nächsten Spielen wieder ausgeglichen werden, eine Niederlage in einem Pokalspiel bedeutet das endgültige »Aus« im laufenden Wettbewerb. Bereits aus dieser Tatsache läßt sich ableiten, daß bei der Wahl der Taktik Unterschiede gemacht werden müssen.
In Trainings- und Freundschaftsspielen wird häufig mit neuen taktischen Varianten oder Aufstellungen experimentiert. Dann ist das Spielergebnis nebensächlich.

Tag und Zeitpunkt des Spiels

Bei einer Spielfolge Samstag-Mittwoch-Samstag (englische Woche) versuchen die Mannschaften häufig durch eine ruhige, ballsichernde Spielweise die nötigen Kraftreserven für das jeweils folgende Spiel einzusparen. Technisch gute Mannschaften haben dabei Vorteile.
Bei Flutlichtspielen gibt es im Gegensatz zu Spielen bei Tageslicht zusätzliche taktische Überlegungen, z. B.:

- Brillenträger sind benachteiligt, das kann Konsequenzen für die Aufstellung haben.
- Dunkle Trikots sind schwer zu erkennen, notfalls muß auf das beliebte dunkelfarbige Vereinstrikot verzichtet werden.
- Hohe Bälle sind für die eigene Mannschaft, vor allem aber für den gegnerischen Torhüter schwer zu berechnen.

Ort des Spiels

Bei Heim- und Auswärtsspielen ist die Taktik häufig unterschiedlich. Das kann bis hin zum Wechsel des Spielsystems reichen. Obwohl der Sinn dieser Maßnahme nicht bewiesen ist, spielen viele Mannschaften bei Auswärtsspielen defensiver als bei Spielen vor dem eigenen Publikum. Vermutlich hoffen die Trainer darauf, daß der Gegner vor eigenem Publikum in seinem Offensivdrang (mit der Länge des Spiels zunehmend mehr!) leichtsinnig wird und dann leichter ausgekontert werden kann. Auch Spiele im Ausland, insbesondere wenn sie unter ungewohnten klimatischen Verhältnissen stattfinden, bedürfen einer besonderen taktischen Planung. Das betrifft insbesondere auch die Wettkampfvorbereitung (Unterkunft, Ernährung, Flüssigkeitsversorgung, ärztliche Vorsorge z. B. durch Impfungen).

Äußere Bedingungen

Die äußeren Bedingungen für ein Spiel wechseln bei jedem Spieltag. Auf folgende Faktoren hat man sich u. a. taktisch einzustellen:

- Klima und Wetter
- Platz- und Bodenverhältnisse
- Publikum
- Schiedsrichter.

Klima und Wetter
Bei großer Hitze sind bereits bei der Vorbereitung (Getränke bereitstellen), aber auch bei der Wahl der Spieltaktik (z. B. durch sicheres Kombinationsspiel den Ball und den Gegner laufen lassen) konkrete taktische Maßnahmen zu treffen.
Bei winterlichen Bedingungen paßt man die Kleidung entsprechend an (Handschuhe, Strumpfhosen).
Die aktuellen Wetterbedingungen wie Regen, Sonnenstand, Windverhältnisse spielen eine Rolle. Bei der Platzwahl entscheidet man sich in aller Regel zuerst für das Spiel mit der Sonne und mit dem Wind; die Bedingungen könnten sich im Laufe des Spiels verändern.
Gegen den Wind versucht man den Ball flach zu halten und mit sicherem Kombinationsspiel nach vorne zu tragen.

Die Platz- und Bodenverhältnisse
Die Platzausmaße können zumindest bei unteren Amateur- und Jugendspielen erheblich schwanken. Die Bodenbeschaffenheit (Rasen-, Asche-, Kunstrasen- Schnee-, Morastboden) ist nahezu in jedem Spiel und nicht selten innerhalb des Spielfeldes selbst unterschiedlich. Darauf sollte die Wahl der Fußballschuhe aber auch die Spielweise eingestellt werden.
Z. B. spielt man bei nassem Rasen überwiegend kurze Pässe genau in den Fuß, bei Morast und tiefem Schnee dagegen mit hohen und weiten Pässen.

Die Ansprüche des Publikums
Die Erwartungen und Reaktionen des Publikums sind von Verein zu Verein unterschiedlich; zumindest Profimannschaften sollten ihre Spielweise dieser Erwartungshaltung anpassen.

Der Schiedsrichter
Bei den Schiedsrichtern sind trotz einheitlicher Schulung immer wieder unterschiedliche Regelauslegungen – vor allem der Regel 12 – festzustellen. Kluge Spieler passen ihr Verhalten auf dem Spielfeld und ihr Zweikampfverhalten dem an.

Persönliche Zielsetzung

Nicht selten genügt einem Spieler eine solide mannschaftsdienliche Spielleistung nicht. Er möchte persönliche Glanzlichter setzen: sei es um einen Stammplatz zu sichern; um vor einem fremden Trainer bzw. Spielerwerber zu glänzen, oder um sich für schwache Leistungen zu rehabilitieren und einen Stammplatz zu sichern. Häufig hat dieser übertriebene Ehrgeiz genau die gegenteilige Wirkung. Die taktische Marschroute müßte lauten:
»Einfach spielen, das Machbare machen, übertriebenes Risiko vermeiden!«

Direkter Gegenspieler

Schnelle kampfstarke Gegenspieler müssen mit anderen technisch-taktischen Mitteln bekämpft werden, als Gegenspieler, die primär mit technischen Mitteln operieren. Sehr häufig sind letztere in Zweikämpfen sensibel und weniger robust und nicht selten auch weniger schnell beim Antritt.
Viele Gegenspieler haben besondere technisch-taktische Eigenschaften, z. B. spezielle Finten oder nur ein starkes Spielbein. Darauf muß man sich im Spielverlauf taktisch einstellen. Dabei ist es natürlich von Vorteil, wenn der Gegenspieler schon vor dem Spiel bekannt ist, so daß man sich mental bereits auf ihn vorbereiten kann.
Als Angreifer kann man sich auch auf die Eigenarten von Abwehrspielern einstellen.
Gegen eng deckende Verteidiger, die bereits bei der Ballannahme stören, taktiert man beispielsweise mit direktem Abspiel in Form von Doppelpässen.

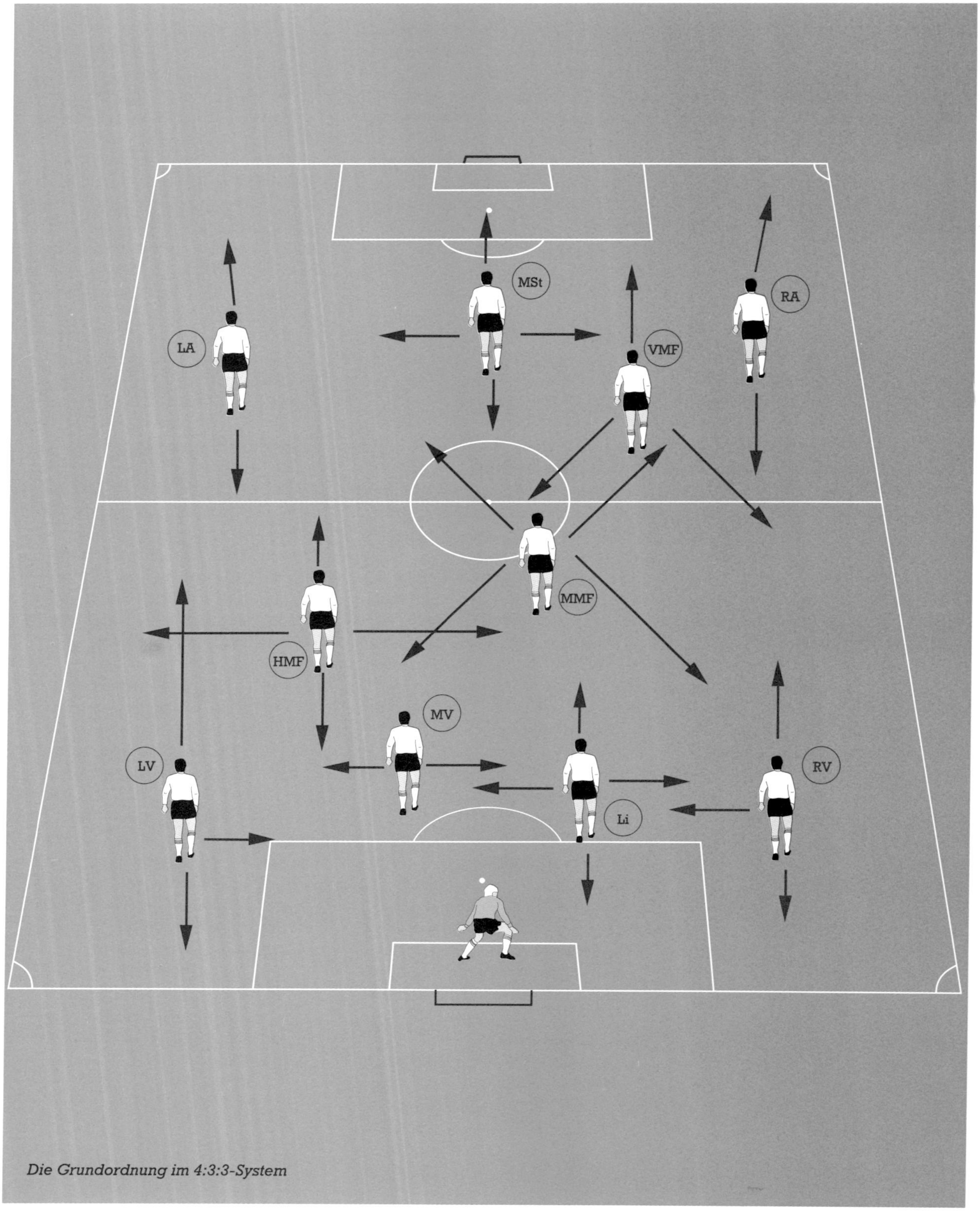

Die Grundordnung im 4:3:3-System

Spielsysteme

Spielsysteme bilden den Rahmen für die in den folgenden Kapiteln behandelten taktischen Pläne und Handlungen. Sie können aber auch Mittel der Taktik sein; z. B. dann, wenn aus taktischen Gründen ein Wechsel des Spielsystems erwogen oder vollzogen wird.

> Durch das Spielsystem werden den Spielern in einer Grundordnung bestimmte Spielräume für ihre Angriffs- und Abwehraktionen zugeteilt. Mit der Raumzuteilung ist gleichzeitig eine Aufgabenverteilung auf die einzelnen Spieler verbunden.

In Mannschaften, die eine moderne Spielweise pflegen, ist die Bindung der Spieler an diese Spielräume nicht allzu eng; im Rahmen spezieller taktischer Marschrouten wird von den Spielern der Wechsel in andere Spielräume geradezu gefordert. Wichtig ist dabei allerdings, daß durch den Wechsel eines Spielers in einen anderen Spielraum die Grundordnung des Spielsystems nicht aufgegeben wird. Dies ist nur dann möglich, wenn ein anderer Spieler in einer Art Ringtausch die Position des wechselnden Spielers einnimmt.

Die Abbildungen auf den Seiten 136 bis 142 zeigen die Grundpositionen und die bevorzugten Aktionsräume im Angriffs- und Abwehrverhalten in den derzeit gebräuchlichsten Spielsystemen:

4:3:3-System (S. 136)

4:4:2-System (S. 138)

3:5:2-System (S. 139)

4:5:1-System (S. 142)

Kennzeichen moderner Systeme

Moderne Spielsysteme sollten gekennzeichnet sein durch:
- Gleichmäßige Verteilung der Spieler auf den Spielraum
- gleichmäßige Auslastung aller Spieler
- starke Absicherung des eigenen Tores
- Möglichkeit, in Ballnähe möglichst viele eigene Spieler zu versammeln
- Möglichkeit zum schnellen Umschalten von Abwehr auf Angriff und umgekehrt
- Beteiligung aller Spieler an Angriffs- und Abwehraufgaben
- Möglichkeit für Positions- und Aufgabenwechsel in der Breite und Tiefe des Spielraumes
- Freiheit für unterschiedliche Spielauffassungen und gruppentaktische Varianten.

Welches System sinnvollerweise zum Einsatz kommt, das hängt u. a. davon ab, welche Taktik für ein Spiel ausgegeben wird, welche Spielertypen zur Verfügung stehen, wie die Spielertypen zueinander passen und wie die konditionelle Verfassung der Spieler ist.

Besonderheiten der einzelnen Systeme

Das 4-3-3-System
Im 4-3-3-System sind die Spieler bereits in der Grundordnung in sehr ausgewogener Weise über das ganze Spielfeld verteilt. Insofern hat es Ähnlichkeit mit dem nicht mehr gebräuchlichen WM-System. Diese Tatsache hat Vorteile für Mannschaften, die taktisch noch weniger erfahren sind. Es eignet sich deshalb besonders für Kinder-, Jugend- und Schulmannschaften.
Im Gegensatz zu den folgenden Systemen sind beim 4-3-3-System drei Sturmpositionen bereits in der Grundordnung fest besetzt. Dies hat Vor- und Nachteile. Vorteilhaft ist, daß beide Flügelpositionen besetzt sind; dadurch ist das Spiel über die Flügel und der Seitenwechsel auch für taktisch wenig geschulte Mannschaften leicht möglich.
Durch die feste Besetzung aller drei Sturmpositionen ist allerdings das variable Spiel aus dem Mittelfeld heraus, bei dem wechselweise verschiedene Mittelfeldspieler in die Sturmspitze eindringen, seltener; die Spielweise von Mannschaften, die im 4-3-3-System operieren, ist vom Gegner leichter auszurechnen.
Letztlich eignet sich das 4-3-3-System wegen der zahlenmäßig geringeren Besetzung des Mittelfeldes auch weniger für moderne Mannschafts- und Gruppentaktiken wie Raumdeckung und Pressing.

Das 4-4-2-System
Beim 4-4-2-System ist das Mittelfeld im Vergleich zum 4-3-3-System durch einen zusätzlichen Spieler verstärkt. Damit ist das System von der Grundordnung her defensiver als das 4-3-3-System mit drei Sturmspitzen.
Die vier Mittelfeldspieler können in Form eines liegenden oder auf der Spitze stehenden Rechteckes in der Grundordnung postiert sein. Von den vorderen Mittelfeldspielern wird erwartet, daß sie immer wieder als Angreifer in die freien Räumen rechts und links von den Sturmspitzen mit vorstoßen.
Das System eignet sich besonders für Mannschaften, die taktisch gut geschult sind und den ständigen Wechsel der Positionen aus dem Mittelfeld in den Sturm und zurück vollziehen können. Die weiten Laufwege, die dabei zurückzulegen sind, erfordern allerdings eine hohe Grundlagen- und Schnelligkeitsausdauer.
Die beiden Sturmspitzen können in der Grundformation entweder als Außenstürmer und Mittelstürmer postiert sein oder in der Mitte vor dem gegnerischen Tor als Doppelspitze agieren. In diesem Fall sind die beiden Flügel unbesetzt, so daß für schnelle Kontervorstöße aus der Abwehr oder dem Mittelfeld Spielraum

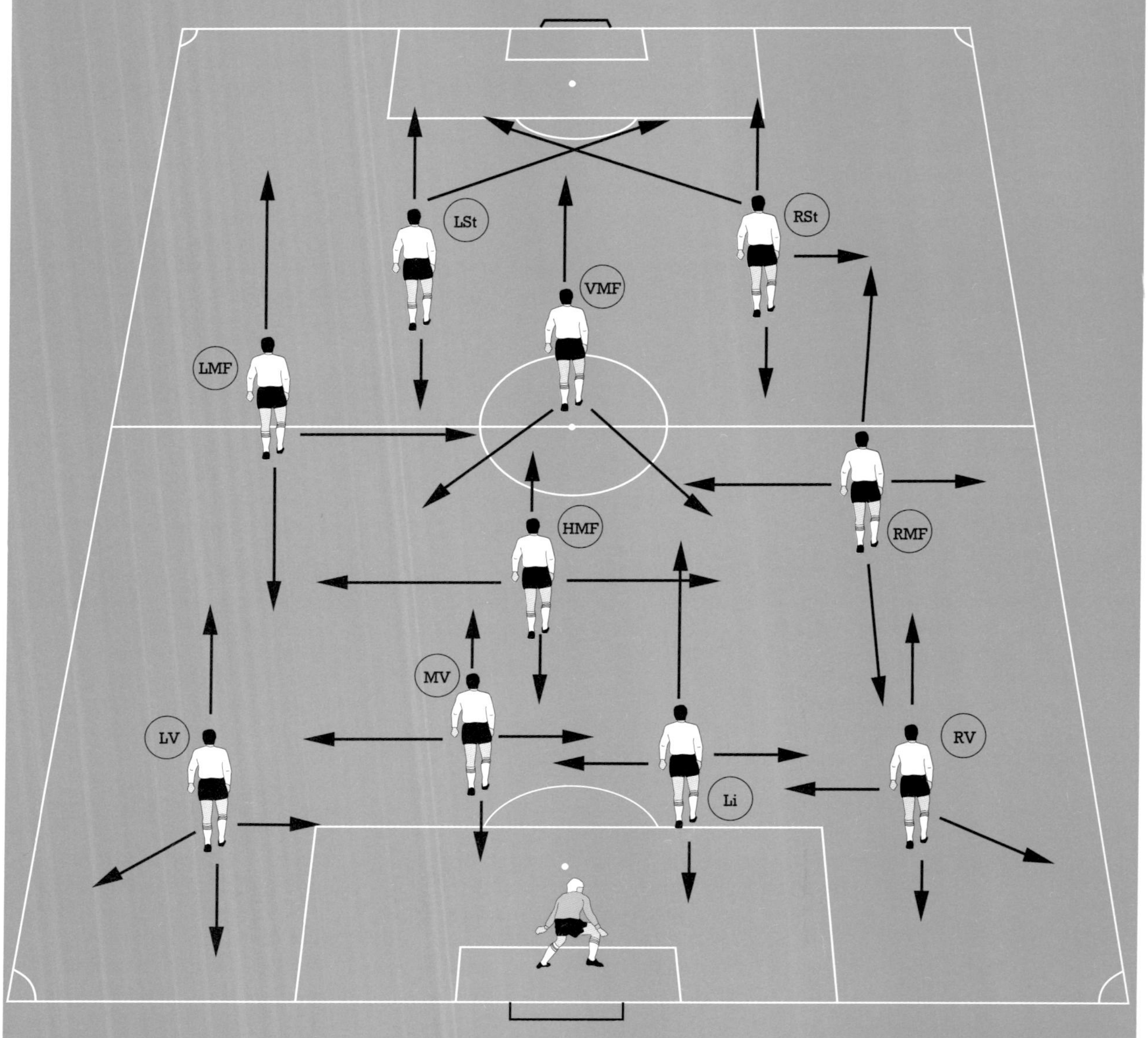

Die Grundordnung im 4:4:2-System; die 4 Mittelfeldspieler können unterschiedlich postiert sein (siehe Abb. rechts)

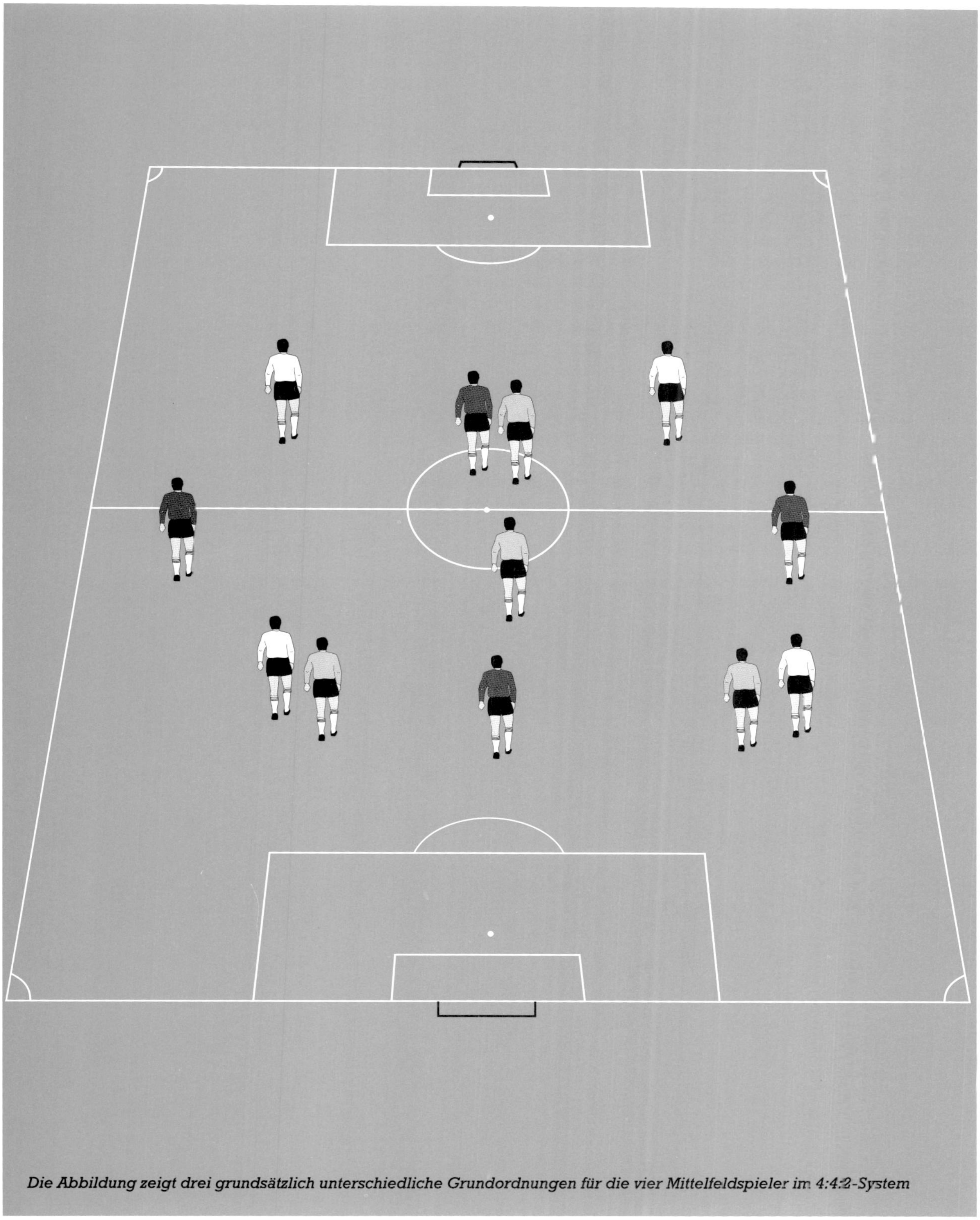

Die Abbildung zeigt drei grundsätzlich unterschiedliche Grundordnungen für die vier Mittelfeldspieler im 4:4:2-System

auf den Flügeln zur Verfügung steht. Je nach der Grundposition der Sturmspitzen können die Mittelfeldspieler unterschiedlich gestaffelt werden. Die Abbildung zeigt Beispiele.

Das 3-5-2-System
Dieses System hat sich fast zwangsläufig aus dem 4-4-2-System entwickelt. Nachdem heute nahezu alle Mannschaften nur noch mit zwei Sturmspitzen operieren, war der letzte Abwehrriegel mit vier Verteidigern zahlenmäßig überbesetzt. Bei gut ausgebildeten Abwehrspielern genügt es vollkommen, die beiden gegnerischen Sturmspitzen in Manndeckung durch zwei Verteidiger zu beschatten, wenn dahinter noch ein freier Mann (der Libero) absichert und die freien Räume abdeckt.
Durch die dichte Besetzung des Mittelfeldes mit fünf Spielern können die Räume rechts und links von den zentralpostierten Abwehrspielern in Raumdeckung abgesichert werden. Gleichzeitig erlaubt die große Zahl an Mittelfeldspielern moderne mannschaftstaktische Varianten wie Forechecking und Pressing.
Durch dieses Spielsystem wurde das Mittelfeldspiel im modernen Fußball im Vergleich zu früheren Jahren wiederbelebt und attraktiver.

Das 4-5-1-System
Eine extrem defensive Variante des 3-5-2-Systems liegt dann vor, wenn die Abwehr zu Lasten einer weiteren Sturmspitze von drei auf vier Mann verstärkt wird.
Es wird nur von Mannschaften gespielt, die überwiegend auf Torsicherung aus sind und die gegen wesentlich stärkere Gegner anzutreten haben. Die Grundforderung an moderne Spielsysteme, wonach der Raum möglichst gleichmäßig auf alle Spieler aufzuteilen ist, wird bei diesem System nur mangelhaft erfüllt. Probleme hat dabei häufig der Stürmer, weil er völlig auf sich allein gestellt ist. Er wird durch zwei oder drei gegnerische Abwehrspieler abgeblockt, so daß er häufig nicht frei angespielt werden kann.

Mit Hilfe derartiger Doppel-Video-Aufnahme-Systeme (Entwicklung: Waldemar Winkler und Fa. Sony) können wichtige Erkenntnisse über Spielsysteme und Laufwege aller Spieler gewonnen werden

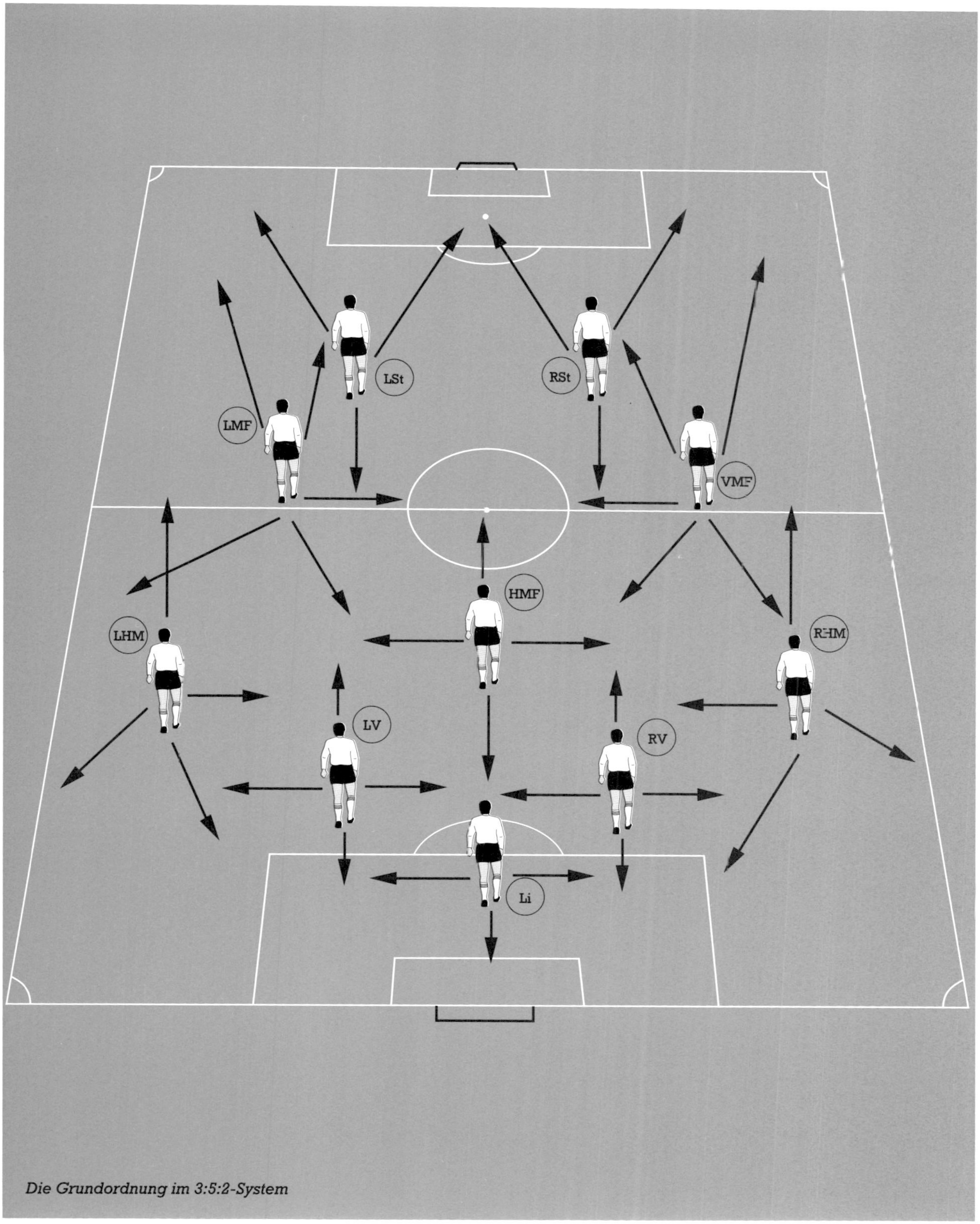

Die Grundordnung im 3:5:2-System

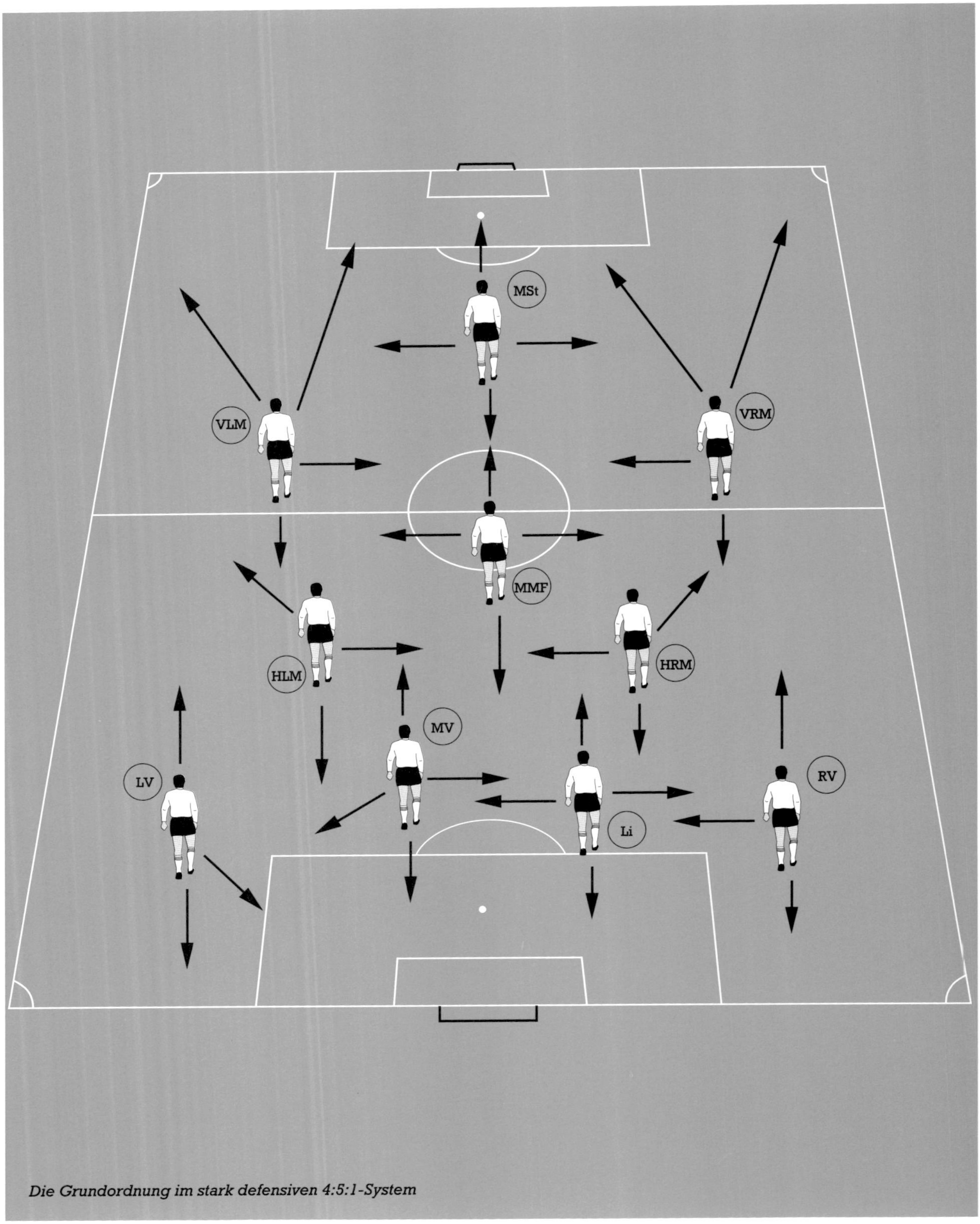

Die Grundordnung im stark defensiven 4:5:1-System

Stilarten

Verschiedene Mannschaften können in ein- und demselben Spielsystem ganz unterschiedlich agieren.
Je nach Tradition des Vereins und der Spielauffassung des Trainers können die technischen und die taktischen Mittel, die im Fußballspiel zur Verfügung stehen, unterschiedlich häufig eingesetzt werden.

Der von Spieler- und Trainer-Persönlichkeiten geprägte spezielle Charakter des Spiels einer Mannschaft wird als Stilart bezeichnet.

Bereits vor der Jahrhundertwende waren Mannschaften mit ganz spezifischen Stilrichtungen bekannt. Noch heute spricht man vom

- englischen Kick-and-rush-Stil
- schottischen Flachpaß-Stil
- Schalker-Kreisel
- tschechischen Gäßchen-Stil
- österreichischen Scheiberl-Spiel.

Heute finden wir bei nationalen und internationalen Spitzenmannschaften ebenfalls ganz unterschiedliche Stilrichtungen.

Der Stil vieler ***südamerikanischer Mannschaften,*** insbesondere der Brasilianer, ist gekennzeichnet durch ein technisch trickreiches, Kurzpaß-Spiel im Mittelfeld. Der Ball läuft über viele Stationen. Er wird nicht immer auf kürzestem Weg in Richtung gegnerisches Tor gespielt, sondern häufig vor und zurück, diagonal und quer, von einem Spieler zum anderen; d. h., der Ball wird in langen Ballstaffeten weitergegeben. Die Spieler können dabei ihre Spiellust befriedigen und ihre balltechnischen Qualitäten beweisen. Aus diesem Kurzpaß-Spiel heraus werden dann urplötzlich und überraschend Steilpässe in die Tiefe des gegnerischen Raumes gespielt.
Die ***belgischen und holländischen Nationalmannschaften*** operieren seit vielen Jahren mit einem forcierten Forechecking und mit einer ausgeklügelten Abseitsfalle. Beim Forechecking wird der ballbesitzende Gegner bereits in seiner eigenen Spielfeldhälfte aggressiv bekämpft; er wird häufig von zwei und sogar drei Gegenspielern unter Druck gesetzt. Um dem Gegner Kontervorstöße in den Rücken der aufgerückten Mannschaft zu erschweren, spielen die Abwehrreihen dabei eine aggressive Abseitsfalle.
Die ***russische Nationalmannschaft*** demonstriert seit der Weltmeisterschaft in Spanien im Jahre 1982 ein äußerst temporeiches Spiel mit weiten, oft direkt geschlagenen raumüberbrückenden Pässen.
Dabei rücken nahezu alle Spieler der Mannschaft mit in den eigenen Angriff vor und ziehen sich beim Angriff des Gegners wieder zurück.
Die ***britischen Mannschaften*** pflegen heute nach wie vor einen sehr kampfbetonten Fußballstil, bei dem Härte und Aggressivität im Zweikampf dominieren. Das Tempo des Spiels ist – solange die Kräfte reichen – gleichbleibend hoch. Tempo- und Rhythmuswechsel, wie sie von anderen internationalen Mannschaften erfolgreich eingesetzt werden, findet man im Spiel der britischen Mannschaften weniger. Vermutlich ist es mit darauf zurückzuführen, daß sie in den letzten Jahrzehnten bei großen internationalen Wettbewerben nicht mehr so erfolgreich sind, wie sie es früher waren.

Trainingsgeräte

Für das Fußball»spielen« genügt notfalls ein Stück Wiese und ein Ball. Die weite Verbreitung des Spiels ist vermutlich sogar mit darauf zurückzuführen, daß es auch mit dieser »Geräte-Miniausstattung« betrieben werden kann. Der Spaß am Spiel muß darunter nicht leiden.
Auch für das Training kann man notfalls mit einer Mindestausstattung an Geräten auskommen.
Für gehobene Ansprüche und vor allem für ein leistungsorientiertes Training, mit differenzierten Anforderungen an die Trainingsinhalte und die Programmgestaltung sollte die Geräteausstattung allerdings erweitert werden.
Mit einem umfangreichen Gerätepark kann variantenreicher und damit wirkungsvoller trainiert werden.
Durch die Vielfalt der Übungen, die mit den modernen Trainingsgeräten möglich sind, wird das Training für die Spieler abwechslungsreicher und freudvoller.
Von der Sportartikelindustrie werden heute die unterschiedlichsten Gerätetypen angeboten. Zu unterscheiden sind die fest auf dem Platz installierten Großgeräte und die beweglichen Kleingeräte.

Großgeräte

● Schußwände in Festbauweise und in transportabler Form, ohne und mit Zielmarkierung (siehe Abb.).
Damit können die wichtigsten Stoßarten, auch in Verbindung mit der An- und Mitnahme des Balles, erlernt, verbessert und automatisiert werden.
● Ballpendel in Galgenform
● Ballpendel Modell »Walker«. (siehe Abb. S. 146).
An beiden genannten Pendelgeräten kann die Kopfballtechnik und die Sprungkraft in komplexer Weise trainiert werden. Sie eignen sich vor allem für das Einzel- und Selbsttraining in hervorragender Weise. Das Walker-Pendel simuliert die natürliche Flugbewegung des Balles besser als das Galgenpendel und ermöglicht ein variantenreiches Üben (siehe Abb.).
● Transportable Tore in den Größen 1 m x 1 m, 2 m x 3 m, 2 m x 5 m und in der Normgröße.
Durch das Verändern der Anzahl, der Position und der Größe der Zieltore können die kleinen Parteispiele in vielfältiger Weise variiert und damit dem Trainingsziel, dem Leistungsstand und der Anzahl der Spieler angepaßt werden.

Kleingeräte

● Fußbälle für Rasen-, Hart-, Tennen, Schnee- und Hallenboden.
Bei gleichem Gewicht und gleicher Größe unterscheiden sich die verschiedenen Balltypen vor allem durch Außenmaterial und Farbe.
In der Halle werden Bälle mit unbeschichtetem Leder oder Veloursüberzug bevorzugt. Für Rasen und Hartplätze gibt es unterschiedlich widerstandsfähige Lederbeschichtungen.
Für Kinder-, Jugend- und Damenmannschaften sind leichtere und kleinere Bälle (z. B. Größe 4 statt 5) zu empfehlen.
Bei besonderen äußeren Bedingungen (Schnee, Halle) kann von der heute üblichen weißen Farbe abgewichen werden.
● Medizinbälle.
Es gibt sie in unterschiedlichen Größen und Gewichten. Sie eignen sich vor allem für das spezielle Konditionstraining im Fußball. Mit dem Medizinball können viele Kraft- und Ausdauerübungen in spielerischer Weise durchgeführt werden.
● Markierungshemden.
Die meist neonfarbenen Hemden sind leicht, schweißabstoßend, schnelltrocknend und hygienisch. Bei weitem Schnitt können sie gut über dem Trainingsanzug getragen werden. Für die schnelle Markierung von wechselnden Trainingsgruppen sind sie heute fast unentbehrlich.
● Markierungsstangen, -kegel.
In einem gut geplanten Training müssen ständig Spielräume und Zieltore verändert und markiert werden. Je nach Bodenbeschaffenheit eignen sich dafür Stangen oder Kunststoffkegel (Verkehrshütchen) unterschiedlich gut.
● Trainingshürden (siehe Abb.).
Für das Sprungkrafttraining sind die leicht transportablen und schnell veränderbaren (Höhe!) Trainingshürden eine wertvolle Hilfe. Auch zur Koordinationsschulung sind sie hilfreich; z. B. als Hindernisbahnen und für Staffelwettbewerbe.
● Übungs-»Dummys«.
Das sind lebensgroße trag- oder fahrbare Figuren aus Holz oder Kunststoff. Durch ihren Einsatz können Standardsituationen wie Eckstoß und Freistoß effektiver trainiert werden. Der jeweilige Spezialist kann dadurch im Selbsttraining üben, ohne daß ihm »Statisten«, z. B. zur Mauerbildung, zur Verfügung stehen müssen.
● Kraftmaschinen und Hanteln.
Diese Geräte für das allgemeine Krafttraining sind für die meisten Vereine zu teuer. Sie stehen in den modernen Fitneßstudios unter qualifizierter Anleitung zur Verfügung und können den Spielern über Nutzungsverträge zugänglich gemacht werden. Besonders zu empfehlen ist dies für das Aufbautraining nach Verletzungen.
Für das spezielle Krafttraining im Verein sollten dagegen Kleingeräte als methodische Hilfen zur Verfügung stehen.
Folgende Geräte haben sich bewährt:
● Gewichtsweste
● Fußmanschette
● Gewichtsschuh
● Sandsack
● Sprungseil.
Mit diesen methodischen Hilfen kann der Trainer spielerische und wirkungsvolle Kraft-Trainingsprogramme zusammenstellen, die den Spielern auch Spaß machen.

Geräte und Ausrüstung

Sandsack, Gewichtsweste, Kurzhanteln

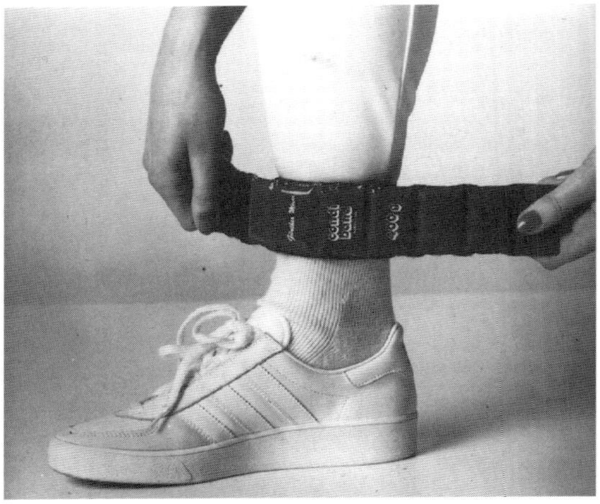

Gewichtsband als Zusatzbelastung

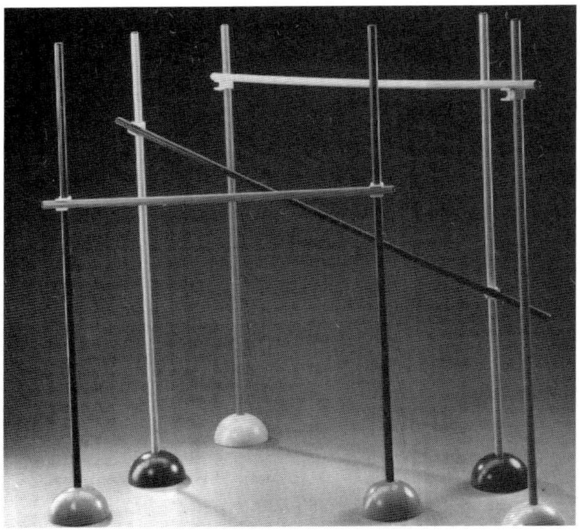

Vielseitig verwendbare Stabhürden

Bälle aller Art sind die Seele von Spiel und Training

Der »Dummy« als passiver Gegenspieler

Walker-Pendel

Markierungs- und Slalomstangen sind vielseitig verwendbar

Tore in unterschiedlicher Größe – auch als Schußwände mit Zielvorgabe

Durch Rollvorrichtungen werden Tore beweglich

Geräte und Ausrüstung

Ausrüstung

Neben den Trainings-Geräten benötigen Trainer und Spieler für das Training und den Wettkampf ihre persönliche Ausrüstung.

Ausrüstung für den Spieler

- Trikot, Hose, Stutzen
- Trainingsanzug
- Stollenschuhe mit Werkzeug
- Nockenschuhe
- Hartplatz- und Hallenschuhe
- Schienbeinschützer
- Suspensorium (Unterleibsschutz)
- Bandagen und Tapeverbände
- evtl. Spielführerbinde
- evtl. Torwarthandschuhe
- evtl. Torwartmütze
- Waschbeutel/Handtuch.

Die Wettkampf- und Trainingskleidung wird heute meist vom Verein vorgegeben und gestellt. Sie sollte in Schnitt und Material den jahreszeitlichen Bedingungen angepaßt sein. Durch den Einsatz moderner Kunstfasern in Verbindung mit der althergebrachten Baumwolle im Zweischichtverfahren sind gute Trikots heute besonders hautfreundlich. Sie unterstützen die Schweißabsonderung an die Außenschicht des Trikots und tragen wesentlich mit dazu bei, daß sich der schweißnasse Spieler nicht erkältet. An besonders kalten Spieltagen und im Training kann sich der Spieler durch eine spezielle Unterkleidung, die diesen Effekt noch verstärkt, zusätzlich schützen (Strumpfhosen!). Auch die Farbe der Spielkleidung sollte sorgfältig ausgewählt werden. Sie sollte sich gut von der des Gegners und vom Hintergrund des Spielfeldes abheben. Grüne Trikots und Hosen sind auf Rasen ebenso ungünstig, wie eine dunkle Spielkleidung bei Flutlichtspielen. Ein unruhig gemustertes Trikot ist aus gleichen Gründen unzweckmäßig.
Das Schuhmaterial sollte sich der

Fußballschuhe für alle Fälle

– als Stiefel für den Winter

– oder Normalstiefel mit Schraubstollen

– mit Multinockensohle

– oder Normalnockensohle

Bequeme, funktionelle Trainingskleidung

– als Spezialschuh für Kunstrasen

–oder für Hallenböden

Spieler möglichst selbst aussuchen. Der Trainer kann ihn dabei fachlich beraten.
Im Training werden heute fast nur noch Nockenschuhe benutzt, denn sie belasten die Sprung- und Kniegelenke weit weniger als die Stollenschuhe. Durch die neue Anordnung der Nocken und durch moderne Materialien reichen heute Nockenschuhe auch für den Wettkampf in den meisten Fällen aus. Vor allem Kinder und Jugendliche sollten ausschließlich mit Nockenschuhen spielen und trainieren.
Seniorenspieler greifen bei rutschigem und tiefem Rasenboden und vor allem bei Schneeboden allerdings weiterhin zum standsicheren Stollenschuh. Bei teueren Modellen wurde die Abriebfestigkeit durch die Verwendung von Keramikmaterial im Stollenbereich deutlich verbessert.
Für hartgefrorenen Boden, für Hart- oder Kunstrasenplätze und vor allem für die Halle ist die Verwendung von Spezialschuhen dringend zu empfehlen. Normale Fußballschuhe sind dafür nicht geeignet. Sie gestatten meist die notwendigen schnellen Richtungswechsel nicht oder sie führen z. B. durch ungeeignete Dämpfungselemente zu Dauerschäden am Bewegungsapparat (Meniskus, Bandscheiben) des Spielers.
Zur Vorbeugung gegen Verletzungen kann sich der Spieler ebenfalls wirkungsvoll ausrüsten.
Schienbein- und Knöchelschoner sind bei vielen Profivereinen heute bereits vertraglich vorgeschrieben. Was für die Gesundheit des Profis gut ist, das sollte auch für den Jugend- und Amateurfußball zur verbindlichen Vorschrift werden. Das Suspensorium ist ein wirkungsvoller Unterleibsschutz. Seine Nutzung ist dringend zu empfehlen. Bandagen und Tapeverbände tragen mit dazu bei, daß frisch verheilte Verletzungen nicht erneut aufbrechen.
Zu guter Letzt:
Für das Waschen und Duschen gehört der gefüllte Waschbeutel zum festen Bestand der Sporttasche!

Geräte und Ausrüstung

Ausrüstung für den Trainer

- Pfeife
- Taktiktafel (siehe Abb. unten)
- Trainingsbuch (siehe S. 30)
- Diktiergerät
- Erste-Hilfe-Koffer
- Thermoskanne mit Eiswasser
- Stollenkoffer.

Auch der Trainer muß für die Erfüllung seiner vielfältigen Aufgaben in Training und Wettkampf in geeigneter Weise »gerüstet« sein.
Beim Wettkampf haben die meisten Trainer im Jugend- und Amateursport nicht nur reine Coachingaufgaben zu erfüllen, sie sind gleichermaßen Betreuer, Masseur und Medizinmann ihrer Mannschaft.
Während die Schiedsrichterpfeife zur arbeitserleichternden Standardausrüstung der meisten Trainer gehört (viele Trainer verzichten allerdings auch darauf, weil ihnen die damit vermittelten Kommandos zu militärisch erscheinen), haben noch lange nicht alle Trainer Taktiktafel, Trainingsbuch und Diktiergerät in ihrem Ausrüstungsrepertoire.
Durch die Benützung einer Taktiktafel (es gibt sie inzwischen bereits bis zum A4-Format zusammenfaltbar) kann der Trainer sowohl im Training als auch vor dem Wettkampf oder notfalls in der Halbzeit wichtige Informationen an die Spieler in anschaulicher Weise weitergeben.
Im sogenannten Trainingsbuch (siehe Literaturverzeichnis) können alle wichtigen Daten aus Training und Wettkampf registriert werden. Diese über einen längeren Zeitraum geführten Aufzeichnungen gestatten eine langfristige Planung, Kontrolle und Auswertung aller Trainings- und Wettkampfmaßnahmen.
Mit Hilfe eines modernen, meist nur handtellergroßen Taschendiktiergerätes kann der Trainer wichtige Eindrücke, die er während des Wettkampfes gewinnt, auf bequeme Weise festhalten. Tut er dies nicht, so gehen erfahrungsgemäß sehr viele Informationen in der Hektik des Spiels wieder verloren.
Wenn der Trainer auch noch Aufgaben als Betreuer und Medizinmann zu übernehmen hat, so wird er sich zusätzlich mit einer Erste-Hilfe-Ausrüstung und einem Stollenset incl. Werkzeug ausstatten müssen. Für die Erstversorgung von Prellungen, Zerrungen und Verstauchungen ist eine große Thermoskanne mit Eiswürfeln und Eiswasser dringend zu empfehlen. Wenn derartige Verletzungen innerhalb weniger Minuten mit Eiskompressen versorgt werden, so sind die Blutungen ins Gewebe wesentlich geringer und die Zeitdauer für die Wiedergenesung deutlich kürzer. Das Eisspray, das in solchen Fällen lange Zeit verwendet wurde, erreicht bei weitem nicht die Wirkung von Eiswasser, weil es nur oberflächlich wirkt; im Gegenteil, es erzeugt in der Tiefe des Gewebes sogar verstärkte Blutungen.

Die Taktiktafel ist für den Trainer eine wertvolle Hilfe. Damit veranschaulicht er vor dem Training und vor bzw. nach dem Spiel die Forderungen, die er an die Spieler stellt oder die Fehler, die sie gemacht haben

Umgangssprachlich wird Training auch definiert als »Wettkampfvorbereitung«. Ohne Zweifel ist das Training – langfristig betrachtet – tatsächlich der wichtigste Faktor in der Wettkampfvorbereitung. Neben diesem überdauernden Prozeß, der sich bei den meisten Spielern über viele Jahre und Jahrzehnte hinzieht, kann und muß sich jeder einzelne Spieler aber auch kurzfristig gezielt auf den Wettkampf vorbereiten.
Für die kurzfristige Vorbereitung sind folgende Aspekte wichtig:

- sportgerechte Ernährung
- Motivation
- mentales Einstimmen
- Aufwärmen
- Auslaufen.

Die sportgerechte Ernährung

Sich sportgerecht ernähren, das bedeutet:
Vor, während und nach dem Wettkampf richtig essen und trinken!
Die Grundsätze einer sportgerechten Ernährung sind den Spielern bzw. ihren Eltern oder Ehefrauen und Lebenspartnern leider immer noch viel zu wenig bekannt. Dabei ist es beim Organismus nicht anders als bei einem Motor. Je technisch aufwendiger dieser konstruiert ist, um so wichtiger ist es, daß er mit hochwertigen Treibstoffen und Schmiermitteln versorgt wird.
Nicht anders ist es beim Spieler. Je mehr die Leistungsfähigkeit in Training und Wettkampf ausgereizt wird, um so bedeutsamer wird die richtige Ernährung.
Zur richtigen Ernährung gehört die ausreichende Versorgung mit den notwendigen

- Nährstoffen
- Mineralstoffen
- Vitaminen
- Flüssigkeiten.

Max Inzinger, der Ernährungsberater der FIFA hat beim Jahreshauptkongreß des Bundes Deutscher Fußball-Lehrer (1989) in einem bedeutsamen Referat dazu wichtige Grundsätze formuliert.
Die nachfolgenden Ausführungen beziehen sich im wesentlichen auf diese Empfehlungen von Inzinger.
Eine fehler- oder mangelhafte Ernährung kann beim Spieler folgende gravierende psychophysische Störungen auslösen:

- Konzentrationsschwäche
- allgemeine Müdigkeit
- Kraftlosigkeit
- Muskelkater
- Muskelkrämpfe
- Black-out-Erscheinungen
- Augenflimmern
- Sehstörungen
- Atemnot.

Folgende grundsätzliche Forderungen sind für eine sportgerechte Nahrungs- und Flüssigkeitszufuhr zu stellen:

- Der Kalorienbedarf muß jeweils individuell festgelegt werden.
- Die Kohlenhydratspeicher müssen gefüllt werden.
- Der erhöhte Bedarf an Vitaminen muß gedeckt werden.
- Die Versorgung mit Elektrolyten/Mineralstoffen muß gesichert werden.
- Der Wasserhaushalt muß durch richtiges Trinken optimiert werden.

Der individuelle Kalorienbedarf

Der individuelle Energiebedarf hängt sehr stark von der persönlichen Konstitution, der Alltagsbelastung und der Trainingshäufigkeit ab.
Nach Inzinger errechnet sich der benötigte tägliche Kalorienbedarf nach folgender Formel:

Körpergröße x individuelle Richtzahl
= Energiebedarf.

Für einen Spieler von 180 cm und mit einem täglichen Trainingsaufwand von 1 bis 2 Std. (ohne sonstige körperliche Belastung) errechnet sich damit ein täglicher Kalorienbedarf von 3960 kcal = 16522 Joule.

Die individuelle Richtzahl ermittelt sich nach folgender Tabelle:

Richtzahl	Trainingshäufigkeit
18	1–2mal wöchentlich
20	3–4mal wöchentlich
22	1–2 Std. täglich
24	3–4 Std. täglich
28	5–6 Std. täglich

Öfter aber weniger essen!

Schon ein altes Sprichwort sagt: »Voller Bauch studiert nicht gern.« Diese Aussage gilt übertragen auch für körperliche Leistungen. Nach den Erkenntnissen der Ernährungswissenschaftler ist die Umverteilung der täglichen Energiezufuhr von wenigen großen auf mehrere kleine Mahlzeiten aus vielerlei Gründen zu empfehlen.

Inzinger empfiehlt folgende Essensrhythmen
7.00 Uhr: Frühstück
20 Prozent Kalorien
9.00 Uhr: 1. Zwischenmahlzeit
10 Prozent Kalorien
10.30 Uhr: 2. Zwischenmahlzeit
5 Prozent Kalorien
12.00 Uhr: Mittagessen
20 Prozent Kalorien
14.00 Uhr: 3. Zwischenmahlzeit
10 Prozent Kalorien
17.00 Uhr: 4. Zwischenmahlzeit
5 Prozent Kalorien
19.00 Uhr: Abendessen
20 Prozent Kalorien
21.00 Uhr: Spätmahlzeit
10 Prozent Kalorien

Wettkampfvorbereitung

Kohlenhydratreiche Ernährung

Idealerweise sollte jede Mahlzeit vorrangig die Nährstoffe enthalten, die für die jeweilige Leistung vor und nach ihr benötigt werden. Für geistig Tätige sind dies eher Eiweißprodukte, für körperlich und insbesondere sportlich Tätige eher kohlenhydratreiche Nährstoffe.
Die übliche Trainings- und Wettkampfernährung sieht für den Fußballspieler folgendes Verhältnis der Nährstoffe vor:

- Kohlenhydrate 60%
- Fette 25%
- Eiweiß 15%.

Als Grundregel gilt: Pro Kilogramm Körpergewicht sollte der Spieler täglich 7 g Kohlenhydrate zu sich nehmen.
Bei verstärktem Krafttraining, z. B. in der Vorbereitungsperiode oder nach Verletzungen, sollte der Eiweißanteil allerdings erhöht werden.
Damit dem Körper zum Zeitpunkt des Spiels eine möglichst optimale Menge an Kohlenhydraten zur Verfügung steht, wird von manchen Ernährungswissenschaftlern eine sogenannte Kohlenhydrat»mast« empfohlen:

- 2 Tage vor dem Spiel: kohlenhydratarme Ernährung
- am Tag vor dem Spiel und am Spieltag selbst: kohlenhydratreiche Ernährung.

Durch die Verminderung des Kohlenhydratanteils 2 Tage vor dem Spiel entsteht ein Kohlenhydratmangel, der dann in einer Art Hyperkompensationsreaktion über das normale Maß hinaus ausgeglichen wird.
In der Nahrung kommen die Kohlenhydrate in unterschiedlichen Produkten vor. Je nach Art der Nahrungsmittel dauert es verschieden lange, bis die für die sportliche Leistung notwendige Energiebereitstellung in Form der Zuckerverbrennung möglich ist. Nach der Nahrungszufuhr stehen die Kohlenhydrate als verwertbare Energie zur Verfügung:

- Vollkorn- und Vollwertprodukte: nach 60–240 Minuten
- Obst und Gemüse: nach 60–100 Minuten
- Brot und Kuchen: nach 40 bis 60 Minuten
- Süßigkeiten und Süßgetränke: nach 15–40 Minuten
- Traubenzucker: nach 10 bis 20 Minuten.

Sinnvollerweise werden die Energiedepots vor dem Spiel in entsprechender Reihenfolge durch Nahrungsaufnahme gefüllt. D. h., ca. 2 Stunden vor dem Spiel ißt man Vollwertprodukte und Kartoffel, später noch etwas trockenen Kuchen, dann trinkt man noch Süßgetränke und zuletzt kann man noch mit etwas Traubenzucker komplettieren.

Die Bedeutung der Vitamine

Die Vitamine sind die Katalysatoren für den Energiestoffwechsel und zwar gleichermaßen für den Kohlenhydrat-, Eiweiß- und Fettstoffwechsel.
Nach Max Inzinger haben Fußballprofis einen etwa 3- bis 4fach höheren Bedarf an Vitaminen als normal arbeitende Menschen.
Folgende Vitamine sind für den Spieler von besonderer Bedeutung:

- Vitamin A, B_1, B_2, B_6, B_{12}
- Vitamin C
- Vitamin D
- Vitamin E
- Liatin.

Die genannten Vitamine befinden sich vermehrt in:

- Vollkorn-Produkten
- Kartoffeln
- naturbelassenem Reis
- frischem Obst
- frischem Gemüse.

In Weißbrot, geschältem Reis, gekochtem Obst und Gemüse und eingemachten Obst sind vergleichsweise wesentlich weniger Vitamine eingelagert.

Versorgung mit Mineralstoffen

Von den zahlreichen Spurenelementen im Körper des Menschen sind für sportliche Leistungen insbesondere von Bedeutung:

- Kalium
- Natrium
- Calzium
- Magnesium
- Eisen
- Jod.

Nach Aussagen von Max Inzinger leiden etwa ⅔ aller Fußballspieler an Magnesiummangel. Er empfiehlt eine Nahrungsergänzung durch Magnesiumpräparate insbesondere deshalb, weil unsere Lebensmittel einen immer geringeren natürlichen Magnesiumanteil haben. Bei intensiver sportlicher Belastung ist auch eine Ergänzung der Kalium-, Eisen- und Jodreserven zu empfehlen.

Regulierung des Wasserhaushaltes

In harten Fußballschlachten können die Spieler bei großer Hitze bis zu 3 l Flüssigkeit verlieren. Der Flüssigkeitsverlust muß wieder schnell behoben werden. Wasser alleine reicht dafür aber nicht, denn gleichzeitig mit der Schweißabsonderung werden auch wichtige Mineralstoffe ausgeschieden.
Der Verlust an Flüssigkeit und Elektrolyten muß unbedingt bereits während des Spiels, z. B. durch Einnahme von Halbzeitgetränken und sofort nach dem Spiel, ausgeglichen werden.
Für die Wirkung ist die richtige Auswahl der Getränke und das richtige Trinkverhalten entscheidend.

Geeignete Getränke

Bei den Getränken sollte das Verhältnis zwischen dem energiereichen Zuckergehalt einerseits und den eingelagerten Mineralstoffen andererseits stimmen. Von zu süßen Fruchtsaftgetränken und zuckerhaltigen

Limonaden bzw. Cola-Getränken wird im allgemeinen abgeraten. Besser geeignet sind Mineralwasser, deren Natriumgehalt unter 700 mg pro Liter und deren Magnesiumgehalt wenigstens 100 mg pro Liter haben sollte.
Die häufig angebotenen fertigen isotonischen Getränke sind dann zu empfehlen, wenn ihr Natrium- und Chloridanteil gering (Natrium unter 400 mg/l, Chlorid unter 200 mg /l) und ihr Calzium-, Kalium- und Magnesiumanteil hoch ist (Kalium bis zu 800 mg/l, Magnesium über 70 mg/l) liegt.
Wenn isotonische Getränkemischungen aus einem Mineralstoffpulver selbst zubereitet werden, sind die Angaben zu den Gewichtsverhältnissen genau zu beachten. Bei einer zu hohen Dosierung des Elektrolytpulvers kann es zu Gegenreaktionen und überhöhter Wasserausscheidung aus dem Körper kommen.
Gut geeignet sind auch selbst zubereitete Mischungen aus Tee, Fruchtsaft und Mineralwasser.

Richtig trinken
Genauso wichtig wie die Flüssigkeiten, die man zu sich nimmt, ist das richtige Trinkverhalten:
- Unmittelbar vor, während und nach dem Spiel sollte nur schluckweise und keinesfalls hastig getrunken werden. 2 Stunden vor und nach dem Spiel können und sollten dagegen größere Flüssigkeitsmengen getrunken werden.
- Vor der Einnahme kalter Getränke sollte der erste Durst durch warme oder lauwarme Getränke gestillt werden. Anderenfalls kommt es zu einer Scheinsättigung, weil die kalten Getränke länger im Magen liegen bleiben. Als Folge davon ißt der Spieler weniger, als er nach der Belastung zu sich nehmen sollte.
- Schließlich: Auch gegen das beliebte Bierchen in der »Dritten Halbzeit« zu oder noch besser nach dem Essen ist dann nichts einzuwenden, wenn alles in Maßen bleibt und nicht in Massen ausartet.

Motivation des Spielers

Bereits im Zusammenhang mit den taktischen Fähigkeiten wurde auf die Bedeutung des optimalen Motivierungsgrades für die Spielleistung verwiesen.
Ein Spieler kann übermotiviert sein; das äußert sich häufig in Nervosität, Unsicherheit und Verkrampfung. Spieler können aber auch zu wenig motiviert sein. Sie sind dann nicht voll leistungsbereit, sie spielen lustlos, überheblich und unkonzentriert. In beiden Fällen ist die motivationale Einstellung des Spielers auf den Wettkampf nicht optimal. Grundsätzlich ist zu unterscheiden zwischen:
- Eigen- bzw. Selbstmotivation und
- Fremdmotivation durch den Trainer, durch Mitspieler, Freunde und dgl.

Der Wirkungszusammenhang zwischen Motivation und Spielleistung wird deutlicher, wenn der prinzipielle Ablauf des Motivationsprozesses erfaßt wird.

Der Motivationsprozeß

Zum Handeln – und mithin auch zur sportlichen Leistung wird der Mensch durch vielerlei »Beweggründe« veranlaßt.
Beweggründe können sein:
- Elementare Bedürfnisse wie Bewegungslust und Spieltrieb oder Motive.

Letztere sind häufig erst im Laufe der Zeit über die Erziehung und über äußere Einflüsse im Menschen angelegte Beweggründe.
Ein legitimes Motiv für den Leistungsehrgeiz des Fußballprofis sind die in Aussicht gestellten Prämien, also die finanziellen Mittel, die im professionellen Fußball »im Spiel« sind.
Ein weniger erfolgversprechendes Motiv, das im Fußball leider sehr häufig eine Rolle spielt, ist die Angst. Sie kann einen Spieler trotz einer Reihe von sonst positiv wirkenden Motiven daran hindern, in riskanter Weise zu tackeln oder einem Flankenball erfolgreich entgegen zuhechten.
Sehr häufig überlagern sich widerstreitende Motive und Bedürfnisse in ihrem Einfluß auf den Motivierungsgrad eines Spielers. Viele Motive und auch Bedürfnisse können überhaupt erst wirksam werden, wenn die äußeren Umstände und Bedingungen für sie günstig sind.
Manche Motive sind den Spielern auch nicht jederzeit geläufig und bewußt. Der Spieler muß sie sich bei der Selbstmotivation erst »ins Gedächtnis zurückrufen« oder sie werden durch den Trainer und andere Personen dem Spieler bewußt gemacht.
So muß der übertriebene Leistungsehrgeiz eines Nachwuchsspielers, der zum ersten Mal die Chance hat, einen Stammplatz in der ersten Mannschaft zu erkämpfen, häufig reduziert werden. Im selben Spiel kann es nötig sein, daß der Trainer die Motivierung eines langjährigen Stammspielers verstärkt.
Der Motivationsprozeß könnte demnach wie folgt definiert werden:

> Die im Spieler angelegten Motive und Bedürfnisse werden als Beweggründe geweckt, bewußt gemacht, aktualisiert und in eine möglichst günstige Wechselwirkung zu den jeweils gegebenen Bedingungen des Spieltages gebracht.

Leistungssteigernde Motive und Bedürfnisse

Für die Steigerung der Leistungsmotivation im Sport sind im wesentlichen die nachfolgend genannten Motive und Bedürfnisse wirksam.

Wettkampfvorbereitung

Motive:
- Leistungsstreben
- Anerkennung durch die Umwelt
- Selbstdarstellung, Show
- materielle Vergünstigungen
- soziale Stellung
- Geselligkeit
- Selbstverwirklichung
- Minderwertigkeitsgefühle
- Reiselust.

Bedürfnisse:
- Bewegungslust
- Kraftüberschuß
- Selbstwertstreben
- Aggression
- Spielbedürfnis
- Funktionslust
- Risikobedürfnis
- Jagdtrieb
- Neugierde
- Erlebnisbedürfnis.

Den sogenannten Bedürfnissen und Motiven übergeordnet sind zwei grundlegende Beweggründe:
- Die Hoffnung auf Erfolg und
- die Angst vor Mißerfolg.

Nach aller Erfahrung sind wesentlich mehr Fußballspieler durch Hoffnung auf Erfolg als durch Angst vor Mißerfolg zu motivieren. Die Freude auf den Sieg, auf die Siegesfeier und möglicherweise auf den in Aussicht stehenden Aufstieg sollte deshalb immer mehr in den Mittelpunkt der Motivationsbemühungen des Trainers gestellt werden als die Angst vor einem möglichen Mißerfolg. Dies vor allem auch deshalb, weil mit dem damit verbundenen Prognostizieren des Mißerfolgs automatisch die Selbstzweifel im Spieler geweckt werden und er damit verunsichert wird.

Zielattraktivität
Die Wirkung der Motive und Bedürfnisse und damit der Bemühungen des Trainers bei der Motivation der Spieler hängt auch wesentlich von der Attraktivität des angestrebten Zieles ab. Wenn durch einen Sieg lediglich ein Punkterückstand auf den in der Tabelle weiter vorne plazierten Gegner verringert werden kann, dann wird es schwerer sein, die Spieler zu motivieren, als wenn durch den Sieg ein größerer Sprung in der Tabelle nach vorne erreicht werden kann. Da die Attraktivität in den Augen des Spielers durch individuelle Einstellungen und Wertungen verändert werden kann, ergeben sich auch auf diesem Wege Chancen für die Motivation durch den Trainer. Gegebenenfalls muß der Trainer sogar das Ziel, das sich ein Spieler oder die ganze Mannschaft für ein Spiel setzt, verändern, um in optimaler Weise zu motivieren. (Z. B.: ein Unentschieden genügt; nur ein hoher Sieg ist ein Erfolg; dem Publikum ein schönes Spiel bieten.)

Mittlere Erfolgswahrscheinlichkeit
Ein ganz wesentlicher Aspekt bei der Motivation ist die Aussicht, mit der ein angestrebtes Ziel erreicht werden kann. Angestrebte Aufgaben, die im mittleren Bereich der Erfolgswahrscheinlichkeit liegen, werden erfahrungsgemäß mit besonders großem Elan angepackt. Als zu schwierig oder als außerordentlich leicht empfundene Aufgaben gehen die Spieler entweder zu zögernd und unsicher oder andererseits zu lässig und zu überheblich an.
Es ist deshalb die Aufgabe des Trainers, die bevorstehende Aufgabe so darzustellen, daß der Spieler an seine Chance glaubt, ohne aber gleichzeitig überheblich zu werden. Bei dem Bemühen, die Chancen für das bevorstehende Spiel in den Bereich der mittleren Erfolgswahrscheinlichkeit einzuordnen, darf der Trainer aber nicht unglaubwürdig werden. Die Spieler sind diesbezüglich sensibel und würden Übertreibungen oder Untertreibungen seitens des Trainers schnell durchschauen. Als Folge davon wären sie langfristig für Motivationsbemühungen des Trainers nicht mehr ansprechbar.
Aus den vorstehenden Ausführungen wird deutlich, wie schwierig es für den Trainer ist, eine Mannschaft richtig zu motivieren. Alle Maßnahmen müssen individuell auf den einzelnen Spieler, auf seine jeweilige Motivationslage und auf die aktuellen Bedingungen, in die Spieler und Mannschaft eingebettet sind, abgestimmt werden.

Mentales Training

Eingangs wurde darauf verwiesen, daß sich Spieler auch selbst motivieren und zur Leistung stimulieren können.
Eine Sonderform der Selbstmotivation ist das sogenannte mentale Training. Es handelt sich dabei um ein geistiges »Vorstellungs«-Training. Für dieses Training muß sich der Spieler in einen körperlich-seelischen Entspannungszustand versetzen, in dem er besonders aufnahmefähig ist für eigene oder fremde Beeinflussung (Du schaffst es!), für suggestive Bilder (erfolgreiches Dribbling) und bildhaft gemachte Funktionsvorstellungen (Kombinationen). Von Paul Breitner ist bekannt, daß er sich vor wichtigen Spielen bis zu einer Stunde in diesen Entspannungszustand versetzt hat, um sich dabei geistig auf das Spiel vorzubereiten. Dieser Zustand kann nur in einer ruhigen, entspannten und gelösten Atmosphäre erreicht werden.
In dieser Situation der Verinnerlichung ist der Spieler dann in der Lage
- die bevorstehenden technisch-taktischen Aufgaben geistig vorwegzunehmen,
- spezielle Lösungsstrategien gegen bestimmte Gegenspieler zu entwickeln,
- imaginäre Ängste abzubauen und gleichzeitig
- Selbstvertrauen durch Selbstsuggestion zu entwickeln.

Mit Sicherheit ist das mentale Training im Fußball für die Mehrzahl der Aktiven noch keine geeignete Methode. Dies liegt nicht nur an dem oft hektischen Getriebe in den Umkleideräumen. Die meisten Spieler sind für derartige sensible Techniken zu wenig aufgeschlossen; sie verfügen auch nicht über die Fähigkeiten und Kenntnisse, um über autogenes Training oder andere neuere Formen der aktiven Selbstbeeinflussung in den notwendigen Schwebezustand zu kommen. Für einzelne Spieler, die über das entsprechende Interesse verfügen oder die Probleme mit ihrer Psyche in der Wettkampfvorbereitung haben, ist dieses Verfahren allerdings empfehlenswert. Spieler und Trainer sollten dazu miteinander die Beratung eines Sportpsychologen suchen.

Streßbewältigung vor dem Wettkampf

Auch im Fußballsport ist der sogenannte Trainingsweltmeister, der unter dem psychischen Druck des Wettkampfes immer wieder versagt, bekannt. Von diesen Ausnahmefällen abgesehen, haben aber auch routinierte Spieler vor wichtigen Spielen gelegentlich Probleme mit dem Vorstartzustand. Oft werden sie ausgelöst von schwer beschreibbaren imaginären Versagensängsten, manchmal auch von ganz konkreten Sorgen (z. B. vor einem bekannt harten Gegenspieler oder vor dem Wiederaufbrechen frisch verheilter Verletzungen). Nicht selten sind es überzogene Erfolgserwartungen, die von den Medien in der Öffentlichkeit geweckt werden, die den einzelnen Spieler und die Mannschaft in Streßsituationen versetzen. Auch ungewohnte Umweltverhältnisse wie ein völlig unbekanntes Stadion, ekstatische Zuschauer, extreme Witterungsverhältnisse u. a. sind geeignet, das subjektive Streßempfinden eines Spielers zu verstärken.
Die Folgen, die Mediziner und Psychologen an gestreßten Personen feststellen können, sind ebenso vielfältig wie unterschiedlich. Sie reichen von objektiv nachweisbaren Veränderungen im physiologischen Bereich (Pulsfrequenz, Reaktionszeitänderung, Erhöhung des Muskeltonus) bis hin zu Veränderungen der körperlichen Belastbarkeit, der persönlichen Gewohnheiten und Reaktionsweisen. Bekannt ist, daß in Streßsituationen das Hormon Adrenalin in verstärktem Maße ausgeschüttet wird. Dieses Hormon ist in einem bestimmten Maß für hohe körperliche Leistungen sogar nötig; wenn der Körper aber zuviel davon produziert, dann wirkt es hemmend auf die sportliche Leistungsfähigkeit.
Was können Trainer und Spieler tun, um den Streß und damit den Adrenalinpegel auf einem optimalen mittleren Wert zu halten?
Die Psychologen empfehlen in diesen Situationen spezielle Entspannungsmethoden wie autogenes Training, progressive Muskelrelaxation, Aktivtherapie oder Biofeedbacktraining. Diese Methoden kommen für die Praxis im Fußball kaum in Frage. In der Alltagspraxis haben sich dagegen folgende Maßnahmen bestens bewährt:

- Sachliche Information des/der Spieler über Stärken und Schwächen des Gegenspielers
- klare und prägnante Information über die taktischen Aufgaben für jeden einzelnen Spieler in individueller Weise
- in Verbindung damit: Risikoverschreibung und Risikoabsicherung durch den Trainer
- Relativierung des Anspruchsniveaus, das evtl. von außen her an den Spieler herangetragen wird
- Appell an das Teamwork (alle für einen, einer für alle) und damit
- Verteilung der bevorstehenden Aufgaben auf alle Spieler
- Abbau individuell geprägter Ängste (siehe oben)
- umfangreiches aktives Aufwärmtraining.

Aufwärmen und Auslaufen

Das Aufwärmen geht dem Wettkampf zeitlich unmittelbar voraus, das Auslaufen sollte direkt nach dem Wettkampf erfolgen.
Beide Maßnahmen haben eine sehr große Bedeutung für die Aktivierung der vollen Leistungsfähigkeit des Spielers im Spiel.
Für das Aufwärmen gibt es mehrere prinzipiell unterschiedliche Methoden:

- Das mentale Aufwärmen (siehe oben)
- das passive Aufwärmen z. B. durch warme Bäder oder durch Massagen
- das aktive Aufwärmen im Sinne des Aufwärmtrainings.

Nur die letzte Form soll im folgenden näher dargestellt werden.

Bedeutung des Aufwärmtrainings

Vor dem Training und vor dem Wettkampf sollte sich jeder Spieler gezielt und systematisch aufwärmen. Die Bedeutung des Aufwärmtrainings vor dem eigentlichen Training im Sinne der Verletzungsprophylaxe und der Einstimmung auf das folgende Trainingsprogramm ist hinlänglich bekannt und anerkannt. Leider wird es von vielen Spielern immer noch zu wenig ernst genommen. Häufig mit der Folge, daß durch die anschließenden intensiven Belastungen sogenannte Mikroverletzungen, z. B. kleinste Muskelfaserrisse, gesetzt werden. Diese summieren sich und führen schließlich im Verlauf von Wochen und Monaten zu schwereren Muskelverletzungen.
Durch ein gezieltes Aufwärmen mit langsam steigender Intensität erwärmt sich die Skelettmuskulatur. Bereits bei einer Steigerung der Muskeltemperatur um 2 °C wird die Elastizität der Muskulatur um bis zu 20% verbessert und damit das Verletzungsrisiko – nicht zuletzt auch über das verbesserte (Re-)Aktionsvermögen deutlich verringert.
Das Aufwärmtraining unmittelbar vor dem Wettkampf ist deshalb hinsichtlich der Verletzungsvorbeugung von großer Bedeutung. Denn im Wettkampf werden vom Spieler von der

ersten Minute ab hundertprozentige Kraft- und Sprinteinsätze gefordert. Zudem sind die muskulären Schutzmechanismen durch den Wettkampfstreß häufig eingeschränkt.
Neben dieser allgemein bekannten verletzungsvorbeugenden Funktion hat das systematische Aufwärmtraining vor dem Wettkampf aber noch zahlreiche weitere positive Wirkungen:

- Die Kreislauffunktionen werden langsam und damit schonend auf die bevorstehenden Belastungen vorbereitet. Das ist durchaus vergleichbar mit dem dosierten Warmlaufenlassen eines Automotors.
- Die für hohe Leistungen nötigen Stoffwechselprozesse laufen langsam an. Dadurch kann die Energiebereitstellung über den Fettstoffwechsel erfolgen, der bekannte »tote Punkt« wird vorverlegt, wichtige Kohlenhydratreserven bleiben für den Endspurt im Spiel erhalten.
- Überschüssiges Adrenalin wird abgebaut, die Vorstartnervosität kann dadurch spürbar reduziert werden (siehe oben).
- Muskelverspannungen, die seit dem letzten Training z. B. durch die Berufsbelastung oder auch durch eine lange Anreise zum Spielort entstanden sind, können durch gezielte Dehnungsübungen (Stretching) abgebaut werden.
- Das Gefühl für den Ball und die fußballtypischen Techniken kann durch gezielte Ballarbeit noch spürbar verbessert werden. Das ist vor allem für Jugend- und Amateurspieler, die meist nur zweimal pro Woche trainieren, wichtig, weil bei ihnen der letzte Ballkontakt oft tagelang zurückliegt. Jeder Spieler kennt die Bedeutung, die der erste Paß im Spiel hat – deshalb ist die Ballsicherheit gerade in den ersten Minuten des Spiels entscheidend.
- Beim Aufwärmtraining lernt der Spieler die Platzbeschaffenheit kennen. Das ist vor allem bei Auswärtsspielen bedeutsam. Ganz nebenbei gewöhnen sich die Spieler dadurch auch an die spezifische Atmosphäre in fremden Stadien.
- Nicht zuletzt ist Fußball ein Mannschaftssport. Deshalb sollte das Aufwärmtraining so gestaltet werden, daß Gefühle für das Miteinander im sozialen Gefüge der Mannschaft entstehen können.

Gestaltung des Aufwärmtrainings

Je nach Alter, Trainingszustand und Außentemperatur sollte das Aufwärmtraining mindestens 15 Minuten bis etwa 30 Minuten dauern.
Je besser der Trainingszustand, je höher das Alter und je niedriger die Temperaturen, um so länger sollte aufgewärmt werden.
Schon aus der Auflistung der vielfältigen Funktionen wird deutlich, daß auch bei hohen Außentemperaturen nicht auf die systematische Vorbereitung des Wettkampfes verzichtet werden kann.
Das Aufwärmtraining kann nach folgendem Grundmuster gestaltet werden:

- 5 bis 10 Minuten lockeres Laufen ohne Ball,
- 5 bis 10 Minuten passives Dehnen der wichtigsten Muskelgruppen
- 5 Minuten allgemeine Ballarbeit mit Wiederholung aller wichtigen Techniken, zusätzlich eventuell
- 2 Minuten Steigerungsläufe über ca. 30 m bis zum submaximalen Bereich
- 5 Minuten spezielle Ballarbeit mit Einüben von positionsspezifisch wichtigen Techniken
- ca. 10 kurze Sprints, Stopps, Richtungswechsel mit maximalen Tempo.

Nach dem Aufwärmen sollte man spürbar schwitzen. Häufig wechseln die Spieler dann in der Kabine noch einmal das Trikot. Dabei findet der Trainer meist auch noch Gelegenheit für einige aufmunternde Worte.

Bedeutung und Art des Auslaufens

Schon Sepp Herberger formulierte: »Nach dem Spiel ist vor dem Spiel.« Obwohl er mit diesem Slogan mehr die innere Einstellung der Spieler im Auge hatte, gilt dieser Satz heute wie eh und je.
Gegenüber früheren Zeiten bringt heute das »nach dem Spiel« für den leistungsorientierten Spieler noch eine zusätzliche Aufgabe mit sich: das Auslaufen!
Leichtathleten, deren Erfolg im Wettkampf ausschließlich von der persönlichen körperlichen Fitneß und nicht zusätzlich vom Glück und von der Leistung des Mit- und Gegenspielers abhängt, haben daraus längst ihre Konsequenzen gezogen. Bei ihnen dauert das Aufwärmen und Auslaufen meist wesentlich länger als der eigentliche Wettkampf.
Auch viele Fußballmannschaften haben inzwischen den Wert des Auslaufens erkannt. Sie warten mit dem Auslaufen nicht mehr bis zum nächsten Tag, sondern sie bauen unmittelbar nach dem Spiel mit einem etwa 15minütigen Auslaufprogramm, mit warmen Bädern und mit Massagen einen regelrechten Regenerationsblock in ihr Wochentrainingsprogramm ein.
Auch Jugend- und Amateurspieler sollten sich z. B. bei den beliebten Pokalturnieren nach jedem Spiel unbedingt einige Minuten auslaufen. Sie werden dadurch in wesentlich besserer Verfassung in die folgenden Spiele gehen als die Mannschaften, die das nicht tun.
Worin begründet sich nun die positive Wirkung des Auslaufens, wie lange und in welcher Form sollte es durchgeführt werden?
Anhand von Harnstoffmessungen (Harnstoff ist ein Stoffwechselprodukt, das je nach Belastung in unterschiedlicher Menge im Körper anfällt; es ist ein Indiz für den Ermüdungs- und Erholungszustand) konnte festgestellt werden, daß die Ermüdung der Spieler am Tag nach harten Trainings- und Wettkampfbelastungen deutlich geringer ist, wenn sie sich durch ein kurzes Auslaufprogramm entschlacken.

Gestaltung des Auslaufprogramms
Dauer: Mindestens 10 bis 15 Minuten.
Tempo: Langsamer Trab.
Puls: Etwa 130 Schläge pro Minute.
Ergänzung: Warme Bäder, Massagen.
In das Laufprogramm werden lockernde und schüttelnde Gymnastikübungen und vor allem Stretchingübungen mit eingebaut.

Abschließende Wünsche des Autors

Nach dem vorher zitierten Motto von SEPP HERBERGER, dem legendären Altmeister der deutschen Trainer, schließt sich mit den Informationen zum Auslaufen auch in diesem Buch der Kreis.

Nach dem Sammeln von Informationen gilt es nun für Sie, lieber Leser, die neu gewonnenen Erkenntnisse in die alltägliche Trainingspraxis umzusetzen.
Ich wünsche Ihnen dazu viel Spaß und noch mehr Erfolg!

Ihr Gerhard Bauer

Literatur

Bauer, G.; H. Ueberle: Fußball. Faktoren der Leistung, Spieler- und Mannschaftsführung. München 1984

Bauer, G.: Fußballregeln leicht verständlich. München 1989

Bisanz, G.; H. Köppel; H. Osieck; B. Vogts: Fußball-Lehrplan 2. Kinder- und Jugendtraining, Grundlagen. Hrsg. Deutscher Fußball-Bund. München 1988

Bisanz, G.: Fußball-Lehrplan 3. Jugendtraining, Aufbau und Leistung. Hrsg. Deutscher Fußball-Bund. München 1987

Bisanz, G.; G. Gerisch: Fußball. Training, Technik, Taktik. Reinbek bei Hamburg 1988

Brüggemann, P.; V. Albrecht: Modernes Fußballtraining. Das systematische Lehrbuch für Trainer, Übungsleiter, Sportlehrer, Sportstudenten und Spieler. Schorndorf 1982

Bruggmann, B.: 766 Spiel- und Übungsformen für den Fußball-Torhüter. Schorndorf 1988

Coerver, W.: Fußballtechnik. Dribbeln und Tricksen, Passen und Schießen. München 1984

Deutscher Fußballbund: Mit kleinen Spielen zum großen Spiel. Frankfurt o.J.

Deutscher Fußball Bund: Mädchen spielen Fußball. Frankfurt o.J.

Grosser, M.; St. Starischka: Konditionstests. München 1981

Grosser, M.; P. Brüggemann; F. Zintl: Leistungssteuerung in Training und Wettkampf. München 1986

Grosser, M.; A. Neumaier: Techniktraining. Theorie und Praxis aller Sportarten. München 1982

Inzinger, M.: Top-Form im Sport. Ernährungstraining. Das Erfolgsprogramm für Ausdauersportler. Niedernhausen/Ts. 1983

Klante, R.: Bayerischer Fußball-Verband: Der Weg zur B-Lizenz. München 1988

Knebel, K. P.; B. Herbeck; G. Hamsen: Fußball Funktionsgymnastik. Reinbek bei Hamburg 1988

Konopka, P.: Sporternährung. Leistungsförderung durch vollwertige und bedarfsangepaßte Ernährung. München 1988

Pfeil, E.: Verletzungen im Fußballsport. Stuttgart 1988

Plank, K.: Fußlümmelei – über Stauchballspiel und englische Krankheit. Stuttgart 1988

Wagner, D.: Saisonübersicht. Leiferde o.J.

Werner, H. G.: Arbeitsbuch für Fußballtrainer. Niedernhausen/Ts. 1984

Register

A

B

D

E

F

G

H

I

J

K

L

M

O

P

R

S

T

Ü

V

W

Z